EL PODER TRANSFORMADOR DE LA MEDITACIÓN

LAMA ZOPA RINPOCHE

EL PODER TRANSFORMADOR DE LA MEDITACIÓN

Una guía completa para cultivar la verdadera paz mental

Recopilado y editado
por Gordon McDougall

Traducción de Librada Piñero

Autoconocimiento

DIANA

Título original: *The Power of Meditation*

Publicado originalmente por Wisdom Publications, Inc

Diana es un sello editorial de Editorial Planeta, S. A.
Diagonal, 662-664, 08034 Barcelona (España)
www.dianaeditorial.com
www.planetadelibros.com

Primera edición: junio de 2025
Depósito legal: B. 9.397-2025
ISBN: 978-84-1119-256-9
Maquetación: Toni Clapés
Impresión y encuadernación: Huertas Industrias Gráficas, S. A.
Impreso en España - *Printed in Spain*

PEFC
PEFC/14-38-00305
Certificado PEFC
Este libro procede de bosques gestionados de forma sostenible y fuentes controladas
www.pefc.es

SUMARIO

SEGUNDA PARTE
Desarrollar una práctica de meditación

TERCERA PARTE
Después de la meditación

APÉNDICES

PREFACIO DEL EDITOR

Durante su increíble vida, el lama Zopa Rinpoche fue un gran meditador. Sospecho que todo lo que hacía era una meditación. No era un maestro convencional; sus palabras parecían venir de un lugar más profundo y nos proporcionaban a nosotros, sus alumnos, justo lo que necesitábamos escuchar. En tanto que alumno suyo durante décadas, he tenido la suerte de ver a Rinpoche no solo en su papel de maestro, sino también en el de líder de una gran organización, la Fundación para la preservación de la tradición Mahayana, donde sus decisiones parecían provenir también de ese lugar más profundo, de una voz interior que surgía de una gran estabilidad meditativa. Lo que nunca vi fue que Rinpoche no trabajara incansablemente para los demás.

¿Cómo podía ser que, tras horas y horas de enseñar, él continuara fresco mientras que nosotros parecíamos un campo de flores marchitas, derrumbados sobre nuestros cojines? Las enseñanzas dicen que cuando alcanzas el *shamatha*, la calma duradera, tienes una sensación de flexibilidad mental y física, con la correspondiente dicha. No puedo ni imaginar cómo debe de ser eso, pero Rinpoche parecía demostrar que es posible.

Buscando enseñanzas sobre meditación para este libro, me quedé atascado en la desconexión entre lo que nosotros, los estudiantes occidentales, pensábamos al principio que era la meditación y lo que Rinpoche entiende por el término. En la década de 1970, cuando los jóvenes se dirigían a la India y Nepal en busca de algo que faltaba en Occidente, fueron atraídos por el famoso curso de meditación de un mes del monasterio de Kopan. Querían aprender meditación sentada, pero lo que recibieron de Rinpoche fue el *lamrim*, el camino gradual hacia la iluminación, las enseñanzas esenciales sobre cómo cambiar sus vidas. Querían la dicha, pero obtuvieron el arduo trabajo de la transformación mental. Muchos salieron corriendo, pero muchos más se quedaron y sus vidas cambiaron por completo.

Las transcripciones de los primeros cursos de Kopan están llenas de enseñanzas de Rinpoche sobre «cómo practicar el *dharma*, cómo practicar la meditación», uniendo ambos términos para enfatizar que son sinónimos. La meditación es mucho más que observar la respiración; es familiarizarse con lo que es virtuoso. Y debido a que decididamente no estamos familiarizados con lo virtuoso, apartar la mente de su habitual estado de confusión es una gran tarea. Para ello necesitamos inspiración y determinación. No basta con comprar un cojín de meditación y encender una varita de incienso. Cuando comprendemos plenamente la necesidad de transformar la mente, podemos reorganizar poco a poco nuestra vida para que sea más sencilla y virtuosa. A medida que nuestro estilo de vida cambie, veremos cómo nuestras meditaciones se vuelven más ricas y gratificantes. Por eso, además de conocer la mecánica de la meditación, debemos saber cómo crear una rutina diaria que incluya prácticas preliminares y elementos tan importantes como purificar nuestras tendencias negativas y potenciar las positivas. Cuando eso constituya una parte integral de nuestra vida, seguramente nuestra meditación dé frutos.

En este libro, Rinpoche explica los preparativos diarios necesarios, así como los que debemos realizar antes de un retiro. Nos muestra cómo desarrollar el *shamatha* y cómo meditar sobre temas de *lamrim*. Y debido a que no pasamos la mayor parte de nuestra vida sobre un cojín de meditación, explica qué hacer «entre sesiones», donde podemos convertir nuestra vida cotidiana en una meditación.

Este no es un libro delgado. Hay mucho que aprender si queremos que nuestra meditación sea nuestra vida y no solo un pasatiempo. Pero si realmente llegamos a ver lo imprescindible que es transformar nuestra mente, tendremos la energía para abordar nuestras negatividades y desarrollar nuestra práctica de meditación. Rinpoche cita tres cualidades vitales: tener visión de futuro, tener determinación y estar relajado. Debemos mantener la visión a largo plazo, motivando todo lo que hacemos con el deseo de la iluminación; debemos tener la firme determinación de hacer lo que sea necesario para tener éxito; y con estas dos, no debemos tensarnos, sino mantener una actitud relajada y ligera. Estamos aquí durante mucho tiempo. Solo debemos mirar a los grandes maestros como Su Santidad el dalái lama y el lama Zopa Rinpoche para ver cómo encarnan estas tres cualidades vitales.

En general, las citas de este libro se han tomado de textos publicados, como *Guía para el modo de vida del bodhisattva*, de Shantideva, y se han citado en consecuencia, pero algunas son traducciones propias de Rinpoche, que he tomado de las transcripciones.

Para compilar este libro he utilizado enseñanzas almacenadas en el Archivo de Sabiduría del lama Yeshe, que han sido amorosamente grabadas, transcritas y revisadas por un gran número de personas que trabajan para preservar las preciosas palabras de un gran maestro. Me gustaría expresar mi agradecimiento a todos los que han contribuido a este libro: a los de LYWA, el equipo de audio que grabó las enseñanzas, y al equipo de Wisdom Publications, con quienes trabajar es una inspiración.

Me disculpo por cualquier error que pueda aparecer en el libro: es mío al cien por cien. Que este libro sea una herramienta que permita a la gente transformar su vida en una de meditación en la que ayudar a los demás motive cada pensamiento y cada acción. Que cualquier mérito ganado con la creación de este libro se dedique al pronto regreso de nuestro amado maestro, el lama Zopa Rinpoche; a la paz en este mundo problemático; a la larga vida, el bienestar y el cumplimiento de los deseos de todos nuestros santos maestros, especialmente Su Santidad el dalái lama; y al florecimiento de la Fundación para la preservación de la tradición Mahayana y del *dharma* en todo el mundo.

Gordon McDougall
Bath, Inglaterra

PRIMERA PARTE

La meditación y la mente

CAPÍTULO 1

Familiarizarse con la virtud

DOMINAR LA MENTE

La meditación se ocupa principalmente de cuidar la mente. Aunque el cuerpo y la mente están íntimamente relacionados e interconectados, son fenómenos muy diferentes. Nuestro cuerpo es un objeto que podemos ver con los ojos, una cosa física, pero no así la mente. Utilizar la meditación meramente para beneficiar a nuestro cuerpo, con fines mundanos, es desperdiciar su potencial. Sería como la aspirina que tomamos para librarnos de un dolor de cabeza; puede que el dolor remita, pero no estamos curados porque no se ha abordado la causa real. No deberíamos malgastar el poder de la meditación en objetivos tan limitados. La meditación debería tener un propósito más elevado y valioso.

Al haber nacido como seres humanos, cada uno posee el potencial de dar sentido a su vida. Pero para aprovecharlo al máximo debemos hacer realidad ese potencial comprometiéndonos plenamente en un camino espiritual. Uno de los primeros y más importantes temas del camino gradual hacia la iluminación —el *lamrim*, que es la forma en que se presenta todo el sendero budista en el budismo tibetano— es el del renacimiento humano perfecto, que muestra lo rara y especial que es nuestra vida actual. Si utilizamos nuestro renacimiento humano correctamente y ganamos control sobre nuestra mente, podemos cortar por completo la raíz de todo sufrimiento. E incluso podemos ir más allá.

Ese es el verdadero propósito de la meditación. Tiene el poder de traernos la liberación, permitiéndonos dejar atrás todo sufrimiento, pero también puede ayudarnos a alcanzar la iluminación plena, un logro que nos permite cumplir no solo nuestros objetivos, sino también los de los demás. Esta debería ser la única razón por la que meditamos. Los grandes yoguis y maestros de meditación del pasado practicaban el *dharma* con solo ese propósito en mente. Del mismo modo, cuando meditamos —y en las enseñanzas de Buda hay literalmente cientos de meditaciones diferentes para elegir, en función de nuestro nivel de realización—, deberíamos hacerlo con esta misma motivación.

No estamos obligados a meditar por algún agente externo, por otras personas o por Dios. Más bien, así como somos responsables de nuestro propio sufrimiento, también lo somos de nuestra propia felicidad. Depende completamente de nosotros. En la actualidad, todo tipo de sufrimiento permea nuestra vida en mayor o menor medida. En el lenguaje común, la palabra «sufrimiento» parece referirse específicamente al dolor físico y mental manifiesto. He oído a muchos alumnos decir: «Yo no sufro», refiriéndose a que no están enfermos, deprimidos o sufriendo de algún modo evidente. En el budismo, el término pali más utilizado es *dukkha*,[1] que se refiere a todos los niveles de sufrimiento. Quizá podamos utilizar la palabra «insatisfacción», que en realidad significa tener una mente perturbada por los engaños.

A menos que hagamos algo al respecto, seguiremos sufriendo. Así pues, debemos emprender alguna práctica espiritual, lo que implica mirar hacia dentro, hacia la mente. Si hacemos caso omiso del papel que tiene la mente en nuestra felicidad y en nuestro sufrimiento y continuamos dedicando toda nuestra energía a arreglar y reordenar los aspectos externos de nuestra existencia, el sufrimiento persistirá. Ese sufrimiento no tuvo principio, y si no adoptamos una práctica espiritual eficaz, tampoco tendrá un final.

Eso significa que debemos someter nuestra mente mediante la meditación. Tanto si nos sentamos con las piernas colocadas en una postura perfecta de meditación como si no. Lo importante es comprobar si la meditación que hacemos es un remedio real para nuestro sufrimiento.

¿Elimina eficazmente los engaños que ofuscan nuestra mente? ¿Combate nuestra ignorancia, odio y codicia? De ser así, se trata de una meditación perfecta. Si, por el contrario, simplemente sirve para generar y aumentar nuestras negatividades, como el orgullo, entonces no es más que otra causa de sufrimiento. En tal caso, aunque digamos que estamos meditando, en realidad no estamos siguiendo un camino espiritual ni practicando el *dharma*.

Para transformar nuestra mente debemos comprenderla, de modo que aprender a meditar es crucial. Hoy en día hay por todo el mundo muchos lugares llamados *centros de meditación* donde se puede aprender la meditación mindfulness: observar la respiración, ser consciente del cuerpo y cosas por el estilo. Suele ser lo primero que la gente se encuentra cuando se interesa por la meditación. Por lo general, cuando vamos por primera vez a un centro de meditación, lo hacemos con una motivación auténtica de hacer algo diferente. Buscamos algo que no logramos encontrar en nuestra vida cotidiana.

Esta respuesta inicial a la meditación es excelente, nos libera de nuestras ideas fijas y nos muestra un atisbo de una forma mucho mejor de vivir nuestra vida. Tener interés en la meditación ya es como un milagro. A partir de ahí empieza todo. Por lo general, la gente en Occidente tiene una gran inteligencia y una buena educación, pero suele tener unos conceptos muy fijos sobre la vida. En una sociedad muy materialista, las ideas tienden a ser bastante cerradas, bastante limitadas. Así pues, ir en contra de esa manera de pensar y darse libertad para explorar verdades mucho más profundas es algo maravilloso.

Al explorar nuestra mente podemos descubrir la causa de la felicidad y del sufrimiento. Podemos reconocer la continuidad de la mente y desarrollar una comprensión de las vidas futuras y de por qué trabajar por la felicidad más allá de esta vida es tan importante. Podemos llegar a darnos cuenta de que podemos ser libres de todo sufrimiento, descubriendo la liberación del *samsara*, el ciclo recurrente de muerte y renacimiento que nos mantiene atrapados en el sufrimiento. Cuando exploramos aún más, nos percatamos del potencial que tenemos para alcanzar la iluminación plena, en la que superamos incluso los ofuscamientos más sutiles de la mente para ayudar a liberar a todos los seres sintientes. En resumen, a partir de ese interés inicial por la meditación, dotamos a nuestra vida de un gran significado.

Meditar es muy bueno, pero a menos que sepamos hacerlo correctamente, perdemos el tiempo. Nuestra meditación puede convertirse en otro pasatiempo, como jugar al fútbol o decorar la casa. Hay muchísimos tipos de meditación; es como intentar elegir entre todos los artículos de unos grandes almacenes. Tal vez nos atraiga la meditación zen porque nos guste la idea de poder dejar de pensar, como si le diéramos unas vacaciones a la mente. En ese caso, debemos ser inteligentes y plantearnos si, al hacerlo, también le estamos dando unas vacaciones a nuestra compasión y a nuestra sabiduría.

Debemos elegir una meditación que transforme nuestra mente. Nuestra meditación no debería ser solo para alcanzar alguna felicidad temporal, ni siquiera la dicha del *shamatha*.[2] Hemos de utilizarla para lograr la verdadera paz mental que ha estado ausente durante vidas inmemoriales. Sufrimos debido a los engaños que asedian nuestra mente y nos roban la paz. Puesto que los engaños son la raíz, la única manera de obtener la verdadera felicidad es superarlos. Intentar llevar una vida feliz sin abordar esos engaños —de hecho, mientras los apreciamos como si fueran nuestros mejores amigos, como hacemos muchos de nosotros— no puede funcionar de ninguna manera. Es como aplicar ungüento a un pie en el que hay clavada una espina para aliviar el dolor sin sacar la espina. Del mismo modo que la única forma de detener el dolor es sacar la espina, la única forma de superar los problemas es someter nuestra mente.

Someter la mente es el trabajo de la meditación. De hecho, todo aquello que ayuda a dominar la mente es meditación, ya sea concentrarse en la respiración, estudiar el *dharma*, rezar, recitar mantras o cualesquiera de las muchas técnicas de las diversas tradiciones budistas. Una de esas muchas técnicas es la que mejor se adapta a nuestra disposición personal. Se dice que algunas, como las meditaciones tántricas, son más rápidas o profundas, pero el objetivo es el mismo. Si queremos destruir a un enemigo, tanto si utilizamos un arco y flecha, una pistola o incluso una bomba atómica, el blanco es el mismo, nuestro enemigo, y el objetivo es el mismo, su destrucción. Independientemente del método que usemos en el budismo, el enemigo es la mente no sometida y el objetivo es someterla por completo.

Meditar es familiarizarse con un objeto virtuoso

En el *Ornamento de los Sutras del Mahayana*, Maitreya define la meditación como hacer que la mente se familiarice con el objeto. En concreto, hacemos que nuestra mente se familiarice con un objeto virtuoso. Por ejemplo, para alcanzar la *bodhichitta*, la mente altruista que busca la iluminación para sacar a todos los seres del sufrimiento, es necesario entrenar la mente con diversas meditaciones, como observar la bondad de los demás, que todos ellos han sido nuestra madre, etcétera. Solo habituando poco a poco la mente con tales pensamientos virtuosos podemos incrementarlos y estabilizarlos. No puede lograrse de inmediato ni en pocos días. A medida que vamos entrenando la mente, el estado virtuoso empieza a surgir de forma más natural y nos acercamos cada vez más a la realización real, en la que la mente y su objeto se vuelven indistinguibles. En el caso de la *bodhichitta*, la mente pasa de meditar sobre ella —explorando las técnicas para convertirse en esa mente maravillosa— a convertirse en ella, con lo que pensamos de forma espontánea y constante en el bienestar de todos los seres sintientes.

Lo llamemos o no meditación, ese familiarizarse con los objetos virtuosos es la verdadera meditación que debemos practicar. Tal vez parezca que no tiene nada que ver con nuestra vida, que es algo inventado, pero no es así. Por ejemplo, para progresar rápidamente en el camino espiritual, hemos de ver el gran potencial que tenemos. Cuando exploramos el renacimiento humano perfecto como objeto virtuoso de meditación, ese tema inicial de *lamrim* nos muestra la utilidad de tener el tipo de vida que tenemos ahora, lo difícil que es alcanzarla y lo excepcional y frágil que es. Si ahora no tenemos la sensación de que nuestra vida sea tan especial es solo porque no hemos explorado su naturaleza.

Los objetos en los que debemos centrarnos en nuestras meditaciones han de ser virtuosos. No tenemos ningún problema en centrarnos en objetos no virtuosos. A lo largo de incontables vidas hemos hecho que la mente se familiarice con todo tipo de pensamientos no virtuosos. Alguien nos hace enfadar y somos incapaces de apartar nuestra mente del hecho de que nos han hecho daño. Nuestra mente vuelve al objeto —el agresor y el daño que nos han causado, pobres de nosotros— una y otra vez. «Me han hecho esto. Me han hecho eso. Me han lanzado una mirada horrible». Al pensar de forma obsesiva en nuestro enemigo, vemos todas las razones por las que lo odiamos. Nos ponemos colorados, se nos marcan las venas. Tenemos que contenernos para no reaccionar con violencia contra él. Al hacer eso, hemos perfeccionado la meditación sobre la ira y nos hemos acostumbrado al estado de cólera, de modo que se convierte en algo natural para nosotros.

En cambio, la meditación que deberíamos hacer es todo lo contrario. En lugar de dejar que la mente caiga bajo el control de los engaños y permita que crezcan, nos entrenamos para mantener bajo control nuestros engaños y someterlos lentamente. A través de la meditación alejamos la mente de los pensamientos perturbadores y la dirigimos hacia los positivos. Por ejemplo, la mente enfadada e impaciente puede domarse entrenando la paciencia.

Dos hermanos pueden tener personalidades muy diferentes, uno puede ser paciente y compasivo, el otro iracundo y egoísta. Eso no les viene de sus padres ni del entorno, sino de aquello a lo que estaban acostumbrados en vidas anteriores. En cuanto un ser humano o un animal nace, sabe instintivamente que ha de ir al pecho de su madre en busca de leche. Una vez vi en televisión cómo una cría de canguro que acababa de nacer se arrastraba inmediatamente hasta meterse en la bolsa de su madre. ¡Nadie se lo había enseñado! En Occidente, a eso se le llama instinto, pero el budismo lo explica como la maduración de las huellas de vidas pasadas, semillas dejadas en el continuo mental a base de haber realizado esa misma acción en innumerables ocasiones en el pasado.

Ese es el motivo por el que a algunas personas el hecho de generar compasión y bondad amorosa parece resultarles tan fácil, mientras que la mayoría de nosotros tenemos que trabajar duramente para superar nuestro egoísmo. Así como algunas personas están naturalmente satisfechas, otras están siempre insatisfechas. Esos rasgos demuestran que las costumbres se van acumulando a lo largo de la vida.

El hábito más fuerte que tenemos la mayoría de nosotros es el apego que se aferra a la felicidad de esta vida. Ese es el mayor obstáculo para meditar y desarrollar una mente satisfecha. Por lo tanto, practicar meditaciones que vayan alejando poco a poco la mente del apego a los placeres mundanos de esta vida y dirigiéndola hacia una felicidad mayor, la felicidad de vidas futuras, se considera el primer *dharma*. Las meditaciones sobre la impermanencia, la muerte y los defectos del deseo son fundamentales, pero rara vez se dan con facilidad. La mente se resiste a ellas porque no se ha acostumbrado a la renuncia. Incluso cuando persistimos en nuestras meditaciones, es una lucha difícil, mientras que caemos en el apego por un objeto deseable sin esfuerzo. El apego llega como una cascada, como una fuerte lluvia.

Sin embargo, a través de la meditación, a medida que la mente se vaya volviendo más purificada y clara, esos pesados pensamientos engañosos que nos ofuscan disminuirán. Luego, conforme la mente se vuelva más sutil y clara, los estados mentales positivos, como la bondad amorosa, se volverán naturales para nosotros. En consecuencia, seremos capaces de recordar vidas pasadas y ver vidas futuras, nuestras y de los demás.

Estamos bajo el control de los engaños

Puesto que pocas personas son conscientes de que el verdadero propósito de la meditación es transformar la mente sometiéndola, no intentan hacerlo activamente, aunque se esfuercen en practicar la meditación. Someter la mente es esencial porque en la actualidad nuestra mente está controlada por nuestros engaños, no por nosotros, y así ha sido durante vidas inmemoriales.

Podemos definir los engaños (*klesha*, *nyönmong*) como cualquier estado mental, como el apego, la ira o los celos, que ofusca la naturaleza esencialmente pura de la mente y, por tanto, causa sufrimiento. También denominados ofuscamientos, aflicciones, emociones destructivas o pensamientos perturbadores, se trata de cualquier estado mental que perturbe el continuo mental en lugar de aportarle paz. «Ofuscamiento» es una traducción muy bonita, ya que indica que los engaños nos impiden ver la situación como realmente es y, por lo tanto, nos causan un gran daño.

Karma (*lé*), literalmente «acción», proviene de esta actitud ofuscadora y perturbadora. Cuando actuamos como consecuencia de una mente engañada, queda una semilla o huella (*vasana*, *bakchak*) en nuestro continuo mental, y permanece allí hasta que madura cuando se dan las condiciones adecuadas. Una huella positiva puede ser destruida por la cólera y otros sentimientos similares, y una huella negativa puede ser purificada mediante prácticas de purificación específicas. Sin embargo, a menos que eso ocurra, una semilla kármica siempre madurará como una experiencia positiva o negativa que nos hará actuar y crear más huellas. Nuestra encarnación actual, que procede de una semilla kármica, es a la vez producto del karma y de los engaños y causa de ellos. Por eso experimentamos sufrimiento, y así es como nuestro sufrimiento se perpetúa.

De los innumerables engaños que existen, los principales son los tres venenos: el apego, la ira y la ignorancia. Cuando de repente sentimos un enfado irracional hacia alguien, por mucho que pueda parecer no tener causa alguna, sin lugar a dudas la hay, posiblemente derivada de nuestra relación con esa persona en una vida anterior.

La causa principal de los engaños es que entendemos mal la naturaleza básica de la existencia de las cosas. Lo impermanente lo vemos como permanente y lo dependiente lo vemos como independiente. Y lo que es más importante, por error vemos las cosas como si existieran por sí solas, en lugar de como meras denominaciones, que es como realmente existen. De ahí surge el apego por lo que tomamos como algo inherentemente bello (que no existe como tal) y surge también la aversión por lo que consideramos algo inherentemente repulsivo (que tampoco existe como tal). Nuestro engaño se hunde en el objeto, cosa que dificulta que nos separemos de él, del mismo modo que el aceite se hunde en la tela. El problema no está en el objeto, sino en nuestra actitud hacia él.

Primero utilizamos la meditación para observar cómo hemos sido controlados por los engaños durante innumerables vidas, y luego la usamos para protegernos de esos engaños, lo cual constituye una actitud diametralmente opuesta a la habitual. Es crucial que comprendamos que ese es el propósito de la meditación. De lo contrario, podemos pasarnos la vida en una cueva en las montañas, sentados con las piernas cruzadas, creyéndonos grandes meditadores, y no darnos cuenta jamás de que nada de lo que hacemos nos separa ni un ápice de nuestros engaños. A menos que la meditación tenga el poder de transformar la mente para que se libere de los venenos del apego, la ira y la ignorancia, no se trata de una práctica espiritual. Por otra parte, una persona que trabaje en la ciudad, lleve una vida ajetreada, tenga una familia y posesiones e intente activamente convertirse en una mejor persona trabajando en sus engaños, sí que es una persona espiritual.

Decididamente, podemos transformar nuestra mente

Al meditar tenemos control sobre la entrada sensorial, de modo que los objetos sensoriales externos ya no nos abruman. Así es como conseguimos la paz interior y la felicidad. La diferencia entre la paz que conseguimos a través de la meditación y la que conseguimos a través de la mente descontrolada, que siempre persigue objetos externos, es como la diferencia entre el cielo y la tierra.

Aunque no estemos familiarizados con las enseñanzas de Buda, en cuanto empezamos a intentar meditar podemos observar el cambio en la mente, ver cómo los pensamientos perturbados se calman y los pensamientos positivos surgen con más facilidad. Hay tranquilidad porque estamos alejados de unos pensamientos agitados que, de seguirlos, nos llevarían al miedo, la soledad, la depresión, etcétera.

El mero hecho de iniciarnos en la práctica de la meditación puede mostrarnos el potencial de la mente. Cuando somos capaces de mantener la mente en meditación, aunque solo sea por un breve período de tiempo, podemos empezar a ver que somos capaces de transformar nuestra mente por completo. Al intentar vivir en el *dharma*, positivamente, siguiendo una buena práctica de meditación, estamos protegidos del tsunami del apego, la ira y de todos los demás engaños que pueden asolarnos. Tenemos espacio para pensar en los demás, para desarrollar el amor y la compasión.

Abandonar el apego no significa que debamos renunciar a nuestros amigos y posesiones. Los amigos y las posesiones no son el problema; el problema es la mente insatisfecha del apego, y la única solución para eso es dejar de aferrarnos a las cosas externas como si fueran la verdadera felicidad. Y eso solo puede lograrse con la comprensión profunda que se consigue mediante la meditación. Al meditar sobre los defectos del deseo podemos ver que tenemos suficiente; no necesitamos más, ya sea más amigos, más riqueza, más posesiones o más lo que sea. Cuando llegamos a esa conclusión meditando, al instante llega la satisfacción, la paz mental.

Debemos superar por completo los engaños utilizando muchas meditaciones diferentes. En primer lugar, debemos evitar hacer daño a los demás, y eso significa observar nuestro karma. La puerta a toda nuestra práctica del *dharma* es observar qué acciones del cuerpo, de la palabra y de la mente llevamos a cabo y asegurarnos de que sean siempre positivas. A menos que seamos conscientes de cuándo creamos karma negativo y a menos que deseemos generar solo karma positivo, ¿cómo podremos detener nuestro sufrimiento? Para crear la causa del sufrimiento no nos hace falta aprender a meditar: ya sabemos hacerlo a la perfección.

Cada meditación que hagamos debería ser una herramienta para transformar la mente, para aportarnos paz y satisfacción. Por ejemplo, al meditar sobre la impermanencia y la muerte y darnos cuenta de que no hay garantía de que no vayamos a morir pronto, incluso mañana u hoy, podemos entender que es del todo inútil seguir el deseo. Justo ahí, dondequiera que estemos sentados, en la oficina o en casa, la mente infeliz e insatisfecha, la mente agobiada por una montaña de problemas, desaparece. Al recordar la naturaleza de la vida —que es impermanente y termina con la muerte— sentados en ese mismo sitio, en ese mismo momento, nuestra meditación corta la mente insatisfecha e inmediatamente encontramos satisfacción y felicidad.

La meditación no está separada de la vida cotidiana

El *dharma* no es algo ajeno a nuestra vida. Cuando los occidentales piensan en la religión, me da la impresión de que a menudo no la relacionan con su vida cotidiana. La religión puede ayudar a quienes la practican, pero es un tipo de acción específica, y para ser feliz en el día a día hay que hacer otras cosas. Con ese planteamiento, la vida se divide en religiosa y profana, de modo que queda separada, confusa.

Se trata de un planteamiento erróneo. El *dharma* o actividad espiritual es algo que debemos relacionar con cualquier actividad normal. Debería ser parte integrante de nuestra vida desde el instante que despertamos hasta el momento en que nos vamos a dormir. Cualquier cosa que nos conduzca hacia una mayor paz interior es el *dharma*, o espiritualidad, o el nombre que queramos darle. Otra forma de decirlo es que el *dharma* es aquello que tiene la capacidad de superar el sufrimiento y su causa. Si nuestra actividad «religiosa», como la meditación, no lo hace, si solo crea más sufrimiento, no es *dharma*, por mucho que la denominemos así. Es como llamar «medicina» al veneno.

El *dharma* es la acción correcta del cuerpo, la palabra y la mente, y esa acción correcta no solo implica recitar mantras o rezar. Se trata de cualquier acción realizada con la motivación correcta, la que desea la felicidad de vidas futuras, la liberación y la mejor motivación para la iluminación plena. De ese modo, cualquier cosa que hagamos se convierte en el camino que nos lleva a la felicidad interior.

Los alumnos me dicen que la vida en Occidente es tan ajetreada que cuesta encontrar tiempo para meditar. Aunque no siempre podamos tener una rutina fija de meditación, es importante que durante el día no olvidemos el tema de la meditación que estamos intentando desarrollar. Sea cual sea nuestro estilo de vida y nuestro trabajo, todo lo que hagamos

—comer, dormir, sentarnos, caminar—, toda nuestra vida debe convertirse en *dharma*, en una meditación. Si eso nos parece un objetivo enorme en este momento, podemos proponernos mantener una actitud totalmente positiva durante medio día. De ese modo, si durante el resto del tiempo nos creamos más problemas, al menos ese medio día se convierte en la causa inequívoca de la felicidad. El tiempo que pasamos sentados meditando es muy corto: una o dos horas, media hora o incluso menos. Por lo tanto, deberíamos intentar que el resto del día fuera lo más significativo posible.

Cuando mantenemos nuestra mente en el *dharma*, nada carece de sentido. Cuando paseamos por una ciudad observando a la gente y los animales que hay en ella con los ojos abiertos, recibimos una gran lección de *dharma*. Viendo la televisión o leyendo una revista, lo que vemos son otros seres humanos incapaces de dejar de crear más y más sufrimiento, lo que hace que la compasión surja de forma natural. Ver con claridad que todo lo que no es *dharma* carece de sentido nos inspira aún más a desarrollar nuestra mente en el camino.

Dado que meditar consiste en transformar la mente, es vital para todo el mundo, no solo para los budistas. Aquellos que profesan otra religión o ninguna, tanto si creen en el karma o en la reencarnación como si no, igualmente necesitan transformar su mente. Por lo tanto, cualquiera que desee la felicidad y no quiera sufrir, necesita meditar. Por supuesto, si no quiere la felicidad y sí el sufrimiento, ¡eso es algo completamente distinto! Pero ese no es el caso. Todo el mundo, budista o no budista, creyente o no creyente, quiere únicamente la felicidad.

En Estados Unidos, a los soldados que regresan de guerras, como las de Irak o Afganistán, donde hay tanta violencia y muerte, a menudo se les enseña a meditar para ayudarles. Cuando vuelven, a menudo no encuentran sentido a su vida. Pueden llegar a perder el control. Por eso, ahora el gobierno estadounidense ha introducido la meditación mindfulness para ayudarles a sobrellevar la situación.

Me enteré de ello por un soldado que vino a visitarme. Era bastante inteligente, trabajaba de responsable de tecnología o algo así. Le habían dado a conocer la meditación y le había parecido útil, así que cuando oyó hablar del Centro de Retiro Lawudo[3] en Nepal, que es donde le conocí, decidió ir allí. Tras hacerle algunas preguntas, le di prácticas para realizar durante varios años —¡no sé si vivirá tanto!—, pero lo más importante es que está aprendiendo el *dharma* y meditando. De ese modo puede beneficiarse a sí mismo y a otros innumerables seres sintientes. Incluso los atletas que se entrenan para los Juegos Olímpicos practican la meditación; les resulta muy útil para liberar el estrés.

La mejor forma en que podemos ayudar a los demás es introduciéndoles al *dharma*, enseñarles a meditar. Eso es lo más necesario. Del mismo modo que alguien que ha sufrido un ataque al corazón necesita medicación de inmediato, todos los seres sintientes necesitan meditación de inmediato. El centro de meditación es más importante que la sala de urgencias de un hospital, porque sin superar la mente engañada no hay posibilidad de recuperación a largo plazo. Si bien los médicos de un hospital puedan ayudar en un accidente o ante una enfermedad haciendo que el cuerpo sane temporalmente, no pueden asegurarnos que jamás volveremos a enfermar. No pueden transformar nuestra mente negativa y evitar que creemos más karma negativo y, por lo tanto, que experimentemos más sufrimiento. A menos que hayamos purificado las causas de esa enfermedad, se repetirá. La única manera de detenerla es cuidar la mente, lo que significa meditar, practicar el *dharma*.

El poder de la mente

¿Qué es la mente? Es un fenómeno sin forma definida, incoloro, no sustancial y cuya naturaleza es clara e intencional. La mente es capaz de percibir los objetos, igual que un espejo puede reflejar con claridad las cosas que tiene delante.

La mente existe dependiendo de causas y condiciones. La mente de hoy existe gracias a la mente de ayer, la de ayer existe gracias a la de anteayer, y así sucesivamente. De este modo, se va remontando en un flujo continuo. Y, del mismo modo que la mente de hoy es el resultado de la mente de ayer, la mente de hoy es la causa de la mente de mañana. Así, la mente de este momento es tanto el resultado de la mente del momento anterior como la causa de la mente del momento siguiente. Así, cada momento de la mente es un surgimiento dependiente, que aparece en dependencia del momento anterior.

Cualquier experiencia mental, como un pensamiento, surge también en dependencia del objeto que experimenta, que es la condición y no la causa sustancial. No puede haber experiencia mental sin un objeto que experimentar, ya sea un objeto físico o mental, como una imagen mental que sea la base de la memoria. Puesto que hay continuación del pensamiento de un momento a otro, de ayer a hoy, podemos recordar lo que hicimos ayer, lo que vimos ayer, lo que pensamos ayer, y lo mismo para la semana pasada, el año pasado, etcétera.

Solo a través de la meditación analítica podemos ir remontándonos en esa lógica, viendo cómo este momento de la mente surgió del momento anterior, y así sucesivamente, hacia atrás y hacia atrás, hasta que lleguemos al primer momento de la mente que ocurrió en el óvulo fecundado. Entonces hemos de considerar de dónde surgió aquel primer momento de la mente de esta vida. ¿Hubo una continuación previa de la mente o no? ¿Comenzó nuestra mente en el vientre de nuestra madre o hubo un momento anterior que constituyó la causa? Al desarrollar nuestra sabiduría a través de tales meditaciones, podemos descubrir a partir de nuestra propia experiencia cuál es la verdad. Se puede hacer una meditación sobre la continuidad de la conciencia, la cual se encuentra en el apéndice 1.

Aun sin meditación, gracias a una mente muy clara con menos ofuscamiento, muchos alumnos han sido capaces de recordar su salida del vientre materno. En cambio, a través de la meditación, otros han sido capaces de llevar su mente al interior del útero y al primer momento de esta vida, a la mente que se asocia por primera vez con el óvulo fecundado. Algunos hasta han tenido recuerdos muy claros de vidas pasadas. Un alumno incluso llegó a recordar con claridad una cocina tibetana. Fueron capaces de recordarlo en su meditación con la misma claridad con la que nosotros recordamos los acontecimientos de ayer.

Al desarrollar la mente en la meditación, logramos lo que se denomina *shamatha*, o *calma duradera*, que nos permite centrar la mente en cualquier objeto que nos propongamos tanto tiempo como queramos sin distracción alguna, tan inmóviles como una montaña. A medida que avanzamos por los distintos niveles del *shamatha*, nuestra capacidad de recordar aumenta; los meditadores muy avanzados son capaces de recordar miles de vidas anteriores.

La mente que crea sufrimiento debe eliminar sufrimiento

Tenemos un cuerpo físico y una mente que no es física. El cuerpo está formado por huesos, carne, sangre, etcétera. Nace y muere, y en medio hay muchos problemas derivados de tener lo que se denomina *agregados contaminados*. Eso significa que, aunque intentemos escapar de los problemas, siempre parece haber más.

Además de los sufrimientos del nacimiento, la vejez, la enfermedad y la muerte, para la mayoría de los humanos los principales problemas son no conseguir lo que queremos, conseguir lo que no queremos, perder lo que tenemos o no encontrar satisfacción en ello. Somos incapaces de obtener la comida deliciosa que anhelamos; queremos tener buena reputación o que nos alaben, y conseguimos justo lo contrario. Seamos ricos o pobres, estos sufrimientos nos asolan constantemente, de modo que siempre sufrimos de insatisfacción. Si bien la meditación puede aliviarnos de ese padecimiento, ese no es su objetivo principal. Como he dicho, el objetivo de nuestra meditación debe ser mucho más elevado.

Pronto moriremos, y lo que nos ocurra después de la muerte debería preocuparnos ahora. El cuerpo muere, pero la mente, que procede de nuestra vida anterior, pasa a la siguiente. El tipo de vida futura que tengamos dependerá de nuestra vida presente —cómo actuamos, cómo vivimos—, del mismo modo que la vida que tenemos ahora es el resultado de cómo actuamos en nuestra vida anterior. El trabajo de nuestra vida anterior ya terminó; ahora experimentamos los resultados. Lo que hemos de hacer ahora, la responsabilidad de nuestra vida presente, es hacer arreglos para nuestras vidas futuras. Está en nuestras manos.

La felicidad y el sufrimiento no provienen de una fuente externa; no han sido creados por Dios ni por otras personas. Si queremos ser felices y alcanzar la liberación y la iluminación, solo nosotros podemos hacerlo. Es un trabajo que hemos de hacer por nosotros mismos. Nosotros solos creamos nuestro propio sufrimiento en el pasado y solo nosotros podemos superarlo para llegar a ser verdaderamente felices. El trabajo fundamental que hemos de hacer es sobre la mente, a través de la meditación; de lo contrario, nuestro sufrimiento no acabará nunca.

Los engaños que generan todos nuestros problemas no son parte integrante de la mente, sino que se pueden eliminar. Eso significa que nuestra mente tiene un potencial infinito. Como explicaron Buda y los grandes maestros de la filosofía budista, tenemos la naturaleza de Buda o el potencial de Buda, el potencial de llegar a estar completamente iluminados. No importa a qué problemas nos enfrentemos ahora, son solo temporales. Aplicando las técnicas de meditación correctas podemos superarlos poco a poco, siguiendo el camino que nos lleva hasta la budeidad.

Una vez hayamos superado los obstáculos que actualmente los bloquean, las realizaciones caerán sobre nosotros. La clave está en seguir correctamente al maestro espiritual que puede darnos instrucciones perfectas sobre cómo progresar. El maestro es como alguien que sostiene una luz brillante para guiarnos en la noche oscura. Nuestra relación con el maestro también puede compararse con un palo y un gong. Aunque un gong tiene el potencial de emitir un sonido, solo lo hará cuando sea golpeado por un palo. Del mismo modo, aunque tengamos la naturaleza de Buda, solo encontrándonos con el maestro virtuoso y siguiéndole correctamente empezará a hacerse realidad ese potencial.

La importancia de la motivación

En un texto de preguntas y respuestas del primer panchen lama, el panchen Losang Chökyi Gyaltsen,[4] aparece la pregunta: «¿Cuál es el principio de la meditación?». Él responde: «El comienzo de la meditación es la motivación».[5]

Si una acción fuera virtuosa por el mero hecho de no perjudicar a otros matando y demás, cuando meditáramos no habría necesidad de generar un pensamiento virtuoso: el simple hecho de meditar ya sería virtuoso. Esto es incorrecto. Puesto que hemos de comenzar con una motivación virtuosa, se hace especial hincapié en observar la mente y transformarla en virtuosa. Si podemos, también deberíamos intentar tener una motivación de renuncia para todo el *samsara*; y mejor aún, una motivación de *bodhichitta*.

Si nuestra motivación es la preocupación mundana, entonces la acción se convierte en una actividad mundana. No puede ser *dharma*, por mucho que la acción sea rezar, meditar, etcétera. Puede parecerse al *dharma*, pero no lo es. Y una persona que «practique» el *dharma* con una motivación de interés mundano es como un practicante del *dharma*, pero no es un practicante del *dharma*. Hay una gran diferencia.

Si no entendemos la distinción entre el *dharma* y el no-*dharma*, independientemente de cuántas acciones «espirituales» diferentes llevemos a cabo, de cuánto tiempo hagamos cosas como construir monasterios, hacer postraciones, etcétera, aunque las hagamos hasta la muerte, existe el peligro real de que toda nuestra vida se llene de acciones negativas que nos aten al sufrimiento.

Que una acción sea dhármica o mundana, virtuosa o no virtuosa, depende enteramente de la motivación. Como dice el *Tesoro de las cualidades preciosas*:

> Si la raíz es medicinal, también lo son sus brotes,
> si es venenosa, ni que decir tiene que sus brotes lo serán también.
> Lo que hace que un acto sea positivo o negativo no es su aspecto ni
> su tamaño, sino la buena o mala intención que haya detrás.[6]

Cuando nuestra motivación sea virtuosa, nuestras acciones verbales y físicas serán virtuosas, y eso traerá la felicidad. La felicidad no proviene del exterior, sino que es un estado mental que desarrollamos al dejar de aferrarnos a lo externo como fuente de felicidad.

Tanto la felicidad como el sufrimiento dependen del tipo de motivación que generamos. Como explica el gran *bodhisattva* Shantideva en *Guía para el modo de vida del bodhisattva*:

> En vano [los seres] vagan por los vastos espacios abiertos del universo
> buscando poner fin a la tristeza y alcanzar la felicidad:
> esos seres que no cultivan
> la mente misteriosa que contiene todos los *dharmas*.[7]

No conocer el «secreto de la mente», aquí denominado *mente misteriosa*, significa desconocer que todo —toda la felicidad y el sufrimiento, la iluminación y el infierno, el nirvana y el *samsara*, etcétera— depende de nuestra propia mente, del tipo de actitud que tengamos.

A menos que conozcamos ese «secreto», esto es, cómo nuestra motivación positiva y negativa produce felicidad y sufrimiento, por mucho que deseemos conseguir la felicidad y evitar el sufrimiento, seguiremos vagando impotentes por el *samsara*.

En la siguiente estrofa, Shantideva dice:

> Por lo tanto, debo centrar la mente correctamente
> y vigilarla de cerca.
> ¿De qué serviría mantener muchos votos,
> si descuido el voto de vigilar la mente?[8]

Cuando sepamos esto y vigilemos diligentemente nuestra mente sin dejar que caiga en la negatividad, podremos ser felices independientemente de lo que tengamos o de dónde estemos. Podremos ser un mendigo sin dinero, podremos incluso estar entre rejas, pero nuestra mente permanecerá en paz y feliz.

Debemos entender dos cosas: cuál es la fuente de la felicidad y cómo puede lograrse. En eso justamente consiste el *dharma*, la meditación. Sin él, nada da satisfacción; con él, tenemos la capacidad de ser plenamente felices y estar satisfechos. Incluso antes de aprender a controlar la mente por completo, nuestra práctica de la meditación aplacará las mentes insatisfechas del deseo y la ira y nos proporcionará métodos para superarlos, deteniendo nuestros problemas y el daño que nos hacemos tanto a nosotros mismos como a los demás.

También podemos hacer algo con una motivación neutra. Por ejemplo, está la meditación en la que mientras caminamos practicamos el mindfulness de que estamos caminando, conscientes de eso y de nada más. O estamos observando cómo sube y baja el abdomen, o simplemente somos conscientes de las sensaciones que tenemos, tanto de dolor como de cualquier otra cosa. En este tipo de meditación nos limitamos a observar sin poner especial énfasis en la motivación.

Tal vez hagamos esta meditación solo para conseguir algo de calma, para someter nuestra mente ocupada un rato. Y, aunque eso está muy bien, no deja de ser buscar algo de consuelo, la felicidad de esta vida, sin discriminar entre un pensamiento virtuoso y uno que no lo es; por lo tanto, como hemos visto, eso no es *dharma*. Yo diría que, aunque la meditación pueda ser observar la mente, en realidad no cumple el propósito de observarla, que consiste en observar si es virtuosa o no. ¿Es nuestro principal objetivo la felicidad de las vidas futuras, la liberación o la iluminación, o simplemente la relajación? Es crucial entender cuál es nuestra motivación, así como tener siempre una motivación positiva.

¿Dharma *sagrado o* dharma *mundano?*

Podemos meditar o recitar mantras pensando que estamos practicando el *dharma* sagrado, pero a menos que nuestra motivación esté libre de apego a la felicidad de esta vida, la práctica budista que estemos realizando no será *dharma* sagrado, sino solo *dharma* mundano. (En el contexto del *dharma* mundano, la palabra «*dharma*» se utiliza de otro modo, refiriéndose a fenómenos, específicamente a acciones realizadas con un objetivo mundano). Ninguna acción puede ser a la vez *dharma* sagrado y *dharma* mundano; o es una cosa o es la otra.

En una ocasión, el *guru* de Milarepa, Marpa, le dio este consejo:

> Hijo, no mezcles el *dharma* y el trabajo de esta vida. Si se mezclan perderás el *dharma*. Piensa en eso: tú, el hijo, sufres en el *samsara*. Aunque intente explicarte la naturaleza del sufrimiento un número infinito de veces, es indescriptible, es infinita. Aunque me convierta en cientos de bocas y lenguas para explicártelo durante cientos de miles de eones, no terminaría nunca. Así pues, mi enseñanza para ti es que no desperdicies el *dharma*. No mezcles esta vida con el *dharma*.[9]

Si mezclamos nuestra práctica del *dharma* con preocupaciones mundanas, si nuestro *dharma* es solo «*dharma*» de boca, no puede dar el resultado que esperamos. Los textos lo describen como ordeñar el cuerno de una cabra, una acción del todo inútil. Nadie puede alcanzar a la vez el trabajo de esta vida y el *dharma* sagrado. Por mucho que deseemos hacer ambas cosas sin perder ninguna, no hacemos más que engañarnos.

Podemos hacer tanto el *dharma* sagrado como el *dharma* mundano, pero no al mismo tiempo. Una acción no puede convertirse en el *dharma* sagrado y en el *dharma* mundano a la vez porque son completamente opuestos. El geshé kadampa Potowa[10] dijo que «una aguja de dos puntas no se puede utilizar para coser tela».

Un día, cuando Dromtönpa[11] se cruzó con un anciano que deambulaba alrededor de un templo, le preguntó qué estaba haciendo. «Estoy practicando el *dharma*», respondió el anciano, a lo que Dromtönpa replicó: «Está bien que deambule alrededor del templo, pero ¿no sería mejor practicar el *dharma*?». El hombre pensó que tal vez debería estar estudiando, así que dejó de deambular y se puso a leer las escrituras. De nuevo, Dromtönpa lo vio y le preguntó qué estaba haciendo, y de nuevo el anciano respondió que estaba practicando el *dharma*, a lo que Dromtönpa respondió: «Está bien que lea las escrituras, pero ¿no sería mejor practicar el *dharma*?». El anciano dejó de hacerlo y decidió que meditar debía de ser practicar el *dharma*, así que comenzó a hacerlo. Cuando Dromtönpa lo vio meditando, volvió a hacerle la misma pregunta y, al obtener la misma respuesta, dijo: «Está bien que medite, pero ¿no sería mejor practicar el *dharma*?». A estas alturas, el anciano estaba muy confundido y le preguntó a Dromtönpa: «¿Qué quiere decir con practicar el *dharma*?». Dromtönpa se limitó a decir: «¡Renunciar a esta vida!».

Renunciar a esta vida significa someter la mente. Tanto si vivimos en un monasterio como en una gran ciudad, seamos monjes o monjas o laicos con familia, o tengamos un trabajo y una vida ajetreada, si lo que hacemos nos ayuda a someter la mente, eso es practicar el *dharma.*

Cultivar una motivación compasiva

Cuando llegamos a entender la mente a través de la meditación, no solo nos damos cuenta de la importancia de la meditación, sino que automáticamente sabemos cómo hacer todo lo demás con destreza: cómo comer, lavarnos, hacer nuestro trabajo, e incluso dormir. Si no sabemos esto, nada se convierte en el *dharma*. Podemos estar en lo más alto de nuestra profesión, pero si nuestra motivación es egoísta, nuestro trabajo no sirve de nada; solo es causa de sufrimiento.

Los textos, por ejemplo *La liberación en la palma de tu mano*, de Pabongka Dechen Nyingpo, hablan de cuatro personas que practican el *dharma* con cuatro motivaciones diferentes. La primera de ellas medita con la motivación de alcanzar la iluminación por el bien de todos los demás seres sintientes; la segunda, para lograr la liberación; la tercera, para llegar a la felicidad en vidas futuras; y la cuarta solo busca la felicidad en esta vida.

Las acciones de las tres primeras personas son todas acciones del *dharma* sagrado. Sin embargo, la acción de la cuarta persona no es *dharma* sagrado, sino *dharma* mundano, ya que se realiza con una preocupación mundana, aferrándose a esta vida. Su motivación no es virtuosa, y el resultado será un renacimiento del sufrimiento. Así pues, aunque la actividad pueda ser dhármica, eso no convierte la acción de la persona en *dharma* sagrado.

Ahí se puede ver con claridad la frontera entre el *dharma* y el no *dharma*, entre la virtud y la no virtud, entre la causa de la felicidad y la causa del sufrimiento. La acción de la cuarta persona de dar dinero (o meditar, o recitar oraciones de Tara) no se convierte en la causa de la plena iluminación o la liberación. Ni siquiera se convierte en la causa de felicidad en vidas futuras.

No obstante, con una motivación positiva, todo cuanto hacemos conduce a la felicidad, la felicidad de las vidas futuras, de la liberación o de la iluminación, dependiendo del nivel de motivación. Es nuestra elección. Es como si nuestra mente fuera un televisor y pudiéramos elegir qué canal queremos ver, uno que muestre una película tranquila o uno que muestre una violenta. En función de nuestra motivación, podemos elegir la virtud y la felicidad o la no virtud y la infelicidad. A menos que sepamos esto, corremos el riesgo de pasar toda nuestra vida haciendo multitud de cosas diferentes, incluso meditar, que solo siembren las semillas de la infelicidad.

La meditación puede transformar la mente insatisfecha en una satisfecha y contenta; la mente impaciente y enfadada, en una paciente y amorosa; la mente egoísta, en una que aprecie a los demás. Esa es la esencia de cualquier actividad de *dharma* que realicemos.

Buda dice:

> No cometas ninguna acción malsana.
> Emprende acciones perfectas y sanas.
> Somete tu propia mente.
> Esta es la enseñanza de Buda.[12]

Abandonar el daño es la práctica más básica. A menos que podamos hacerlo, no hay posibilidad de desarrollar nuestra mente más allá. Nuestra motivación ha de ser, como mínimo, conseguir otro renacimiento superior para poder continuar el camino espiritual. Pero debería ser más que eso. No solo no hemos de hacer daño a los demás, sino que hemos de ayudarles a «realizar acciones sanas y perfectas». Para ayudar mejor a todos los seres sintientes deberíamos hacer que la motivación para todo lo que hiciéramos fuera lograr la iluminación.

Por lo tanto, debemos comenzar cada sesión de meditación con una motivación pura, con el pensamiento amoroso-compasivo de alcanzar la iluminación. Por ejemplo, con una meditación de respiración, deberíamos pensar: «Voy a practicar esta meditación respiratoria para alcanzar la iluminación en beneficio de todos los seres sintientes». Cuando se realiza con esta motivación pura, aunque solo meditemos unos minutos, además de crear la causa de nuestra propia felicidad, durante todo el camino hacia la iluminación, puede beneficiar a todos los seres sintientes. Entonces soportamos con alegría cualquier dificultad que implique la meditación: dolor de rodillas o de espalda, cansancio, etcétera, porque realmente vale la pena, tiene sentido.

Combinar el estudio, la reflexión y la meditación

En el budismo tibetano, sobre todo en la tradición Geluk,[13] se hace mucho hincapié en el estudio detallado de un tema antes de meditar sobre él. Mucha gente no ve motivo para hacerlo y piensa que tendríamos que ser capaces de ponernos a meditar directamente. Pero, sobre todo en meditaciones analíticas, no tiene mucho sentido pensar que podemos hacer la meditación antes de comprender el tema sobre el que trata.

Podemos soñar en convertirnos en un gran meditador, pero no sucederá. Es como ir a un concesionario de coches carísimos y soñar que podemos comprarnos uno cuando en realidad no tenemos ni un céntimo en el bolsillo. Es una forma muy infantil de pensar. Sin embargo, cuando la gente asiste por primera vez a un curso de meditación, a menudo piensa que lo único que tiene que hacer es sentarse y esperar a que en su mente suceda algo mágico. No tienen ni idea de los fundamentos de la meditación. Limitarse a sentarse con la esperanza de que ocurra algo no es demasiado beneficioso.

En *Treinta y siete prácticas de los bodhisattvas*, el ser altamente realizado Thokmé Sangpo dice:

> Habiendo conseguido esta rara nave de libertad y fortuna,
> escucha, piensa y medita inexorablemente noche y día
> para liberarte a ti mismo y a los demás
> del océano de la existencia cíclica:
> esta es la práctica de los *bodhisattva*.[14]

Su enseñanza nos muestra los estadios por los que debemos pasar para progresar hacia la iluminación:

- Escuchar y estudiar detenidamente el tema.
- Reflexionar sobre lo que hemos estudiado para eliminar las dudas.
- Meditar para hacer que sea uno con nuestra mente.

El primer estadio es entender el tema, escuchando las enseñanzas de un maestro perfectamente cualificado. Comprender, aunque solo sea un poco, que los beneficios de escuchar el *dharma* nos darán la convicción de que cuanto más estudiemos, mejor los comprenderemos. Nos damos cuenta de que aunque ahora no podamos entender bien el tema, no es porque las enseñanzas tengan fallos, sino por nuestra propia mente ofuscada, y que si seguimos escuchando y estudiando, las dudas se aclararán.

En *El gran tratado de los estadios en el camino hacia la iluminación* (*Lamrim Chenmo*), el lama Tsongkhapa[15] dice:

> Primero estudia con alguien lo que te propones practicar y conócelo de segunda mano. Después, utiliza las escrituras y el razonamiento para reflexionar adecuadamente sobre el significado de lo que has estudiado y llegarás a conocerlo de primera mano. Una vez hayas determinado el significado de lo que originalmente pretendías practicar con este tipo de estudio y reflexión y no tengas dudas, familiarízate con ello repetidamente. A esta familiarización repetida la llamamos familiarización «meditación». [...] Meditar significa familiarizarse con lo que has comprobado a través de la sabiduría derivada de la reflexión.[16]

Mientras que otras tradiciones afirman que analizar un tema no es meditar, en el *Lamrim Chenmo*, el lama Tsongkhapa dice claramente que analizar es en sí mismo meditar.

Si vamos a un lugar solitario e intentamos meditar sin haber estudiado y reflexionado, podemos cometer muchos errores. En lugar de desarrollar la mente con firmeza en el camino hacia la iluminación, podemos perder mucho tiempo. Por lo tanto, al principio deberíamos escuchar y estudiar exhaustivamente y, mientras estudiamos, pensar en el significado lo más profundamente que podamos. Siempre que escuchemos una enseñanza o leamos un libro sobre el *dharma*, hemos de utilizar lo que estemos estudiando para superar nuestros engaños y someter la mente. Eso acaba siendo una verdadera meditación.

Necesitamos estos tres niveles de comprensión cada vez más profunda porque el *dharma* es un tema nuevo para nosotros, un camino nuevo que nuestra mente no ha recorrido antes. A diferencia de una materia académica que estudiamos en la universidad, necesitamos no solo conocer el tema, sino también familiarizarnos a fondo con él.

La mayoría de las meditaciones implican tanto la meditación analítica como la fija, y el análisis proviene de una comprensión correcta. Se dice que la persona que medita sin escuchar antes es como un escalador que carece de brazos. Por lo tanto, al principio es necesario escuchar y estudiar tanto como sea posible. Las enseñanzas budistas son vastas. Una meditación es insuficiente para resolver todos los problemas de nuestra vida, y cada tema requiere una contemplación profunda.

El estudio es meditación, la meditación es estudio. Escuchar las explicaciones, estudiar los textos, reflexionar sobre su significado, practicar la meditación…, esos son los elementos para avanzar por el camino hacia la iluminación, y no están separados. Dromtönpa explica: «Mientras escucho, reflexiono. Mientras reflexiono, medito». Según la tradición kadampa, estas tres cosas se practican a un tiempo.

Conseguir realizaciones

El primer motivo para estudiar exhaustivamente las enseñanzas budistas, con todos sus razonamientos y toda su lógica, es conseguir las realizaciones del camino, donde progresamos desde la comprensión conceptual de un tema del *dharma* hasta la experiencia directa no conceptual en la que la mente y el tema se vuelven indistinguibles, como verter agua en el agua, cosa que provoca un cambio profundo en nuestro interior.

El otro motivo es hacer que nuestra comprensión sea estable, sólida. A menos que nuestra comprensión sea profunda, podemos ser fácilmente engañados por quienes tienen puntos de vista equivocados. Alguien puede decirnos algo que nos atraiga y hacer que desechemos nuestro entendimiento correcto y nos confundamos, lo que nos llevará a desarrollar muchos conceptos erróneos.

Alcanzar realizaciones depende de haber hecho madurar lo bastante nuestro flujo mental. A menos que hayamos reunido las condiciones adecuadas, independientemente de lo mucho que nos esforcemos, no sucederá gran cosa. Pabongka Dechen Nyingpo lo compara con un forúnculo: si somos impacientes y lo presionamos demasiado pronto, volverá a infectarse, mientras que si lo hacemos en el momento oportuno, el pus saldrá y el grano se curará. También podemos compararlo con una pieza de fruta: para disfrutar de ella hemos de esperar a que esté madura. Del mismo modo, solo cuando hayamos purificado lo bastante nuestro flujo mental y acumulado méritos suficientes podremos alcanzar la realización.

Eso no ocurrirá solo con la meditación. Ese es el consejo que Manjushri le dio al lama Tsongkhapa, que debemos integrar esas tres prácticas: purificar nuestras negatividades, acumular méritos y meditar en el camino.

Además, Manjushri explicó que la forma más rápida de acumular méritos y purificar las negatividades, para así alcanzar las realizaciones, es recordando que el maestro es uno con la deidad y rezándole a él o a ella. Luego, por último, viene la meditación. Eso es porque sin la acumulación de méritos y sin la purificación que proviene de depender del maestro, el mero hecho de esforzarse en meditar no proporciona la experiencia completa de esa meditación. Este tipo de práctica con el maestro nos abre la mente, como una fruta que madura.

Meditar en los estadios del camino para llegar a la iluminación es el mayor viaje que haremos jamás. Es lo más fantástico que podemos hacer, pero también lo más difícil. Es un paso enorme, y por eso habrá muchos obstáculos. Pero cuando el viaje haya acabado, todo habrá acabado.

Las personas que han seguido con seriedad y corazón muy sincero el consejo del maestro han visto las ventajas, incluso tras meditar muy poco tiempo. La meditación consiste en transformar la mente, y llevar a cabo una práctica con el maestro es la forma más poderosa de transformar la mente.

Algunos estudiantes viven esa experiencia estando en un retiro. Tras un largo período de purificación, acumulación de méritos y meditación en el que parece estar sucediendo poca cosa, de repente sienten que hay un gran cambio y encuentran un significado increíble en las oraciones que llevan recitando tanto tiempo. De pronto cada palabra parece tan preciosa, tan sagrada, que se les llenan los ojos de lágrimas. Ese tipo de emoción positiva es señal de que han alcanzado cierto grado de purificación y han recibido alguna bendición de su maestro. Incluso aunque no ocurra con tanta intensidad, podemos sentir de repente que nuestras meditaciones se vuelven muy efectivas, que cortan los engaños como un cuchillo afilado.

Al principio, tanto las meditaciones analíticas como las fijas son lo que se llama *meditaciones esforzadas*: requieren que nos esforcemos para obtener resultados. Por ejemplo, meditamos sobre un tema *lamrim* como el renacimiento humano perfecto utilizando meditaciones analíticas hasta tener un sentimiento fuerte y entonces lo estabilizamos con una meditación fija. Conseguir familiaridad con un tema a través del estudio, la reflexión y la meditación durante mucho tiempo requiere esfuerzo.

Con frecuencia, los meditadores intentan conseguir una experiencia esforzada de cada uno de los temas del camino —el renacimiento humano perfecto, la impermanencia, la vacuidad, etcétera— y luego dedicar más tiempo a un tema hasta que deja de requerir esfuerzo y alcanzan la realización. Entonces pasan al siguiente tema e intentan alcanzar la realización de este, y así sucesivamente. Los meditadores más capaces practican todas las meditaciones juntas, sin dedicar tiempo a una de ellas por separado. Llega un momento en que su meditación deja de requerir esfuerzo. De ese modo pueden conseguir realizaciones muy rápidamente y progresar en el camino.

Los cinco caminos y los diez bhumis

Aunque la forma en que se describen y los objetivos que deben alcanzarse son ligeramente diferentes, tanto la tradición Hinayana como la Mahayana[17] hablan de los cinco caminos por los que debemos progresar para alcanzar nuestro final. Son los siguientes:

- el camino del mérito,
- el camino de la preparación,
- el camino de la visión correcta,
- el camino de la meditación,
- el camino del no más aprendizaje.

Dentro de la tradición Mahayana, el primer camino, el del mérito, se refiere al período en el que acumulamos méritos escuchando el *dharma*, reflexionando sobre su significado, meditando, etcétera, para realizar plenamente las enseñanzas. Con el camino de la preparación conseguimos una visión penetrante de la vacuidad, donde la comprensión conceptual de la vacuidad se une a una experiencia meditativa muy profunda, pero todavía tenemos que realizarla directamente, por lo que seguimos siendo un ser ordinario.

Entonces, a través de la meditación continua sobre la vacuidad, entramos en el camino de la visión correcta. Antes, nuestra comprensión de la vacuidad estaba mezclada con conceptualizaciones, pero ahora es una realización directa. Nos convertimos en un ser arya. Ya no tenemos que pasar sin querer por la muerte y experimentar el renacimiento, la vejez, la enfermedad y otra muerte.

Con el camino de la meditación, nuestra realización directa de la vacuidad se estabiliza y se hace continua. Puesto que todavía quedan residuos muy sutiles, durante el cuarto camino trabajamos para eliminarlos lentamente.

Desde el momento de la realización directa de la vacuidad en el tercer camino hasta el último camino nos desarrollamos a través de los diez bhumis (literalmente, «terrenos») o etapas, y es cuando alcanzamos el décimo bhumi en el quinto camino, el camino del no más aprendizaje, cuando alcanzamos la iluminación.

Incluso cuando alcanzan el primer bhumi, un *bodhisattva* puede ir a cien tierras búdicas puras diferentes y recibir enseñanzas de los budas al mismo tiempo. Pueden manifestarse en cien reinos y con cien cuerpos diferentes al mismo tiempo, impartir enseñanzas a seres sintientes. Pueden permanecer en ese estado durante cien eones. Entonces, cuando alcanzan el segundo bhumi de *bodhisattva*, pueden ir a mil tierras búdicas puras diferentes y recibir enseñanzas y manifestarse en mil cuerpos para dar enseñanzas a los seres sintientes. Con cada bhumi sucesivo, el número aumenta: con el octavo, el noveno y el décimo bhumi, el *bodhisattva* puede ir a miles y miles de millones de tierras puras y manifestarse en miles y miles de millones de formas, cada vez más cerca de la iluminación. Lo que un *bodhisattva* puede hacer en beneficio de los seres sintientes es tan asombroso que no encaja en nuestros conceptos corrientes y limitados.

En la tradición Hinayana, el vehículo de la liberación individual, una vez que se han completado los cinco caminos, se supera por completo el sufrimiento y se alcanza el nirvana o liberación. Desde la perspectiva Mahayana, aunque tal estado es asombroso, se puede llegar más lejos; hemos de seguir intentando liberar a todos los seres sintientes adentrándonos en el camino Mahayana y realizando la *bodhichitta*. Luego, en tanto que *bodhisattva*, pasamos a practicar las actividades del *bodhisattva*, las seis perfecciones o paramitas y los cuatro medios para atraer discípulos al *dharma*.[18] Entonces, habiendo trabajado a través de los cinco caminos y alcanzado el camino del no más aprendizaje, la iluminación, podemos trabajar perfectamente por el bienestar de todos los seres sintientes.

Este es el camino según el Paramitayana, el aspecto no tántrico del Mahayana, pero también es posible alcanzar la iluminación extremadamente rápido entrando en el Vajrayana o camino tántrico tras haber realizado el camino común de renunciar al *samsara*, conseguido la *bodhichitta* y asimilado la vacuidad.

En estos tiempos degenerados, solo a través del tantra del yoga supremo podemos alcanzar la iluminación dentro de una breve vida. Habiendo sido iniciados por un maestro vajra cualificado, cuando nuestra mente está madura, podemos practicar la etapa de generación y la etapa de culminación. Cuando alcanzamos el último estadio de la etapa de culminación, llamada la unión de la luz clara y el cuerpo ilusorio, alcanzamos la unificación del no más aprendizaje, el estado plenamente iluminado.

Visión de futuro, determinación y una mente relajada

Generar las realizaciones del camino gradual hacia la iluminación es una experiencia nueva. Puesto que nunca lo hemos hecho antes, hemos de esforzarnos al máximo en desarrollar nuestra mente. No deberíamos tener una mente pequeña.

Necesitamos tres cosas para progresar mejor en el camino:

- visión de futuro,
- una determinación fuerte,
- una mente relajada.

Hemos de tener mucha visión de futuro, ver que alcanzar nuestro objetivo de iluminación nos llevará mucho tiempo y esfuerzo. Para llegar a todas las realizaciones debemos seguir el camino paso a paso.

Para ello necesitamos generar una mente muy fuerte y vasta, lo que significa la determinación de no rendirnos nunca, aunque nos lleve tres inconmensurables grandes eones purificar nuestras negatividades y acumular los méritos necesarios para alcanzar la iluminación.

Hay tanto que estudiar y sobre lo que meditar que podemos quedar abrumados y pensar que nuestro objetivo es imposible e inalcanzable. Eso se convierte en un obstáculo para continuar nuestras meditaciones. Debemos avanzar despacio y con determinación, pero de forma relajada, ya que nuestro objetivo, llegar a la iluminación de todos los seres, es muy vasto.

El Buda Guru Shakyamuni[19] y los innumerables seres sintientes que han llegado a la iluminación eran iguales que nosotros en tanto que tenían todos los engaños, todos los problemas que tenemos ahora, y sin embargo no dejaron de esforzarse por desarrollar sus mentes vida tras vida, a lo largo de eones. Nosotros deberíamos pensar del mismo modo y hacer planes que abarquen eones, en lugar de creer que, si hacemos algo de meditación ahora, alcanzaremos la iluminación en unos pocos años.

Su Santidad el dalái lama aconseja a menudo que no seamos cortos de miras; que no asumamos que la iluminación llegará en muy poco tiempo, sino que planifiquemos para cientos de vidas. Si planeamos practicar el *dharma* durante mucho tiempo y ponemos mucho esfuerzo en nuestra práctica con ese objetivo, es posible que podamos alcanzar la iluminación en poco tiempo. Pero si no trazamos un plan como ese, si somos cortos de miras, puede que nos desilusionemos y nos rindamos fácilmente al ver que no sucede.

Como dice Shantideva en *Guía para el modo de vida del bodhisattva*:

> Nada continúa siendo difícil después de la práctica,
> por lo tanto, si uno practica primero
> con aflicciones menos graves,
> incluso los mayores tormentos se harán soportables.[20]

Si entrenamos la mente, cada vez es más fácil. Esa es la naturaleza de la mente. Al surgir dependiendo de causas y condiciones, la mente puede cambiarse. Nuestra mente no empezó con este nacimiento; no tiene principio. Dado que se ha ido acostumbrando a engaños a lo largo de renacimientos sin principio, evidentemente resulta fácil de cambiar. Por lo tanto, cabe esperar que transformarla en una mente virtuosa, acostumbrarla a actitudes positivas, nos lleve mucho tiempo. De hecho, realizar todo nuestro potencial y llegar a la iluminación bien puede llevarnos cientos de vidas, tal vez incluso eones.

Limitarse a hacer un retiro, como el retiro grupal de un mes que hacemos cada año en el monasterio de Kopan,[21] en Nepal, y esperar grandes cambios es poco realista. Claro está, la rapidez con que alcancemos las meditaciones varía en función de cada persona. Depende de nuestro nivel de inteligencia, de nuestra práctica y comprensión y de cuánta purificación hagamos. Pero un mes de meditación intensiva no puede darnos la felicidad definitiva; no es tan fácil. Incontables vidas de engaños no pueden borrarse en una semana o un mes, del mismo modo que echar gotas de miel cada día en una planta ácida que crece en el jardín no puede hacerla dulce. No es como echar monedas en una máquina expendedora, pulsar un botón y ver salir un paquetito de comida.

A menos que tengamos un plan a largo plazo, será muy difícil soportar las dificultades que encontraremos al purificar nuestras negatividades y acumular méritos. Pero una vez tenemos un plan y empezamos a ponerlo en práctica, no es como una acción mundana que debemos hacer continuamente, una y otra vez. Comer algo no sacia nuestra hambre para siempre. Al cabo de poco rato volvemos a tener hambre y hemos de comer otra cosa. De este modo, nuestra necesidad de comida no termina nunca. Lo mismo ocurre con todas las actividades mundanas; el esfuerzo que hemos de hacer continuamente para alcanzar fines mundanos es interminable.

El trabajo del *dharma* es del todo diferente. Una vez lo completamos, ya está terminado. Cuando alcanzamos una realización, no tenemos que empezar de nuevo y volver a alcanzarla. Por lo tanto, vale la pena trazar un plan a largo plazo, pensando: «Aunque me lleve muchas vidas, aunque me lleve cien vidas, o mil millones, debo cortar con todas las concepciones erróneas y alcanzar la iluminación para beneficiar a otros seres sintientes».

Cuando unimos esa visión a largo plazo con una gran determinación, teniendo la voluntad y la paciencia de soportar muchas dificultades, es posible alcanzar la iluminación en esta vida, en tres vidas o en dieciséis.

El último atributo que necesitamos es tener una actitud relajada. No podemos progresar si tenemos una mente tensa. Incluso las personas que tienen grandes proyectos en la vida mundana, como aquellos que construyen grandes fábricas, deben estar relajadas o sus proyectos fracasarán. Hacen muchos planes y pasan muchas adversidades antes de que comience el proyecto y luego trabajan con gran determinación, sin importar el tiempo que les lleve. Ponerse tenso porque las cosas no van lo bastante deprisa solo genera estrés y quizá fracaso, así que avanzan despacio, pero con determinación. Del mismo modo, nosotros hemos de avanzar lenta y decididamente en nuestra práctica del *dharma*, pero de forma relajada.

Estas tres cosas —tener visión de futuro, ser decidido y tener una mente relajada— son vitales. Sin ellas es muy difícil generar las realizaciones del camino y alcanzar la iluminación. Con ellas, la iluminación es decididamente posible; y en muy poco tiempo, si se dan las condiciones. Al tener este renacimiento humano perfecto, tenemos este increíble potencial.

Tenemos cuanto necesitamos, a diferencia de Milarepa, el gran meditador tibetano. Aparte de un lugar para meditar y una olla para cocinar, no tenía nada, absolutamente nada de dinero, ni siquiera ropa más allá de un retal para cubrirse. Y comía sopa de ortiga, cada día. Evidentemente, eso le hacía estar muy delgado, pero también hizo que su piel se volviera de un color azulado a causa de la dieta. No había sal, ni chiles, ni aceite, solo ortigas.

Un día llegó un ladrón a la cueva de Milarepa, pero no encontró nada que robar, así que Milarepa le cocinó sopa de ortigas. Cuando el ladrón le pidió sal y chiles para condimentar la sopa, Milarepa echó unas cuantas ortigas más en la olla y dijo: «Esta es la sal». Después añadió más y dijo: «Estos son los chiles». No había nada más, solo ortigas, y sin embargo Milarepa estaba del todo satisfecho. Sin posesiones materiales en absoluto, viviendo una vida tan austera que ni podemos imaginarla, fue capaz de alcanzar la iluminación en una corta vida. Si él lo logró, ¿por qué es imposible para nosotros?

CAPÍTULO 2

Tipos de meditación

Existen dos tipos de meditación:

- meditación analítica o de comprobación (*vicarabhavana, ché gom*),
- meditación de fijación o estabilizadora (*sthapyabhavana, jok gom*).

Ambas son vitales si deseamos alcanzar la iluminación. La meditación analítica o de discernimiento se llama así porque en ella analizamos un tema para alcanzar una comprensión más profunda. La meditación analítica es muy útil al principio de nuestra práctica. Este tipo de meditación amplía el conocimiento de nuestra mente, aclara la naturaleza del objeto sobre el que meditamos y nos permite obtener una comprensión y realización correctas. A menos que analicemos cuidadosamente nuestro tema, es muy posible que la comprensión sea errónea.

En la meditación estabilizadora o de fijación, la mente se centra únicamente en el objeto en el que se concentra. Cuando nuestra concentración se fortalece hasta el punto de poder mantenerla durante mucho tiempo, sin distracciones ni divagaciones, la mente se vuelve muy poderosa.

La meditación analítica

Salvo la meditación *shamatha*, la meditación en calma, que consiste en concentrarse intensamente en un objeto, la mayoría de las meditaciones que hacemos —sobre la renuncia, la *bodhichitta*, la vacuidad, etcétera— son básicamente analíticas: comprobar y discernir con citas y lógica.

Sin embargo, dentro de nuestra meditación analítica también debe haber una meditación de fijación. Por ejemplo, cuando nos distraemos mientras meditamos sobre un tema como el precioso renacimiento humano, es fácil perder la concentración, pero si podemos aferrarnos firmemente al tema de meditación, entonces se trata de un tipo de meditación de fijación. En el análisis que estamos haciendo hay una concentración estable, aunque no se trate de una práctica meditativa fija. Si estamos realizando una práctica tántrica de principio a fin, mientras realizamos las diversas oraciones y visualizaciones, si mantenemos la concentración y no permitimos que la mente divague, eso también es una meditación de fijación.

Para conseguir realizaciones son necesarios ambos tipos de meditación, pero solo a través del análisis detallado puede alcanzarse un grado de familiaridad que las permita. Por ejemplo, si meditamos sobre el refugio, hemos de ver que el Buda es totalmente digno de confianza, que sus enseñanzas son prácticamente infalibles y que hay innumerables practicantes que han alcanzado la iluminación confiando en sus enseñanzas. Necesitamos una práctica analítica detallada sobre puntos como este para mover la mente hacia la realización.

El análisis que hacemos en una meditación es diferente del análisis que realiza un científico occidental, cuyo propósito principal es adquirir conocimiento. Este análisis tiene como objeto someter la mente, salir de los océanos del sufrimiento samsárico y liberarnos de sus causas: la ignorancia, la ira, el apego y todas las demás mentes sufrientes. No solo eso, también deberíamos hacerlo para liberar a los demás. En cualquier meditación que hagamos, sea analítica o de fijación, ese será su propósito.

Analizar es crucial si queremos entender nuestra mente y por qué sufrimos, si queremos ver que las cosas son impermanentes y liberarnos del falso sentido de permanencia que tantos problemas acarrea, y si queremos entender la naturaleza de la realidad, que todas las cosas, incluido nuestro sentido del yo, están vacías de toda existencia inherente. Dado que no entender ese vacío es la raíz de todo sufrimiento y dado que la vacuidad es un tema muy sutil que hay que comprender, la meditación analítica necesaria para ello es muy profunda y difícil.

No podemos limitarnos a aceptar; hemos de comprobar por nosotros mismos y ver que esos temas son verdades profundas, y luego profundizar en esa comprensión. Ni siquiera en nuestra vida cotidiana compramos algo sin realizar comprobaciones: dónde está hecho, de qué está hecho, si funcionará, si vale la pena, etcétera. Siempre comprobamos la frescura y el valor de los alimentos que compramos. Antes de desprendernos del dinero, lo comprobamos todo con mucho cuidado.

Analizar un tema de *dharma* es infinitamente más importante que comprobar los artículos que compramos en una tienda. Podríamos enfermar por comer algo caducado o malgastar nuestro dinero en un producto que no funciona, pero nuestra falta de atención no nos hace crear karma negativo. Si no sabemos claramente por qué meditamos, podemos suponer que vale la pena, pero en realidad podríamos estar aumentando nuestra ignorancia. Por lo tanto, es crucial comprobar a través del análisis.

Ver el análisis como un obstáculo para la meditación en lugar de ser realmente meditación es engañarnos, alejarnos de la sabiduría y acercarnos a la ignorancia. Pensar que el análisis es un obstáculo para nuestra meditación es una tontería.

Dentro del budismo tibetano existen gran cantidad de temas que hay que analizar y realizar, la mayoría de los cuales encajan en el marco de *lamrim*, el camino gradual hacia la iluminación. Si queremos transformar nuestra mente a través de la meditación, la elección más sabia que podemos hacer es meditar sobre los temas de *lamrim*, que aportan muchos beneficios, entre los cuales el mayor es sin duda que nos conducen directamente a la iluminación.

El *lamrim* es una explicación exhaustiva de las ochenta y cuatro mil enseñanzas del Buda. Los temas que nos conducen a la liberación individual proceden de las primeras enseñanzas del Buda en el Canon Pali, llamado así por la lengua que se utilizaba. En el Mahayana, se denomina *tradición Hinayana* y contiene las enseñanzas vitales sobre las cuatro nobles verdades, así como el noble camino óctuple.[1] Si seguimos las enseñanzas de este vehículo, o yana, podemos liberarnos de todo el *samsara* y de sus causas: el karma y los engaños.

Luego está el Mahayana o Gran Vehículo, que se centra en la *bodhichitta*, la mente altruista que quiere alcanzar la plena iluminación por el bien de todos los seres sintientes. También se divide en dos partes: el Paramitayana o Vehículo de la Perfección; y el Vajrayana, en el que, con las prácticas tántricas más elevadas, podemos alcanzar la iluminación en una sola vida.

Todos los niveles de enseñanza contenidos en el *lamrim* se resumen en el consejo fundamental del Buda de no cometer acciones deshonestas, involucrarse solo en acciones íntegras y dominar la mente por completo.

No cometer acciones deshonestas y, por tanto, abstenerse de dañar a los demás es el centro de las enseñanzas del Hinayana. En el *lamrim*, esto encaja en los temas del camino gradual de un ser capaz inferior y en el camino gradual de un ser capaz medio, donde la motivación es alcanzar un renacimiento superior y la liberación del *samsara* respectivamente. Emprender acciones perfectas e íntegras y, por tanto, beneficiar a los demás encaja en el camino gradual de un ser capaz superior, donde la motivación es la *bodhichitta*, el deseo de alcanzar la iluminación para liberar a todos los seres del sufrimiento y conducirlos a la iluminación. Todo el camino hacia la iluminación está ahí. Las palabras son tremendamente sencillas, pero en las enseñanzas hay muchos niveles, mucho que estudiar, mucho sobre lo que meditar, mucho que realizar.

La meditación de fijación

La meditación de fijación puede definirse como la concentración de la mente en un objeto, sin que la obstruyan el embotamiento ni los pensamientos dispersos. La forma básica de lograr esta concentración es llevar la mente al objeto de meditación, como la respiración, y mantenerla allí, y ser capaz de devolverla al objeto cada vez que se desvíe. El objetivo es no olvidar el objeto de la meditación, recordarlo continuamente tanto tiempo como queramos. Al principio, eso solo puede ocurrir durante un período de tiempo corto antes de que la mente se distraiga y divague hacia otro objeto, pero si continuamos seremos capaces de concentrarnos en el objeto durante períodos cada vez más largos. Cuando podemos concentrarnos en el objeto que elegimos, no surgen pensamientos sobre el pasado, el presente o el futuro, cosa que nos libera de todo temor o agitación. Solo existe la experiencia del objeto de meditación.

Las herramientas vitales que necesitamos para lograr una concentración cada vez más fuerte son el mindfulness y la conciencia: con el mindfulness somos conscientes de que seguimos concentrados y con la conciencia observamos para ver lo que sucede. Si la mente se aleja del objeto, la conciencia lo ve y podemos hacer que la mente regrese. Desarrollar estas dos mentes es la raíz de lo que llamamos *shamatha*, o *calma duradera*.

A nosotros, los principiantes, nos cuesta mantenernos centrados en el objeto. Por ese motivo al principio deberíamos hacer sesiones de meditación bastante cortas, quizá de tan solo diez o quince minutos. El lama Tsongkhapa recomienda unas dieciséis sesiones cortas al día. Tal vez no sea necesario eso, pero sí que hemos de atenernos a la duración que mejor se adapte a nuestro nivel de concentración. Si bien deberían ser sesiones cortas, durante ellas hemos de intentar mantener la concentración en el objeto tanto como sea posible.

Al principio, mantener con claridad el objeto de meditación no es tan importante. Digamos que estamos meditando sobre la visualización de una deidad: si solo se nos aparece la mitad de la deidad, deberíamos contentarnos con eso; de lo contrario, puede que tardemos días en encontrar un lugar en el que concentrar la mente. Esperar demasiado es un gran error. Si nos esforzamos demasiado en tratar de ver el objeto con claridad, puede que funcione un rato, pero no seremos capaces de mantenerlo mucho tiempo y perderemos la meditación por completo, y eso hará que nos cueste más desarrollar la concentración en futuras sesiones. Poner demasiado esfuerzo al principio provoca que la mente se distraiga más adelante.

La cuestión es que desde el principio debemos ser muy hábiles y estar relajados, pero no del todo relajados. Si estamos completamente relajados, puede que meditemos muchas horas, ¡hasta que venga alguien a despertarnos! O puede que viajemos por todo el mundo sentados en el cojín de meditación. La práctica ha de ser equilibrada, relajada al tiempo que esforzada, y la mente ha de poner el grado justo de esfuerzo en centrarse en el objeto.

Combinar ambos tipos de meditación

Al analizar los objetos de nuestra meditación somos capaces de desarrollar una comprensión completa de ellos para realizarlos. Somos un científico interno que investiga la realidad y descubre las verdades en el camino hacia la iluminación. Es cuando podemos combinar ambos tipos de meditación, la analítica y la de fijación, cuando transformamos eficazmente nuestra mente hacia ese camino. Desarrollando una comprensión cada vez más profunda de las causas de los engaños que nos asolan podemos eliminarlos gradualmente, lo que nos conduce a la liberación de todo sufrimiento. Además, al perfeccionar nuestras meditaciones analíticas y de fijación sobre todos los temas del camino gradual hacia la iluminación podemos alcanzar la iluminación plena y guiar a otros seres sintientes a la inigualable dicha de la iluminación, lo que supone un logro extraordinario.

Nuestro objetivo es realizar a todos los niveles lo que hemos descubierto a través del razonamiento en nuestras meditaciones analíticas. Por ejemplo, habiendo estudiado y meditado sobre el renacimiento humano perfecto, podríamos entender que tenemos esa preciosa oportunidad, pero no sentirla todavía. Sin embargo, si continuamos meditando sobre las diversas características del renacimiento humano perfecto, nos convenceremos cada vez más de los puntos que trata ese tema. Si meditamos sobre la libertad de no ser un ser infernal, por ejemplo, realmente llegaremos a entender lo terrible que sería ese estado. Surge una fuerte sensación de que somos tremendamente afortunados de estar libres de él, de que solo con esta preciosa vida que tenemos ahora podemos desarrollar nuestro verdadero potencial. En ese momento dejamos de analizar y mantenemos ese sentimiento de gratitud. Esa es la meditación de fijación que potencia la analítica.

De este modo, alternamos la meditación analítica sobre estos puntos con la meditación de fijación sobre el sentimiento que surge en la conclusión, y lo hacemos una y otra vez hasta que generamos una realización de ese punto, una conciencia estable e irrefutable que va más allá de la comprensión lógica.

Así es como deberíamos proceder en todas nuestras meditaciones. Nuestra meditación analítica sobre la devoción al maestro concluye con una sensación profunda de que el *guru* y el Buda son indivisibles, lo que hace que surja una fuerte devoción hacia el *guru*. Meditar sobre la naturaleza del *samsara* nos lleva a la convicción inquebrantable de que no es más que sufrimiento y a la firme determinación de liberarse de él. Y tras meditar sobre la *bodhichitta*, cuando en nuestra meditación surja con fuerza el pensamiento de iluminarnos para ayudar a todos los seres sintientes, deberíamos tratar de mantener esa mente altruista, vivir el resto del día con esa experiencia.

Aunque tengamos una comprensión intelectual bastante buena de algo como el renacimiento humano perfecto, tener una realización de ello podría parecer muy lejano. No hay por qué preocuparse. Mientras sigamos profundizando en nuestra comprensión dentro de la meditación, la sensación llegará. Cada vez que meditamos nos acercamos más a la realización.

A veces, alguien sin demasiado conocimiento sobre un tema realiza algo sobre él, tal vez solo con escuchar el tema una o dos veces y luego meditando un poco. Sin duda, eso se debe a que ha meditado sobre ese tema en vidas anteriores y su mente estaba bien entrenada. Sin embargo, la mayoría de nosotros, que no tenemos mucha comprensión ni convicción en el *dharma*, hemos de trabajar firmemente en ello. Repetir una meditación una y otra vez puede llegar a cansar, básicamente debido a la ignorancia. Cuanto más convencidos estemos de lo beneficioso que es el *dharma*, más inspirados estaremos y más energía tendremos para meditar.

Si perseveramos, poco a poco nuestra comprensión intelectual crecerá y nuestras meditaciones serán más profundas. Una alimentará a la otra.

La meditación de revisión

Una cosa muy importante que deberíamos hacer cada día es leer una breve oración de meditación llamada *meditación de revisión* (también llamada *meditación directa*), que contiene la esencia de todo el camino gradual hacia la iluminación. Las hay de muchos tipos diferentes. Se llama meditación de revisión porque leemos las palabras sin tomarnos tiempo para comprobar puntos concretos. Eso nos permite tener una visión de conjunto de todo el camino, ya que vamos directamente al esquema y asimilamos la esencia de las meditaciones. Tras leer la oración de meditación de revisión, si hay tiempo, podemos hacer meditación analítica concentrándonos en un aspecto de un tema en concreto, como por ejemplo la impermanencia.

Realizar una meditación de revisión deja una huella en la mente cada día, lo que facilita la posterior práctica de una meditación más detallada basada en el esquema que tenemos en la cabeza a partir de la meditación de revisión. De ese modo podemos comprender más profundamente la meditación. Si no tenemos la oportunidad de hacer una meditación *lamrim* en nuestra práctica diaria, al menos estamos plantando las semillas para comprender y realizar los temas más adelante.

Digo que simplemente leamos la oración de meditación de revisión, pero hemos de hacerlo con atención, no solo pronunciarla sin concentrarnos. Si se hace con atención, se convierte en una meditación directa sobre todo el camino hacia la iluminación, tanto el *sutra* como el tantra. Dado que deja huella y hace que el resto de nuestro día tenga sentido, yo diría que la meditación de revisión en el *lamrim* de forma consciente es una de las prácticas más importantes que podemos hacer. Así como existe el refrán «Una manzana al día mantiene al médico en la lejanía», tal vez podríamos decir que una meditación en el *lamrim* al día mantiene los reinos inferiores en la lejanía.

Cuanto mayor sea la huella que dejemos, más fácil y rápido será hacer realidad el camino gradual hacia la iluminación. Sea en esta vida o en vidas futuras, en cuanto escuchemos las enseñanzas, experimentaremos el camino. Por ejemplo, en cuanto escuchemos las enseñanzas sobre la vacuidad, seremos capaces de experimentarla. Muchos meditadores han tenido esta experiencia.

Pabongka Dechen Nyingpo explica que incluso hacer una sola meditación de revisión en el *lamrim* es mucho más significativo que recitar cientos de millones de mantras o incluso ver a los budas. ¿Por qué? Porque aunque nos encontremos con un buda, hemos de seguir meditando y realizar la renuncia, la *bodhichitta* y la vacuidad, así como las dos etapas del tantra supremo. El mero hecho de ver a un buda no nos proporcionará estas realizaciones.

Puchungwa,[2] uno de los discípulos del geshé kadampa Chen Ngawa,[3] le preguntó qué preferiría si tuviera que elegir entre meditar en el *lamrim* o tener una concentración puntual que durara eones, estar tan concentrado que ni siquiera un gran tambor golpeado frente a él pudiera perturbarlo. Chen Ngawa dijo que simplemente indagar sobre la naturaleza del *lamrim* es preferible a tener los cinco tipos de clarividencia. En el pasado hemos alcanzado todos esos poderes psíquicos, pero no el camino gradual hacia la iluminación; esa es una experiencia completamente nueva y, por lo tanto, es esencial.

La visualización

Utilizar la meditación analítica y la meditación de fijación en la visualización

Cuando intentamos visualizar una deidad en una práctica tántrica, estamos intentando o bien vernos a nosotros mismos como la deidad, lo que se denomina *autogeneración*, o bien ver al Buda frente a nosotros, lo que se denomina *generación frontal*. En ambos casos necesitamos usar los dos tipos de meditación: la meditación analítica, en la que tratamos de repasar los diversos aspectos de la apariencia de la deidad, y la meditación de fijación, en la que nos aferramos a un aspecto o a la totalidad.

La meditación de fijación en nosotros mismos como deidad tiene dos aspectos. Uno es apariencia pura (*sel nang*), en el que nos imaginamos a nosotros mismos como la deidad, y el otro es el orgullo divino (*lhayi nga-gyal*), en el que, al mantener esa apariencia, disipamos el sentido de nosotros mismos como un ser ordinario engañado. Con la meditación analítica alcanzamos la apariencia pura y con la meditación de fijación alcanzamos el orgullo divino.

Mucha gente se desanima porque cree que sus visualizaciones no son buenas. A menudo sucede que al principio puede que logremos visualizaciones bastante buenas, pero al cabo de unos días parecen degenerar y nos hartamos. No debemos sentirnos desanimados, sobre todo cuando tratamos de visualizar una deidad en una práctica tántrica. Aunque no podamos hacer la visualización clara, con todos los aspectos de la deidad perfectos, deberíamos concentrarnos en la sensación general tanto como pudiéramos. Sentir que estamos en presencia del Buda es más importante que la claridad con que lo veamos.

Es como alguien que escribe cartas maravillosas pero que tiene una caligrafía horrible. Lo que escribe es más importante que la letra que tiene. Del mismo modo, al intentar que la visualización sea lo más clara posible, puesto que es el objeto más poderoso y positivo que existe, todo lo que podamos conseguir será increíblemente beneficioso.

Por ejemplo, cuando se supone que hemos de imaginar rayos de luz entrando en nosotros procedentes del Buda y purificándonos, aunque apenas podamos visualizar al Buda, si sentimos que eso es lo que está ocurriendo, hace que nuestra meditación sea muy significativa. Recibimos bendiciones increíbles, independientemente de lo imperfecta que sea nuestra visualización del Buda. La fuerza de nuestra purificación proviene de nuestra devoción al Buda y al *guru*, no de nuestra capacidad de visualizar bien. Así pues, no debemos desanimarnos sino continuar con una visualización que seamos capaces de realizar y concentrarnos tanto como podamos.

El lama Tsongkhapa aconseja que, puesto que es lo más importante, primero tratemos de establecer un cierto grado de calma duradera sin preocuparnos demasiado por la falta de claridad en nuestras visualizaciones. Lo principal es entrar en un estado de concentración y luego, cuando esta sea bastante buena, intentar conseguir una apariencia clara. Al hacerlo, todos los aspectos de la visualización —la cabeza, los brazos, etcétera— llegan muy fácilmente. Es como cuando un escultor hace una estatua. Al principio, la forma es muy tosca; tal vez a duras penas podamos decir de qué deidad se va a tratar. Pero luego, a medida que el escultor continúa, surge la imagen muy detallada y hermosa de la deidad.

Tratar de evocar todos los detalles de una deidad como el Buda Shakyamuni o Chenrezig en una visualización implica una meditación analítica sobre cada detalle, uno por uno, desde la cabeza hasta los pies, hasta que tenemos todo el aspecto tal como se explique en la *sadhana*[4] (manual de meditación) que utilicemos. Incluso una deidad sencilla como Tara es una visualización compleja, de modo que es casi seguro que no podamos ver todos los detalles vívidamente. Si nos concentramos de manera concreta en un aspecto cualquiera, podemos ir ampliando poco a poco al resto del cuerpo: las extremidades, las manos, los adornos, etcétera. Entonces, cuando todo eso esté claro, nos dirigimos al mandala, la morada divina de la deidad, y a las demás deidades del mandala, si las hay, hasta que incluso los pequeños detalles aparezcan vívidamente. Finalmente, somos capaces de concentrarnos en todo el mandala.

Cuando la visualización se vuelve confusa, podemos repetir una meditación analítica sobre los diversos rasgos de la deidad y luego centrarnos en el aspecto general, en lo que surja en nuestra mente. Continuamos así hasta que la visualización sea lo más clara posible.

Si intentamos hacer que nuestra visualización sea clara concentrándonos mucho, seremos incapaces de mantenerla; perderemos la concentración muy rápidamente y seguro que surgirán pensamientos dispersos. Por el contrario, si nuestra concentración es demasiado vaga, si estamos demasiado relajados, surgirá el embotamiento; habrá poca energía para mantener el objeto de meditación. Más que embotamiento, puede aparecer una neblina. ¡Lo siguiente es un sueño muy agradable! Su Santidad

Zong Rinpoche[5] dice que dormir en la meditación es mucho más agradable que dormir en la cama.

La gracia está en no estar demasiado tenso. Un poco de tensión puede traer algo de claridad pero, aunque parezca beneficiosa, no ayuda al desarrollo de la concentración porque no perdura. Más bien se convierte en causa de más distracciones. De hecho, al principio intentar que cada detalle de la deidad sea perfecto es un obstáculo. Eso ya llegará con el tiempo. Como explican los comentarios, a medida que desarrollamos la capacidad de concentración y la mente se va relajando, la visualización se irá haciendo cada vez más clara. Entonces, pasado algún tiempo, se volverá increíblemente clara, incluso más clara de lo que el ojo pueda ver.

Lo que hay que entender es que al principio lo que intentamos hacer es prolongar el período durante el que somos capaces de concentrarnos. Cada vez que la mente se distraiga, la devolvemos al objeto, al aspecto general de la deidad. Ese es el primer paso.

La importancia de visualizar al Buda

Los Budas aparecen en muchos aspectos. Pueden emanar con aspecto *sambhogakaya* (cuerpo de goce), que es como se representa a muchas deidades tántricas en los *thangkas*,[6] o con aspecto *nirmanakaya* (cuerpo de emanación), que los humanos podamos ver y con el que podemos relacionarnos, como la forma en que se representa al Buda en las imágenes: sentado en posición de meditación, vestido de monje. En el siglo XXI no tenemos el karma para ver al Buda Shakyamuni en su aspecto *sambhogakaya*, ni siquiera en su aspecto *nirmanakaya*, pero eso no significa que no veamos al Buda. Cuando vemos una estatua o una imagen del Buda histórico o de uno de los muchos budas representados en el budismo tibetano, estamos viendo al Buda.

Solo con ver una imagen del Buda, solo con estar en presencia de una, automáticamente nos calmamos, nos quedamos más en paz. Nos damos cuenta de que nos concentramos mejor y de que desaparecen los pensamientos negativos. Aunque no sepamos explicarlo, sentimos una buena sensación al estar cerca de una estatua o *thangka*. Ese es el poder de una imagen del Buda. Sentimos la paz que irradia la estatua y pensamos que a nosotros también nos gustaría tener esa paz.

Esa fuerza actúa a un nivel muy profundo. Si bien podemos estudiar el simbolismo de todos los aspectos del cuerpo del Buda, no es necesario que lo conozcamos para recibir sus beneficios. Solo con ver la protuberancia de la coronilla, las orejas puntiagudas, los amables ojos rasgados, nos sentimos reconfortados, tanto si sabemos cómo actúan en el subconsciente como si no. Cuando tenemos una idea de todas las increíbles cualidades del Buda que esos rasgos representan, nos sentimos naturalmente inspirados a dirigir nuestras acciones de modo que nosotros también podamos adquirir esas cualidades. El mero hecho de ver una imagen del Buda puede detonar todo el camino hacia la iluminación.

Hay quien piensa que las meditaciones de visualización no son más que juegos con imágenes y que la verdadera meditación es pura concentración. De alguna manera, tienen la sensación de que visualizar al Buda es una especie de distracción de la meditación, que consiste en controlar la mente. Esto es erróneo. Al visualizar al Buda Guru Shakyamuni o a otra deidad, controlamos la mente de la manera más positiva.

De todos modos, siempre estamos haciendo visualizaciones. Nuestra mente está siempre llena de imágenes, mientras pensamos en lo que queremos hacer más tarde en el día o recordamos una cena que tuvimos con un amigo. Sin embargo, la diferencia con estas visualizaciones mundanas es que casi siempre implican objetos de apego o aversión. Pensamos en nuestro querido amigo o en aquella deliciosa cena y de manera natural surge el apego; recordamos la discusión que tuvimos en el trabajo con nuestro jefe y naturalmente surge la aversión. Por lo tanto, nuestras visualizaciones normales solo aumentan nuestra ignorancia.

Cuando visualizamos al Buda ocurre justo lo contrario. Al mantener la mente en una imagen del Buda, disminuimos la mente dualista, trascendemos nuestro apego y aversión y plantamos las semillas para llegar a ser como esa visualización, es decir, como un buda. Es el poder de la imagen sagrada el que, con solo visualizarla, por inexpertos que seamos, purifica eones de negatividades. Se convierte en el remedio para la mente engañada y en la causa de una iluminación muy rápida.

El lama Tsongkhapa hizo postraciones mientras visualizaba treinta y cinco aspectos del Guru Shakyamuni y, como resultado, vio al Buda en las paredes de su cueva. En la misma cueva, que aún existe en el Tíbet, Khedrup Je, uno de sus dos discípulos principales, vio la manifestación del lama Tsongkhapa y letras como la sílaba raíz de Manjushri,[7] que aparecieron espontáneamente debido al poder de la práctica de purificación del lama Tsongkhapa. Si nuestras mentes están purificadas y tenemos devoción, seguro que seremos capaces de ver los diferentes aspectos del Buda.

Eso no significa que el Buda, la persona que vivió hace dos mil quinientos años, fuera exactamente igual a la representación de los *thangkas*. De hecho, la forma del cuerpo sagrado del Buda está más allá de todo eso. Lo que vemos es solo una aproximación creada para que los seres sintientes podamos purificar nuestras negatividades y crear méritos. Incluso una representación simbólica del Buda o de cualquier otra deidad tiene mucho poder para afectar a la mente.

Aunque podemos utilizar cualquier imagen para desarrollar *shamatha*, para un budista no existe objeto de meditación más poderoso que la imagen del Buda o de la deidad meditativa con la que solamos practicar. Visualizar el aspecto de cualquier ser iluminado nunca puede hacer que surja la mente negativa. Cada vez que vemos un *thangka* o estatua del Buda, purifica nuestro karma negativo. Esto no se debe al material de que está hecho, sea oro u otro material valioso, sino a la fuerza de la sagrada mente omnisciente del Buda, a su gran compasión y amor, a su *bodhichitta*. La impresión que deja en nuestra mente no solo tiene la capacidad de cerrar la puerta a los reinos inferiores, lo que significa que nunca tendremos que renacer en ellos en el futuro, sino que cada vez que vemos una representación del Buda se crea el karma para encontrarnos con sus enseñanzas y verlo directamente en vidas futuras.

En la práctica habitual del Buda Guru Shakyamuni, tras visualizar al Buda y recitar el mantra, cuando el Buda se asimila con nosotros, todos nuestros engaños y puntos de vista erróneos se vacían por completo y nuestra mente se une a la mente omnisciente y dichosa del Buda Guru Shakyamuni. Esa técnica tan profunda puede encontrarse en la Meditación diaria en el Buda Shakyamuni.[8]

La necesidad de meditación analítica

Como hemos visto, algunas personas piensan que para meditar no hace falta estudiar. Creen que deberíamos poder sentarnos y empezar a meditar de inmediato, sin necesidad de entender nada. Rechazar la meditación analítica, no verla como meditación, es un error. Otras personas creen que cualquier pensamiento que aparezca en una meditación es una distracción. Incluso rechazan el hecho de que en la meditación de fijación deba haber un objeto de meditación. Para ellos, meditar significa dejar la mente en blanco. Una persona que intenta meditar así fácilmente puede creer que nada existe. Si intentara meditar sobre la inexistencia del fuego en medio de una casa en llamas, el fuego no dejaría de existir y seguiría quemándose. Del mismo modo, meditar sobre nada es el mayor obstáculo para comprender cómo existen realmente las cosas.

¿Cómo puede ayudar a aliviar nuestro sufrimiento meditar sobre nada, tratando de mantener la mente en blanco? Ninguno de nuestros engaños disminuye porque dejemos de pensar durante la meditación. Si el propósito de la meditación es liberarnos del sufrimiento y no simplemente relajarnos, no solo hemos de entender la mente, sino también entender y realizar la naturaleza del ser, y eso solo puede ocurrir a través de un análisis riguroso.

Incluso en nuestra vida cotidiana, nunca estamos libres de pensamientos conceptuales. Siempre estamos inmersos en algún tipo de análisis racional. Para almorzar hemos de discernir qué necesitamos y evaluar cuál es la mejor manera de hacerlo. Para tomar una taza de té, debemos determinar qué es té, qué es azúcar, qué es agua, etcétera, y seguir racionalmente un procedimiento paso a paso.

No hay manera de vivir sin pensamientos, así que cuando la gente piensa que la meditación requiere que vaciemos nuestra mente, se engaña. Cuando la gente dice que no tiene pensamientos mientras trabaja, probablemente quiera decir que está en una especie de estado semiinconsciente, como durmiendo, haciendo mecánicamente las acciones de trabajar, comer, etcétera.

Todo lo que hagamos debe convertirse en un antídoto contra nuestros pensamientos perturbadores e inciertos. Aunque vivamos en un lugar solitario como una cueva durante muchos años y soportemos muchas penurias —no comer, no hablar, no ver a nadie—, si nuestra práctica meditativa no se convierte en el antídoto de nuestros engaños, sino en un apoyo para ellos, en concreto para el aferramiento a esta vida, no se convierte en *dharma*; solo se convierte en otra causa de sufrimiento, en los terrenos inferiores.

El mero hecho de meditar no significa mucho, a menos que sepamos cómo hacerlo. La meditación debe transformar la mente. De lo contrario, podríamos pasar décadas meditando durante horas cada día, pero seguir estallando de emoción por un pequeño elogio o deprimirnos por una leve crítica. Cuando nuestra mente se altera indebidamente por factores externos, es que algo falla en nuestra práctica. El verdadero *dharma* protege la mente. A menos que ocurra eso, no habrá auténtico progreso.

Con mindfulness no basta

Cuando, en una meditación de respiración, observamos la respiración, alcanzamos de forma natural un cierto grado de calma y paz. Eso es estupendo, ya que puede proporcionar de inmediato algo de paz a una mente agitada, como parar a descansar después de trabajar mucho o ponernos a la sombra para refrescarnos cuando estamos acalorados por el sol. Nuestra mente, llena de ruido, se aplaca. Si ese es el único propósito de la meditación, sigue mereciendo mucho la pena, pero simplemente observar la respiración no puede hacer nada para superar nuestros engaños. Para eso necesitamos una serie de meditaciones.

La mera práctica del mindfulness, que en sí misma no es ni positiva ni negativa, no es la forma más hábil de vivir la vida. Podemos estar plenamente atentos y continuar generando acciones no virtuosas. Un ladrón de bancos necesita estar plenamente atento, saber dónde y cuándo irrumpir, qué llevarse, vigilar en todo momento para ver si le han visto. Si quisiéramos robarle algo a nuestro jefe, por ejemplo, tendríamos que vigilar durante mucho tiempo, saber el momento exacto en el que entrar para hacernos con el objeto, ya fuera una hamburguesa o una joya. Y, después de haberlo cogido, tendríamos que saber cómo escapar. ¡Hay mucho a lo que estar plenamente atento!

Podemos estar plenamente atentos a cualquier cosa. «Ahora estoy comiendo, ahora estoy poniendo la cuchara en el plato, ahora me llevo la comida a la boca, ahora la estoy masticando, ahora me la estoy tragando, ahora está llegando al estómago». «Ahora estoy trabajando». «Ahora se me ha clavado una espina en la carne». «Ahora ha surgido apego por ese objeto y lo estoy robando». El mindfulness por sí solo no basta. Podemos tener la sensación de que la acción no es virtuosa, pero eso no impide que la realicemos. Podemos ser conscientes de que ha surgido un sentimiento de orgullo y no dejar de seguir a esa mente no virtuosa y orgullosa, aunque estemos practicando el mindfulness.

No solo hemos de ser conscientes de lo que ocurre en la mente, sino también ver si la mente es o no virtuosa. Comprobar eso es el mejor tipo de mindfulness. Por ejemplo, si estamos practicando una meditación tántrica, aunque hayamos empezado con una auténtica motivación *bodhichitta*, hemos de estar plenamente atentos. A lo largo de la práctica deberíamos volver a comprobar nuestra motivación y asegurarnos de que continúa siendo una motivación de *bodhichitta*. Puede que nos demos cuenta de que se ha ido relajando y ahora el egocentrismo se ha vuelto a colar en ella, de modo que estamos haciéndola sobre todo para nuestra propia felicidad. El mindfulness es una herramienta vital, pero necesitamos otros métodos para transformar nuestra mente.

La concentración perfecta no basta

Shamatha no es solo una práctica budista. Los meditadores hindúes pueden lograr la concentración perfecta con las meditaciones *shamatha*, lo que les permite alcanzar los reinos superiores. El *samsara* tiene tres reinos: el reino del deseo, el reino de la forma y el reino sin forma. Depender de los sentidos externos para experimentar placer es el rasgo definitorio del reino del deseo —la corta duración, los numerosos problemas, la insatisfacción, etcétera—, se siente atraído por la gran paz del reino de la forma, que surge de la serenidad conseguida mediante la concentración. Con esa motivación, supera todo apego al reino del deseo y alcanza el reino de la forma. El apego del reino de la forma no es al placer de los sentidos, sino a la paz mental, pero sigue siendo apego.

Entonces, para el ser del reino de la forma, incluso la felicidad del reino de la forma empieza a parecer burda, todavía en la naturaleza del sufrimiento, y vuelve la vista hacia el reino sin forma, donde ya no tiene forma corpórea, ya que tiene paz y felicidad superiores. Al compararlo con el reino de la forma, siente aversión por la crudeza de este, y aspira a renacer en el reino sin forma. Es como comprar un coche y al cabo de unos años pensar que es muy viejo y que el modelo nuevo que se anuncia en la televisión es mucho mejor y, entonces, desarrollar aversión por el viejo y apego por la idea de tener el nuevo.

A medida que aumenta su concentración, es capaz de alcanzar el reino sin forma y progresar a través de sus cuatro estados: *cielo ilimitado*, *conciencia ilimitada*, *la nada* y *ni existencia ni inexistencia*, también llamada *cima del samsara*. Al pensar en las deficiencias de su estado actual y en las ventajas del siguiente estado superior, finalmente alcanzan el estado del *samsara*, la cima del *samsara*. Habiendo llegado allí, no hay estado superior en el *samsara* al que aspirar. Han desarrollado la renuncia a los reinos del deseo y de la forma y a los tres primeros niveles de los reinos sin forma, pero al no tener noción de que hay algo más allá del *samsara* no pueden renunciar a la cima del *samsara*, por lo que son incapaces de entrar en el camino hacia la liberación.

Nosotros también hemos alcanzado los reinos de la forma y sin forma innumerables veces en nuestras vidas anteriores, y no nos ha ayudado. No es nada especial. Lo que no hemos alcanzado en el pasado es la renuncia total al *samsara*, la realización de la vacuidad y el logro de la *bodhichitta*, que son los tres aspectos principales del camino. Y eso sí que es algo muy especial.

La concentración muy avanzada tiene como efecto secundario la aparición de muchos poderes psíquicos. Estos son maravillosos, pero, de nuevo, no son nada especial. Los meditadores pueden alcanzar poderes como volar, caminar sobre el agua y ver el pasado y el futuro. Pero volar no tiene nada de asombroso. Los pájaros, incluso insectos como las moscas y los mosquitos, vuelan y son seres del reino animal, no seres humanos. La capacidad de volar o caminar sobre el agua, etcétera, no es el sentido de nuestra vida humana. Un clarividente que puede ver el pasado y predecir el futuro no puede mostrar el camino hacia la liberación y la iluminación. Puede parecer más una persona carismática que un maestro virtuoso cualificado, pero el poder de predecir el futuro no es el sentido de nuestra vida humana. No es nada excepcional.

La clarividencia no es nueva para nosotros; es un poder que todos hemos tenido en incontables ocasiones en nuestras innumerables vidas. Ni siquiera es una cualidad humana especial; hay algunos fantasmas hambrientos[9] capaces de ver cosas muy lejanas, y dioses samsáricos que pueden ver dónde nacieron en el pasado y cuál será su vida futura. Este poder aparece sin más a través del karma, no se alcanza a través de la meditación.

Más adelante veremos cómo desarrollar *shamatha* pero, si bien alcanzar la concentración focalizada y firme es maravilloso, por sí solo no basta. No es el sentido de nuestra vida humana. Podríamos haber alcanzado la etapa de concentración en la que cientos de aviones volando sobre nuestras cabezas no perturbarían nuestra meditación en lo más mínimo, pero eso no es nada especial, no es nada nuevo. Hemos experimentado ese nivel de concentración en muchas ocasiones en nuestras vidas anteriores y no significa que tengamos grado alguno de sabiduría. Sin realizar la vacuidad, nada se convierte en un remedio para el *samsara*. Es como si nuestra mente estuviera dormida.

El núcleo de nuestra práctica deben ser meditaciones con capacidad de superar nuestra ignorancia. No basta ni siquiera con una poderosa práctica tántrica, como aquella en la que nos concentramos en los chakras y los canales de energía vital[10] que recorren nuestro cuerpo. Sin incorporar los tres aspectos principales del camino en una práctica de este tipo, ni siquiera puede llegar a ser la causa de la liberación, mucho menos un atajo hacia la iluminación. La clave es la *bodhichitta*. Viajamos con facilidad de un país a otro en un avión que está construido con un fuselaje, alas, un motor, etcétera, pero lo esencial, lo que hace que se mueva, es el combustible. Del mismo modo, la práctica tántrica es un medio increíblemente hábil de progresar deprisa hacia la iluminación, pero sin el combustible de la *bodhichitta* es inútil. Intentar alcanzar la *bodhichitta* es mucho más importante que intentar comprender y controlar los vientos y los chakras.

El trabajo de la meditación consiste en eliminar la raíz misma del sufrimiento, la ignorancia. Para ello necesitamos ser hábiles en saber qué meditaciones son necesarias en cada momento de nuestro viaje espiritual. Del mismo modo que un médico prescribe una medicina específica para una enfermedad concreta, eligiendo entre las muchas medicinas disponibles, hemos de curar nuestras diversas enfermedades mentales con las diversas meditaciones que existen.

La enfermedad física se puede curar con la medicina adecuada, pero no es tan fácil cuando se trata de la enfermedad interior, la ignorancia que nos trae todos nuestros problemas y todos sus engaños. Hemos de estudiar las enseñanzas de Buda para descubrir los beneficios de superar esas enfermedades mentales, y luego hemos de aplicar la medicina correcta, las meditaciones que son los antídotos.

CAPÍTULO 3

Objetos de la meditación

Para meditar, hemos de hacerlo sobre algo; debe haber un objeto. Meditar sobre nada no es meditar, es solo desconectar. Su Santidad Zong Rinpoche explica que quienes meditan sobre la nada están creando la causa para que la mente se embote, pierda agudeza y memoria. Por ese motivo renacemos como animal o en el tercer nivel del reino sin forma: la nada.

Cuando tratamos de meditar sobre la nada es imposible desarrollar sabiduría alguna. La sabiduría realiza algo, algún objeto sutil que parece existir pero que no existe. Meditar sobre la nada, en cambio, no puede hacer que la mente sea menos negativa; no puede disminuir la avaricia o el odio ni ayudar a destruir la ignorancia en la que radican todos los engaños.

Por lo tanto, es importante ser consciente de los distintos objetos de meditación y elegir el más adecuado para nosotros en nuestro nivel particular de desarrollo. La respiración es posiblemente el objeto de meditación más habitual. También están los diversos objetos analíticos y los objetos utilizados en las meditaciones *shamatha*, así como las diversas meditaciones de visualización que podemos hacer, como visualizar al Buda o a una de las deidades en una práctica tántrica.

La respiración

La meditación de la respiración lleva la mente a un estado neutro

Se dice que la meditación de la respiración, simplemente observar la respiración, es la más sencilla. Se trata de una forma ideal de calmar la mente y centrarla, sobre todo cuando está distraída y es incapaz de asentarse. Por eso a menudo empezamos una sesión de meditación con una meditación de respiración, para calmar las distracciones y facilitar el paso al objeto principal de la meditación. También es un objeto clave cuando intentamos desarrollar la concentración focalizada, aunque hay muchos otros objetos que podemos utilizar para ello, como la naturaleza convencional de la mente.

Tanto si realizamos una meditación analítica como una de fijación, a muchos de nosotros nos puede resultar tremendamente difícil intentar permanecer concentrados y sin distraernos aunque solo sea un minuto. Cada vez que probamos a dirigir la mente hacia el objeto de meditación, esta quiere vagar hacia otra parte de inmediato. A veces se aleja poco a poco; otras puede hacerlo de un modo bastante violento, como si la soplara un viento fuerte. Podemos pasarnos casi toda la sesión, pongamos una hora más o menos, intentando calmar la mente, y tal vez conseguir tan solo uno o dos minutos de concentración al final de todo.

La mayor parte del tiempo, sobre todo cuando nos estamos iniciando, se apodera de nosotros una mente descontrolada y errática que dificulta mucho cualquier tipo de concentración. En esos momentos, la meditación de la respiración es especialmente útil. Puesto que respirar es una actividad natural que se da en todo momento, resulta mucho más sencillo centrarse en ella que en los demás objetos de meditación.

Observando la respiración podemos calmar y asentar la mente, lo que la lleva a un estado neutro. Si está agitada a causa de engaños como la ira o los celos, incluso uno o dos minutos de meditación de la respiración pueden transformarla de una mente no virtuosa a una neutral. A partir de ahí, cuesta muy poco transformarla en un estado positivo.

Se hace la analogía de la tela sucia que queremos teñir. Aunque la tela sea blanca, no podremos teñirla de un bonito rojo o azul mientras esté sucia y grasienta. En primer lugar debemos lavarla para limpiarla a fondo. Solo cuando hayamos eliminado toda la suciedad, el tinte agarrará y cubrirá la tela de forma uniforme. Del mismo modo, solo cuando hayamos calmado la mente del todo y eliminado la suciedad de los pensamientos perturbadores mediante una práctica como la meditación de la respiración, podremos comenzar una meditación que conduzca la mente sin distracciones a un estado virtuoso, como meditar sobre la compasión.

Una mente meditativa es opuesta a una mente mundana, que por lo general bulle de apego e ira. Puesto que vivir con una mente negativa es normal, cuesta generar una positiva, así que es necesario un método hábil; puede que incluso tengamos que engañarla para que se vuelva positiva. Igual que dos personas no pueden sentarse en la misma silla, los pensamientos virtuosos y los no virtuosos no pueden coexistir. Pongamos que tenemos muchas ganas de sentarnos en nuestra silla preferida, pero está ocupada por un amigo. Gritarle «¡Levántate!» no funcionará, así que tendremos que engañarle para que se vaya diciéndole que hay un pastel riquísimo o una gran fiesta en la habitación de al lado. Ese mismo tipo de estrategia es el que necesitamos para que nuestra mente negativa ceda. Así, usamos la meditación de la respiración para despejar el espacio para las meditaciones posteriores. Aunque el objeto de nuestra meditación, la respiración, no sea importante en sí misma, lo que realmente intentamos es preparar la mente llevándola a un estado neutro.

Cómo hacer una sencilla meditación de la respiración

Existen varios tipos de meditación de la respiración. Podemos limitarnos a observar la respiración o contar cada respiración por separado. Todas son muy útiles, sobre todo cuando la mente está llena de distracciones y no se puede concentrar ni siquiera unos segundos. No obstante, si bien observar sin más la respiración puede ser beneficioso, te recomiendo encarecidamente que te tomes tu tiempo para generar una buena motivación antes de empezar. Entonces la meditación se vuelve pura, se convierte en *dharma*. El simple acto de respirar se convierte en un arma para destruir los engaños. Y si la meditación de la respiración se hace con una motivación de la *bodhichitta*, incluso una sola inspiración o espiración se convierte en la causa de la iluminación.

Un tipo de meditación de la respiración es contar la respiración, que a menudo se explica como el octavo elemento de la postura de los siete puntos de Vairochana, que veremos más adelante. Contar la respiración es solamente eso. Se empieza con una motivación positiva, asegurándose de que la mente no está poseída por el apego o la ira, y luego, respirando normalmente, se cuenta «uno» al espirar y se inspira con normalidad. Después se cuenta «dos» al volver a exhalar, y así sucesivamente hasta diez o veintiuno, y luego vuelta a empezar. Si perdemos la concentración y nos damos cuenta de que ya no estamos contando, no hay más que volver al «uno» y empezar de nuevo.

Aunque por lo general en cualquier meditación de la respiración se anima a respirar con normalidad, resulta útil hacer tres respiraciones profundas al principio para que entre más aire en los pulmones. Luego, cuando uno se asienta en su patrón respiratorio normal, puede esforzarse más en la concentración, que será más fuerte y duradera.

Otra meditación de la respiración es la de las nueve rondas, que consiste en tres rondas de tres respiraciones cada una. En las tres primeras se cierra la fosa nasal izquierda y se inspira por la derecha. Después se cierra la fosa nasal derecha y se espira por la izquierda. En las siguientes tres se cierra la fosa nasal derecha y se inspira por la izquierda y se cierra la fosa izquierda y se espira por la derecha. Finalmente, en las últimas tres rondas se inspira por ambas fosas nasales y se espira también por ambas. Una forma muy eficaz de hacerlo es mediante una visualización en la que imaginamos que la luz blanca entra con la inhalación y nos llena de mérito y un humo negro sale con la exhalación y nos purifica completamente. Esta meditación tiene muchas variaciones, una de las cuales puede verse en el apéndice 2.

Objetos analíticos

A diferencia de las meditaciones de fijación, cualquier otra meditación implica algún tipo de análisis, para lo que utilizan objetos analíticos. En el budismo, sea cual sea el objeto que analicemos, el objetivo es siempre superar los engaños y conducirnos a la liberación y la iluminación. Podemos analizar cómo existen las cosas con meditaciones sobre la vacuidad, en las que el objeto analizado es aquello que parece existir por sí mismo, pero no existe. El objeto puede ser el sufrimiento de los demás cuando meditamos sobre la compasión, o la inminencia de la propia muerte cuando meditamos sobre la impermanencia. También podemos meditar sobre objetos para superar aflicciones concretas, como analizar las limitaciones de la ira para superarla y desarrollar paciencia. También existen visualizaciones importantes dentro del tantra y dentro de la meditación de transformación del pensamiento de dar y recibir, en la que asumimos el sufrimiento de los demás y les damos toda nuestra felicidad y buenas cualidades.

La naturaleza convencional de la mente

Un objeto de análisis muy importante es la propia mente. Una forma sencilla de empezar a comprender la mente es simplemente mirarla, observar su naturaleza convencional.[1]

Se empieza por una meditación de la respiración. Al exhalar con fuerza por ambas fosas nasales nos purificamos y al inspirar visualizamos que recibimos el conocimiento de los budas y *bodhisattva*. Luego no dejamos que la mente vague. De este modo empezamos a ser conscientes de que estamos pensando y entonces nos concentramos en nuestros pensamientos.

Sean cuales sean tus pensamientos, sé consciente: «Estoy pensando esto» y observa ese pensamiento. Pregúntate: «¿Qué estoy pensando?». Cuando captes el pensamiento, reconócelo y limítate a observarlo, sin implicarte con él de ninguna manera. Por ejemplo, es muy bueno que surja un pensamiento negativo, porque te da la oportunidad de observarlo sin juzgarlo ni enredarte en la emoción. Si surge el pensamiento del apego, no te dejas llevar por el deseo, sino que simplemente lo ves tal como es, la mente engañada del apego, y te alegras de haberlo reconocido, del mismo modo que un policía estará alerta y reconocerá al ladrón para atraparlo. De ese modo puedes analizar la naturaleza de la ira y la del apego.

Cuando observas un pensamiento de apego, puedes examinar su naturaleza. Puedes preguntarte cómo es el sentimiento de apego, si tiene cualidades como forma o color. Hazte preguntas como: «¿De qué color es? ¿Qué forma tiene?». Si parece tener forma y color, examínalos para ver si son reales o solo tu visualización. Puedes hacer lo mismo con la ira, el orgullo, los celos, y así sucesivamente siempre que aparezcan.

Comprueba de dónde vienen esos pensamientos negativos. ¿Parecen surgir de la cabeza, del pecho, de los pies? Tu experiencia de ira o del apego, ¿viene del cerebro? ¿Está en unidad con el cerebro? ¿Hay alguna diferencia entre la concepción intelectual de tus pensamientos y tu experiencia emocional? De este modo, trata de reconocer tu verdadera experiencia, sin dejarte influir por tus emociones o concepciones intelectuales.

El vacío

Entender que todo procede de la mente es crucial para transformar nuestra forma de ver el mundo y nuestra relación con él. Tenemos que hacernos preguntas más profundas. ¿Qué es lo que hace que esos elementos externos —el clima, el lugar, la dieta, etcétera— se conviertan en elementos que nos hacen sufrir? Cuanto más profundamente veamos qué afecta a nuestra vida, más hábiles seremos para resolver esos problemas. Sufrimos porque tenemos mente. Los árboles y las piedras no sufren; los elementos no padecen dolor. Nuestro cuerpo físico tiene problemas porque tenemos mente.

Todo cuanto experimentamos proviene de la mente: todos los objetos agradables y desagradables, todas las personas atractivas y despreciables, todos los objetos deseables e indeseables. Cuando alguien se enfada con nosotros, ¿quién nos hace daño? Ese atacante aparente procede por completo de nuestra mente, es una creación de nuestra ignorancia. Si no estuviéramos ofuscados por la ignorancia fundamental, no tendríamos la experiencia de ser dañados y no nos parecería que alguien nos daña.

Aunque las cosas nos parezcan intrínsecamente bellas o feas, buenas o malas, no son más que creaciones de nuestra propia mente. La mente tiene el potencial de estar completamente libre de toda contaminación. La naturaleza de la mente es luz clara; todos los engaños que nos asolan no son parte intrínseca de la mente, sino como el polvo que mancha un espejo esencialmente limpio. Podemos limpiar ese espejo; podemos purificar nuestra mente y eliminar la causa misma de todo nuestro sufrimiento.

Meditar sobre cómo todo proviene de la mente es muy importante y nos ayuda a superar las emociones negativas y a desarrollar cualidades positivas como la paciencia. Meditar sobre ver las cosas como creaciones de la mente es como ver una película en la televisión que nos muestra que nada de lo que vemos, oímos, olemos, saboreamos o tocamos proviene del exterior ni existe por sí mismo. Esa película que estamos viendo se vuelve muy interesante.

Para empezar a meditar, primero se observa cómo parecen existir las cosas: si el sonido, el olor, etcétera, parecen estar meramente etiquetados por la mente o no. Reconociendo que, sin analizar, las cosas automáticamente parecen existir de forma independiente, por ellas mismas, se puede comprender que esa apariencia es justo lo contrario de cómo existen las cosas en realidad. Nada existe por sí mismo; cualquier cosa que parezca independiente, no meramente etiquetada por la mente, es una alucinación.

Deberías practicar este mindfulness para reconocer estas alucinaciones como alucinaciones no solo durante una sesión de meditación, sino en cualquier momento: mientras comes, caminas o trabajas. Aunque ese yo (el sujeto), lo que haces (la acción) y el objeto de tu acción parezcan existir todos por ellos mismos, entrénate para verlos como alucinaciones.

La gente que ves parece existir por ella misma, no simplemente porque la mente la etiquete, pero eso también es una alucinación. La forma, el sonido, el olor, el sabor, todo es una alucinación. Practica constantemente el mindfulness de que es una alucinación.

Ver todo eso como alucinaciones refuerza naturalmente la comprensión de que todas ellas están vacías de existencia inherente, de que el yo está vacío, como la acción, como todo. Esta forma de practicar el mindfulness tranquiliza mucho la mente porque corta todas las supersticiones.[2] Se convierte en una práctica muy agradable, así como la forma más potente de purificar el pesado karma negativo.

Una buena manera de observar cómo existe el yo es centrarse primero en la naturaleza convencional de la mente. Cuando la mente no está ofuscada por los pensamientos dispersos o el embotamiento, podemos empezar a reconocer que es clara, incolora, amorfa, vacía, como un espejo capaz de reflejar cualquier cosa. Si removemos con un palo el agua de un estanque, la arena y el agua se mezclan y el agua no refleja nada, pero cuando se calma es capaz de reflejar los árboles, las nubes y cualquier cosa que haya alrededor. Cuando la naturaleza de la mente es clara y está en calma, puede surgir en ella cualquier aparición.

Para esta meditación, mientras te concentras focalizadamente en la naturaleza convencional de la mente estando clara y en calma, utiliza una parte muy sutil de la mente para observar al mismo tiempo el yo. Mira qué está observando. Fíjate en cómo se te aparece el yo y en cómo la ignorancia se cree esa apariencia de un yo real, en cómo se aferra a ella como si fuera real.

Ese yo que parece real, como si existiera por sí solo, es el objeto que hay que investigar y rechazar, por eso se le llama *objeto de refutación*, uno de los objetos de meditación más importantes del budismo tibetano. Solo reconociendo y refutando ese objeto que parece existir de verdad podemos liberarnos del sufrimiento. Es el punto clave del análisis de cuatro puntos que constituye una meditación fundamental sobre la vacuidad.[3] Al descubrir que ese yo «real» está vacío, encontramos el infalible punto de vista correcto. Este es un método rápido para realizar la vacuidad.

Objetos para purificar las aflicciones

La mente desconocedora, la ignorancia, da lugar a todos los demás pensamientos erróneos, como la ira, el apego, los celos y el orgullo. Al exagerar el objeto, poniéndole una etiqueta positiva o negativa, nuestra ignorancia es como un mago que engaña al público para que vea todo tipo de ilusiones: palacios de joyas, hombres y mujeres guapos, etcétera. Hay una proyección, una alucinación, y creemos que es verdad. Entonces, debido a una etiqueta positiva o negativa, decidimos que la cosa es buena o mala, bella o fea, y entonces surge el apego o la aversión. No existe tal objeto bello y bueno, ni tal otro feo y malo, pero creemos que sí. Somos el público que ha sido «engañado» por el mago, nuestra ignorancia, para que creamos totalmente la alucinación.

Realizar plenamente esto, el vacío, significaría superar todas nuestras emociones negativas de golpe, porque todas se basan en esa suposición falsa. Sin embargo, realizar el vacío es dificilísimo, de modo que, hasta que lo hagamos, necesitaremos muchos antídotos para superar esos pensamientos negativos, como por ejemplo observar los defectos de los objetos deseables como antídoto contra el apego o meditar sobre la paciencia y la bondad amorosa como antídoto contra la ira.

Superar el apego

Por lo general sentimos apego por las cosas que nos resultan atractivas y aversión por las cosas que nos parecen feas o repulsivas. Cuando nos encontramos con un objeto deseable, el objeto en sí no es ni bello ni feo, es nuestra mente la que lo determina. Una buena forma de superar el apego al objeto es cambiar el aspecto del objeto, la manera en que lo ve la mente.

Así, del mismo modo que nuestro apego ha decidido que el objeto es bello, podemos entrenar a nuestra mente para que decida que no lo es. Esto no es engañar a la mente. El apego ve el objeto como realmente bello y atractivo, lo que no es, así que al invertir nuestra actitud hacia el objeto estamos destruyendo esa concepción errónea. Si bien la manera más eficaz de tratar con el apego es darse cuenta de que el objeto de apego está vacío de existencia inherente, a menos que hayamos de explorar profundamente la vacuidad del objeto, el mero hecho de pensar de esa manera no es lo bastante fuerte como para provocar un cambio en nuestra actitud. Sin embargo, al confrontar nuestro apego con una imagen de fealdad podemos romper con esa visión errónea.

Si deseas a alguien, es probable que el objeto de tu apego sea su cuerpo. Una forma de superar ese apego es ver su cuerpo como físicamente dañino visualizándolo como si estuviera hecho de hierro candente y no de carne. Evidentemente no es de hierro candente y no te quemaría, pero tu apego sí que quema porque destruye tu felicidad, de modo que esta visualización no es más fantasía que la fantasía de que el cuerpo puede conducirte a la verdadera felicidad.

Cuando meditas sobre la naturaleza de tu propio cuerpo, ves que es a la vez impura y causa de insatisfacción. Provocada por la mente de la ignorancia, a través del ansia y la codicia, puesto que la causa está contaminada, no hay momento en que el cuerpo esté libre de sufrimiento, sea flagrante o sutil. Si no hubieras creado el karma para este cuerpo, no habría envejecimiento, enfermedad, muerte, no obtendrías lo que quieres, etcétera. Sin este cuerpo sufriente, ¿cómo podría envejecer el cuerpo? ¿Cómo podría enfermar? No te haría falta comida para alimentarlo ni ropa para cubrirlo, ni tampoco una casa para protegerlo y hacer que estuviera cómodo.

Piensa en cuánto tiempo y energía dedicas a este cuerpo samsárico. No solo comida para mantenerlo, sino cosas dulces para satisfacer sus antojos, bebidas para que esté contento, ropa de moda para que luzca bello y sea envidiado. Lo llevas al gimnasio para hacerlo muscular. Lo maquillas y le cepillas el pelo; cuando se arruga por la edad, haces que un cirujano vuelva a tensarlo. Y aun así, te decepciona enfermando, envejeciendo y muriendo.

Las meditaciones en las que se explora así el cuerpo entran en el primer fundamento del mindfulness,[4] el mindfulness del cuerpo. Es muy conveniente revisar el propio cuerpo en la meditación, ser consciente de las sensaciones y los aspectos del cuerpo que no son evidentes desde el exterior. Normalmente se ignora el funcionamiento interno del cuerpo a menos que haya alguna molestia o enfermedad, pero explorar qué es el cuerpo y cómo funciona puede resultar bastante incómodo, ya que se hace patente que no es esa cosa agradable que uno supone que es. Este es un modo muy eficaz de romper el apego al cuerpo.

Muchos de nosotros estamos demasiado apegados a la comida. Una manera de tratar ese apego es cambiar la forma de ver la comida. Cuando ya no la ves como algo absolutamente deseable, sino como algo dañino y repulsivo, el apego explota como un globo pinchado.

El problema no está en la comida, sino en la mente. Un ser humano comiendo debería ser diferente de un perro comiendo. El perro ve la comida y la engulle sin más, esperando la felicidad. Tu motivación para comer debería ser más elevada que eso. Deberías encontrar un método para comer que te aporte paz y no más sufrimiento a través del apego. De ese modo se convierte en algo que vale la pena, se convierte en comer sabiamente.

Pongamos que alguien te ha ofrecido un pastel delicioso. Por lo general, lo aceptas y te lo comes con avidez, y ves a esa persona como un buen amigo porque te ha ofrecido algo que te gusta. Así, ese pastel de regalo aumenta tu apego a la comida y a quien te la ha dado, y te hace discriminar y preferirlos a aquellos que no te han regalado pastel. ¡Todo eso por un trocito de pastel!

Puedes superar tu apego a la comida viéndola como hierro candente o carbón, como con el cuerpo, ¡o incluso como caca! Puedes ir al restaurante más caro del mundo, donde la comida se presenta muy atractiva, y en pocas horas será caca que se irá por la taza del váter. Se trate de un plato de mil dólares o de un plato de arroz y dal, el resultado será el mismo.

Otra forma de cortar el apego es plantearse cuánto ha costado que esa comida llegue a tu plato, en concreto cuántos seres han sido asesinados y heridos para que tú puedas disfrutarla. Obviamente, si comes carne, en su día esa carne fue un ser sintiente que atesoraba su vida tanto como tú la tuya. Pasó por mucho dolor y sufrimiento por ti. Si pudieras ver las condiciones en que tuvo que estar ese animal, no solo se desvanecería tu apego, sino que los ojos se te llenarían de lágrimas de compasión.

Pero aunque la comida de tu plato sea vegetariana, eso no significa que puedas atacarla con apego. Incluso por un plato de arroz con unas cuantas verduras, hay innumerables seres sintientes que han sufrido, que han muerto cuando se fumigaba el arroz o cuando las máquinas cosechaban los cultivos. Y, del mismo modo que los seres han sufrido, el agricultor que cosechó esos alimentos, al causar ese dolor y esa muerte, sufrirá en el futuro. Una vez entendido eso, ¿cómo puedes disfrutar de ello sin pensarlo, abrumado por el apego?

Eso no quiere decir que no debas comer nunca más, pero hay una forma de comer que no está motivada por el apego, sino por la preocupación y la compasión por todos los que han sufrido. Se come para mantener el cuerpo sano y poder progresar mejor en el camino hacia la iluminación. Ese es el camino para ser feliz comiendo.

Puedes emplear el mismo tipo de meditaciones para acabar con el apego a cada uno de los ocho *dharmas* mundanos (el ansia de posesiones y regalos, de felicidad, de alabanzas y de buena reputación; y la aversión a ser infeliz, a ser criticado y a tener mala reputación).[5] Tener o recibir bienes materiales no tiene nada de malo, lo que causa problemas es el apego. Del mismo modo, es el apego a recibir elogios o a tener buena reputación lo que conlleva problemas, no el elogio o la reputación en sí. Eso es sobre lo que hay que meditar.

El placer que se pueda obtener de ese objeto de apego nunca perdura, mientras que el sufrimiento que se experimenta como resultado de ese apego nos tiene dando vueltas continuamente en el *samsara*. Así pues, hay que utilizar todos los métodos disponibles para liberarnos del apego.

Al igual que con el cuerpo y la comida, cuando tropiezas con uno de los ocho *dharmas* mundanos puedes verlos como hierro o carbón candentes o como lava fundida, y así, en lugar de sentirte atraído por ellos, puedes alejarte de ellos. Puedes ver un regalo como un trozo de hierro candente envuelto para regalo que te quemará las manos por completo solo con acercarte a él. Cuando alguien te elogie, deberías ver las palabras que salen de su boca como chispas que salen disparadas, te queman el cuerpo y te causan un dolor tremendo. No debería haber la más mínima atracción hacia las palabras de alabanza.

El apego a esas cosas lleva causándote problemas desde vidas sin-principio y continuará haciéndolo. Ha impedido que realizaras las cosas, ha interrumpido constantemente tu paz y te ha obligado a un renacimiento de sufrimiento tras otro.

Así pues, debes vigilar tu mente como un policía a un criminal peligroso, atento por si la mente intenta escapar hacia la negatividad en cualquier momento. Vigilar la mente en todo momento se convierte en tu protección; es una meditación que puedes hacer en cualquier momento y en cualquier lugar. Siempre que tengas problemas puedes ver que radican en la mente del apego y puedes desarrollar una aversión aún más fuerte hacia ella.

Para los principiantes como nosotros, que no tenemos una comprensión clara de la vacuidad, estas meditaciones pueden cortar el apego, de modo que son muy eficaces para afrontar nuestros problemas mundanos.

Superar la ira y otras aflicciones

Puedes aplicar la misma técnica de meditación a todas las aflicciones invirtiendo tu visión engañosa habitual del objeto de esa aflicción. Cuando estás enfadado con alguien, tu enfado te hace ver a esa persona como indeseable, fea. Así pues, trata de meditar sobre el amor viendo a la persona en su belleza. No tiene nada que ver con la belleza del cuerpo. Este amor no es como darle una palmadita en la cabeza a tu perro; no es como decir cosas del tipo «querido» o «cariño». Esas palabras se pueden utilizar incluso cuando se está lleno de ira hacia esa persona. Significa mirar debajo de la causa de tu enfado, lo que esa persona hizo que de alguna manera ha dañado tu ego, hacia la bondad esencial de esa persona, su naturaleza búdica, y ver que solo quiere la felicidad y evitar el sufrimiento exactamente igual que tú.

Para controlar la ignorancia debes meditar sobre la naturaleza dependiente de los objetos, que surgen en función de causas y condiciones y no son las cosas permanentes e independientes que tu mente engañada ve. Para controlar el orgullo debes meditar en lo poco que sabes, en que no hay razón alguna para sentirse superior a los demás. También puedes reflexionar sobre los defectos del orgullo y las ventajas de la humildad.

La meditación más poderosa que cubre muchas de estas mentes insumisas es la meditación sobre la impermanencia y la muerte, que muestra claramente el valor inapreciable y la fragilidad de esta vida, así como el sufrimiento que impregna todo el *samsara*. A continuación pasaremos a analizarla.

SEGUNDA PARTE

Desarrollar una práctica de meditación

CAPÍTULO 4

Las seis prácticas preliminares

Cuando queremos de veras meditar cada día, es importante saber qué hacer tanto durante la sesión de meditación como en el resto de nuestra vida, el tiempo entre sesiones. ¿Por qué? Porque cuando somos capaces de dar sentido a nuestra vida no solo durante la sesión, sino también entre sesiones, las veinticuatro horas del día cobran sentido. De este modo, todo nuestro año, toda nuestra vida, cobra sentido.

Así pues, toda nuestra vida se divide en esas dos partes, y luego la sesión de meditación se divide a su vez en tres:

- las prácticas preparatorias,
- el cuerpo de la meditación,
- la culminación.

Las prácticas preparatorias son lo que hacemos antes de que comience la meditación. Por establecer una analogía, a menos que hagamos los preparativos necesarios antes de hacer un pastel —comprar los ingredientes adecuados en lugar de ir a la nevera y encontrarnos con que los huevos están caducados—, el pastel saldrá asqueroso y nuestros amigos se darán cuenta de que hemos renunciado por completo al pastel. De modo que, antes de empezar a prepararlo, tenemos que comprar todos los ingredientes, asegurarnos de que son de la mejor calidad, tener una buena receta, etcétera. Del mismo modo, la riqueza de nuestra meditación depende de lo bien que la hayamos preparado, así que nunca deberíamos saltarnos las prácticas preliminares ni llevarlas a cabo apresuradamente por pensar que no son importantes.

En general, se dice que las prácticas preparatorias son seis:

1. Limpiar la sala de meditación.
2. Hacer ofrendas.
3. Sentarse en una postura adecuada.
4. Visualizar el campo de mérito.
5. Recitar la oración de las siete ramas y ofrecer un mandala.
6. Solicitar la presencia de los lamas del linaje.[1]

Cuando practicamos la meditación con regularidad resulta muy útil disponer de un lugar concreto dedicado a nuestras meditaciones.[2] Puede ser una sala independiente o el rincón de una habitación; puede ser sencilla o estar decorada, pero debe ser un lugar acogedor, donde nos apetezca estar. Es bueno tener un altar en el que podamos hacer ofrendas antes de empezar a meditar.

En el altar es donde colocamos los objetos sagrados. En el centro debe haber una estatua o imagen del Buda; a la izquierda de esta mirando hacia el altar, un texto del *dharma*, que simboliza el discurso sagrado iluminado; y a la derecha, una estupa, que simboliza la mente sagrada iluminada. Los *thangkas* de las deidades que tengamos pueden colgarse en la pared sobre el altar o a ambos lados de este.

Tras la primera preparación, limpiar el lugar de meditación, hacemos ofrendas, como una hilera de cuencos de agua. Tanto la limpieza del lugar como las ofrendas son métodos tremendamente útiles para acumular méritos y purificar los engaños.

La tercera preparación es sentarse en una postura adecuada, que tradicionalmente es la postura de los siete puntos de Vairochana,[3] pero también puede ser sentarse cómodamente en una silla, sin más. Después visualizamos claramente el objeto de refugio, el campo de mérito. Ese es el objeto en el que confiamos para salvarnos de los sufrimientos tanto de los reinos inferiores como de todo el *samsara*. Puede ser el Buda Shakyamuni o una visualización elaborada de todos los budas y lamas del linaje.

La quinta es acumular méritos y purificar nuestros engaños mediante la práctica de las siete ramas y la ofrenda del mandala. Finalmente, con la sexta práctica, desde lo más profundo de nuestro corazón hacemos peticiones a los lamas del linaje de las enseñanzas del *lamrim* para generar rápidamente las realizaciones de los pasos del camino hacia la iluminación.

Cada una de estas prácticas preliminares tiene un significado profundo. Hemos de comprender bien todo el camino para ser capaces de entender el significado de cada una de ellas. Cuanto más profunda sea nuestra comprensión, más profundo será el sentimiento que obtengamos de estas seis prácticas preparatorias y más esenciales nos parecerán. No se trata solo de una costumbre que se nos pide que sigamos; cada práctica tiene mucho sentido, pero puede quedar confuso hasta que podamos entender muchos otros aspectos del camino, como la importancia de confiar en el Buda, el *dharma* y la *sangha*, y qué es el karma.

Limpiar la sala de meditación

Aunque el altar y la sala de meditación no estén especialmente sucios, debes limpiarlos. Piensa que es la habitación del Buda Guru Shakyamuni y límpiala con gran respeto hacia él. Este es su mandala, su palacio, y limpiarlo es ofrecerle un servicio a él en lugar de servir a tu mente negativa. Por lo tanto, mientras limpias la sala debes comprobar cuidadosamente tu motivación.

Puedes recitar esta oración mientras limpias:

> Abandona el polvo; abandona las manchas.

«Abandona el polvo» se refiere a abandonar el polvo interior, el polvo de la ira, el polvo del apego, el polvo de la ignorancia y todas las ofuscaciones del pensamiento perturbador (*nyöndrip*). «Abandona las manchas» se refiere a las impurezas sutiles, los ofuscamientos del conocimiento (*shedrip*) que impiden que alcances la iluminación. Cuando reces esta oración, puedes relacionar el «polvo» con tus propios engaños que te impiden alcanzar la liberación y las «manchas» con los ofuscamientos sutiles que te impiden alcanzar la iluminación de los seres sintientes.

Aunque la limpieza es la primera de las prácticas preparatorias, eso no significa que solo puedas hacer esta meditación de limpieza cuando estés en tu lugar de meditación y te dispongas a meditar. Siempre que limpies algo —tu casa, tu coche, tu trabajo—, merece mucho la pena meditar de esta manera. Hacerlo transforma lo que estás haciendo en *dharma* sagrado y, con motivación *bodhichitta*, se convierte en la causa de la iluminación.

Hacer ofrendas

Si tienes un altar en casa y ofreces incienso y luces a las estatuas de ese altar con la mente de la *bodhichitta*, el efecto es muy poderoso. También se puede tener un «altar mental» con solo visualizar al Buda, pero un altar físico puede convertirse en el centro de tus meditaciones. Una vez montado el altar, cada vez que lo veas verás al Buda. No se trata de una proyección tuya: el Buda está allí. Pensar que solo está en tu imaginación perturbará tu práctica.

Si el efecto en la mente de solo ver una estatua o imagen del Buda es inconcebible, entonces el efecto de hacer ofrendas a una imagen del Buda es del todo inconcebible. En el *Sutra del mudra que desarrolla el poder de la devoción*, se dice:

> En cuanto ves un objeto sagrado creas un mérito infinito, por lo que, sin duda, si realmente haces postraciones, ofrendas y demás, creas un mérito mucho mayor.

Haces ofrendas, te postras ante los seres iluminados y limpias los lugares sagrados para purificar tus negatividades. El poder de estas acciones no solo proviene de la acción en sí misma, sino del poder que nace de la sabiduría ilimitada y de la compasión del Buda. Al realizar estas acciones, si eres consciente de las grandes cualidades del Buda, aumentará tu devoción y en consecuencia la eficacia de la acción. Aunque no tengas incienso que ofrecer, basta con visualizar la imagen del Buda y ofrecer ofrendas creadas mentalmente para crear un mérito increíble.

Es facilísimo de hacer. Siempre que veas algo hermoso puedes ofrecérselo al Buda, al *dharma* y a la *sangha*. Si tienes un jardín, puedes disfrutarlo tú mismo, pero también puedes usarlo como una maravillosa ofrenda constante para ellos. Cada vez que salgas a él o lo veas desde la ventana, puedes ofrecérselo a los Tres Raros Sublimes. Cada vez que trabajes en él, puedes tener la sensación de que trabajas para ellos. De ese modo, trabajar para hacer que una flor sea bella será trabajar para el Buda Guru Shakyamuni.

Cuando hagas ofrendas, debes hacerlo sin engaño alguno, sin ninguna motivación no virtuosa, como buscar ganancias mundanas, lo que envenenaría la ofrenda. Lo que hace que una ofrenda sea pura es que la motivación sea pura.

Hay una historia del gran yogui Geshé Ben Gungyal que lo ejemplifica.[4] Un día en que un benefactor tenía que visitar su ermita, limpió a fondo la sala, pero cuando se sentó a examinar su motivación vio que lo había hecho para impresionar al benefactor: su motivación era mundana. Al darse cuenta de ello, se levantó de golpe, cogió un puñado de ceniza de la chimenea y la esparció por el altar, dejándolo todo hecho un desastre. Se había percatado de que, si bien lo que había hecho tenía forma de acción *dharma*, en realidad no lo era. Y así, para poner en práctica el antídoto inmediatamente y deshacerse del apego, arrojó la ceniza sobre el altar.

Puesto que estás haciendo una ofrenda a un ser sagrado, es importante no solo ser consciente y respetuoso, sino también hacer que la acción de ofrecer sea lo más beneficiosa posible. No seas perezoso ni descuidado. Asegúrate de que los cuencos, el agua y cualquier otra ofrenda que tengas estén limpios. Si un amigo querido viniera a verte, no le ofrecerías agua sucia de un vaso sucio, ¿verdad que no? Para los budas, la limpieza no es importante. Aunque les ofrecieras caca, para ellos sería el néctar más puro, pero para ti es importantísimo hacer que todo lo relacionado con la ofrenda sea lo más limpio y agradable posible. Ofrecer algo sucio contamina tu mente y bloquea las realizaciones.

Tradicionalmente hay siete u ocho cuencos. Los cuencos no tienen que ser grandes, pero tampoco diminutos como un juguete. Pueden ser muy sencillos, pero conviene hacerlos lo más bonitos posible. Los de cristal u oro hacen que el altar sea mucho más bonito y la mente se sienta mucho más feliz que si se utilizan cuencos baratos y feos.

La costumbre es tener siempre los cuencos boca abajo sobre el altar cuando están vacíos, de lo contrario es como si no estuvieras ofreciendo nada al Buda. Cuando estés listo para hacer la ofrenda, primero limpia los cuencos simbólicamente cogiendo con una mano el cuenco que está boca abajo y purificándolo con el humo de una varita de incienso, asegurándote de decir «OM AH HUM» al mismo tiempo.

Vierte un poco de agua en el primer cuenco y colócalo sobre el altar. A continuación, da la vuelta al siguiente cuenco y vierte en él algo del agua del primero, diciendo de nuevo «OM AH HUM». De este modo, sigue traspasando el agua del segundo al tercer cuenco, hasta que tengas en el altar todos los cuencos boca arriba con un poquito de agua en cada uno. Luego llena de agua todos los cuencos, justo por debajo del borde, diciendo de nuevo «OM AH HUM». Los cuencos deben estar bien alineados y casi tocándose, pero sin llegar a estar en contacto; entre ellos debe haber más o menos el espacio de un grano de arroz.

La razón por la que se dice «OM AH HUM» es para protegerse de la interferencia de espíritus que puedan robar la esencia de las ofrendas. Por ejemplo, se dice que si no pronuncias estas tres sílabas sagradas mientras ofreces luz, puede convertirse en la causa de estar muy apagado y distraído. Incluso cuando enciendas una luz en una habitación, sobre todo una en la que haya objetos sagrados, es muy bueno hacer esto.

Otra forma de disponer las ofrendas es con sustancias reales que no sean agua. Así pues, habrá incienso, una vela, comida y flores.

Esta sería una ofrenda muy atractiva. En las oraciones y *sadhanas* se ven estas ofrendas:

Argham: agua para beber.
Padyam: agua para lavarse los pies.
Pushpe: flores.

Dhupe: incienso.
Aloke: luz.
Ghande: perfume.
Naividya: comida.
Shapta: música.

Por ejemplo, en las ofrendas que no son de agua, puedes poner un poco de arroz en el cuenco y encima la ofrenda: una florecita, una varita de incienso, una velita, etcétera. Puedes poner agua en el cuenco del perfume y añadir una fragancia que te guste. Para la ofrenda musical, puedes poner una campana o incluso una grabación de música bonita. En las ofrendas que no son de agua no tienes que dar la vuelta a los cuencos tras retirar las ofrendas al final del día.

Independientemente de lo que utilices, transfórmalo mentalmente en néctar divino para el Buda; ya no es un cuenco de agua o una galleta de chocolate. Físicamente, lo que tienes en los cuencos son solo sustancias mundanas —agua, arroz, incienso, etcétera—, pero al decir «OM AH HUM» y visualizar las ofrendas como ofrendas divinas, las transformas en lo que realmente estás ofreciendo al Buda. Esta práctica aporta beneficios continuos, por eso llamamos al Buda «campo de mérito». Él es el campo del que cosechamos todas las buenas cualidades.

Es tradicional que, antes de sentarte en el cojín de meditación, realices tres postraciones. Para más información al respecto, véase la sección sobre la oración de las siete ramas más abajo.

Sentarse en una postura adecuada

Una vez limpia la habitación, hechas las ofrendas al Buda, el *dharma* y la *sangha*, así como las postraciones, siéntate en una postura de meditación apropiada. Sentarse de la forma más correcta posible ayuda a mantener la mente estable. Los textos dicen que debería ser en la postura de los siete puntos de Vairochana:

1. Piernas en posición vajra (loto completo) o cruzadas.
2. Manos en mudra de meditación.
3. Espalda recta.
4. Cabeza inclinada hacia delante.
5. Ojos ligeramente abiertos, mirada hacia abajo.
6. Mandíbula relajada, lengua contra el paladar.
7. Hombros a la misma altura y relajados.

La posición vajra completa es aquella en la que se cruzan las piernas con los pies por encima, con las plantas hacia arriba, cada pie sobre el muslo opuesto. Para muchos occidentales, esto resulta difícil, por lo que también es aceptable la posición de medio vajra (con solo un pie sobre el muslo opuesto) o con las piernas cruzadas con los pies por debajo. También puedes sentarte como Tara, con la pierna derecha ligeramente estirada. Tener un cojín para elevar las nalgas un poquito te permite mantener la espalda recta fácilmente durante un tiempo prolongado. Si estar sentado en el suelo te resulta demasiado incómodo, también te puedes sentar en una silla.

El mudra de meditación[5] consiste en colocar las manos sobre el regazo, justo por debajo del ombligo, con las palmas hacia arriba, la mano derecha sobre la izquierda y los pulgares tocándose, formando un triángulo. Los brazos y los hombros han de estar relajados, los dos omóplatos ligeramente estirados, como alas, ni encorvados ni rígidos. Mantener los brazos ligeramente separados del cuerpo permite que circule el aire.

La espalda debe estar recta pero relajada. Puede servir de ayuda imaginar la columna vertebral como un montón de monedas que se elevan hacia arriba. Una espalda recta ayuda a mantener los canales rectos, lo que a su vez ayuda a que el viento psíquico fluya fácilmente, y eso hace que sea funcional. El viento es el vehículo de la mente, así que cuando el viento se vuelve funcional, la mente lo hace también, lo que significa que puedes dirigir la mente como quieras. De lo contrario, cuesta dirigir la mente hacia el objeto de la meditación.

Deberías dirigir la mirada ligeramente hacia abajo, manteniéndola a medio camino, ni demasiado alta (lo que llevaría a la dispersión) ni demasiado baja (lo que provocaría embotamiento). Los ojos deben estar entreabiertos. A menudo, esto es difícil para quienes se inician en la meditación, de modo que se acepta tenerlos cerrados. No obstante, esto puede provocar somnolencia, del mismo modo que tenerlos del todo abiertos puede conllevar distracciones.

La mandíbula debe estar relajada, con la lengua tocando ligeramente el cielo de la boca, justo detrás de los dientes, lo que contribuye a controlar la saliva que puede formarse en la boca. Los dientes deben estar ligeramente separados, y los labios cerrados pero no apretados.

Visualizar el campo de mérito

La visualización del campo de mérito es una parte muy importante de la práctica no solo en la tradición Geluk, sino también en las demás tradiciones tibetanas. Los objetos a los que se acude en busca de refugio —el *guru*, el Buda Guru Shakyamuni y todos los budas y *bodhisattva*— se denominan *campo de mérito*. Se trata de una traducción literal del tibetano *tsokshing*, en la que *tsok* significa «mérito» y *shing* «campo». Se le llama *campo* porque es la fuente de toda felicidad, al igual que los campos de los agricultores son la fuente de las cosechas que les proporcionan el sustento. Con el campo de objetos sagrados visualizado ante ti, se hacen las ofrendas, las postraciones, se dicen oraciones, etcétera, sembrando semillas virtuosas que aseguren cosechas de felicidad futura.

Aunque la analogía de un campo se utiliza a menudo, se desmorona enseguida. Cuando los agricultores plantan las semillas, puede que, con suerte, reciban dos cosechas al año, y la cosecha es limitada. Con el campo de mérito, tienes la libertad de plantar todas las semillas que quieras tantas veces como quieras, día y noche, y gracias al poder de los objetos que ofreces el mérito acumulado es infinito.

En textos como *Guru Yoga* del lama Tsongkhapa, se te pide que visualices el campo de mérito, ya sea de forma simple —«muchos en uno», en la que el Buda, el *dharma* y la *sangha* se visualizan en el aspecto único del Buda Shakyamuni— o de una forma más elaborada, el «uno en muchos», en la que visualizas la esencia de tu *guru* raíz en los múltiples aspectos de todos los budas, *bodhisattva* y demás.

Encontrarás muchas descripciones diferentes del campo de mérito, en función del linaje y de la práctica. Puedes imaginar a los *gurus*, budas y *bodhisattva* sobre lotos descansando en las ramas de un árbol o en tronos. Un ejemplo es la visualización descrita en el *Lama Chöpa Jorchö*.[6] En ella visualizas a tu *guru* raíz con aspecto de monje, sentado en un trono de león en la copa de un árbol que concede deseos. En su corazón está Vajradhara[7] y a su alrededor los *gurus* directos y los del linaje, los *yidams*, los budas, los *bodhisattva*, los *dakas* y las *dakinis*, todos ellos rodeados por un océano de protectores del *dharma*.[8]

El discípulo del lama Tsongkhapa, Gyaltsap Jé, explica que cuando visualizas el campo de mérito no debería ser como ver un objeto físico con los ojos. Con la mente ya convertida al camino por las prácticas anteriores, la visualización debería ser como colocar un cristal transparente delante de un color: el cristal adquiere el aspecto de ese color. Así, de los corazones de aquellos a quienes has visualizado, imaginas luz —la esencia de todas sus cualidades iluminadas: paciencia, bondad amorosa, compasión, sabiduría, etcétera— irradiando hacia ti, llenándote de esas cualidades.

Recitar la oración de las siete ramas

La oración de las siete ramas es indispensable para purificar el karma negativo y acumular méritos. Las ramas son estas siete importantes prácticas:

1. Hacer postraciones.
2. Hacer ofrendas.
3. Confesarse.
4. Regocijarse.
5. Pedir al maestro que haga girar la rueda del *dharma*.
6. Pedir al maestro que se quede mucho tiempo.[9]
7. Dedicar.

Dado que la práctica de las siete ramas es un medio indispensable para crear las causas y condiciones para desarrollar la mente en el camino hacia la iluminación, es tremendamente importante llevar a cabo esta práctica tantas veces como sea posible cada día. Por eso siempre forma parte de una práctica Mahayana y por eso constituye un paso previo a cualquier práctica de deidad.

Los siete factores de la práctica de las siete ramas son como las siete partes fundamentales de un avión que le permiten funcionar y llevar a los pasajeros a los lugares que desean. A primera vista puede no parecer evidente por qué esta práctica es fundamental para el éxito de tu práctica del *dharma*, pero cuando estudies el karma en profundidad, sobre todo los cuatro aspectos,[10] verás lo profunda que es esta práctica.

Hay un dicho Kadampa que dice:

> Una práctica sin acumulación de méritos es como una semilla sin humedad. Una práctica sin acumulación de méritos no es más que el dibujo de una llama, no la llama propiamente dicha.

Un cuadro de una llama colgado en una pared no puede funcionar como una llama; no alumbra para disipar la oscuridad. De un modo similar, si no haces prácticas para acumular méritos, no podrás eliminar eficazmente la oscuridad de la ignorancia. Meditar sin acumular méritos es como una semilla sin nada de humedad, la condición que necesita para brotar, convertirse en una planta y dar fruto. Por lo tanto, es erróneo pensar en la práctica de las siete ramas y en el mandala como un mero ritual o una simple costumbre que nada tiene que ver con la vida real. Es una parte fundamental de la acumulación de méritos.

Cada una de las siete ramas es un antídoto contra un engaño concreto. Al recitar la oración de las siete ramas es importante que te tomes tu tiempo contemplando cada una de ellas y recordando para qué engaño sirve como remedio. Viendo el increíble beneficio que aporta cada rama, es imposible que te aburras con esta práctica.

Ese es el motivo por el que suelo realizar muy despacio la práctica de las siete ramas y la ofrenda del mandala. Si te limitas a cantarlo, quizá se convierta en una ofrenda, pero si no meditas sobre su significado y te limitas a repetir las palabras como un loro, difícilmente transformarás tu mente con rapidez. Deberías leer una estrofa y parar a meditar; luego leer la siguiente y parar a meditar, y así sucesivamente. Si realmente meditas mientras rezas la oración, sin que tu mente divague, acumularás infinitos méritos, incluso en el poco tiempo que tardes en rezar la oración.

Por lo general, en una sesión de meditación normal, antes de la oración de las siete ramas se recita la oración del refugio y de la *bodhichitta*, así como la oración de los cuatro inconmensurables,[11] para aumentar la motivación de la *bodhichitta*. Después va la oración de las siete ramas. Una oración comúnmente utilizada es la siguiente:

> Me *postro* respetuosamente con el cuerpo, la palabra y la mente.
>
> Hago entrega de nubes llenas de todo tipo de *ofrendas*, tanto dispuestas en la realidad como surgidas de la mente.
>
> *Confieso* todas mis acciones negativas y mis caídas desde el principio de los tiempos.
>
> Me *regocijo* en las virtudes de los seres comunes y de los aryas.
>
> Por favor, *quédate* hasta el final de la existencia cíclica.
>
> Y *haz girar* la rueda del *dharma* para los seres transmigratorios.
>
> *Dedico* mis virtudes y las de los demás a la gran iluminación.[12]

Hacer postraciones

Hacer postraciones es un antídoto muy potente contra el orgullo, gran obstáculo para progresar en el camino. Es uno de los métodos más eficaces para eliminar los ofuscamientos acumulados en renacimientos inmemoriales, así como para reunir méritos, condición necesaria para alcanzar realizaciones. Esto se refleja en el término tibetano *chagtsel*. *Chag* significa «limpiar», como cuando se barre toda la basura con una escoba, solo que aquí estás limpiando todas tus impurezas. *Tsel* significa «buscar»: aquí se busca alcanzar todas las realizaciones desde la devoción al *guru* hasta la plena iluminación.

La letra de la oración habitual de las siete ramas es: «Me postro respetuosamente con mi cuerpo, mi palabra y mi mente». A menudo se expresa de forma más elaborada como en *El rey de las oraciones*:

Vosotros, leones entre los humanos,
idos a la libertad en el presente, el pasado y el futuro.
En los mundos de los diez puntos,[13]
ante todos vosotros, con cuerpo, palabra y mente sincera, me inclino.[14]

Muy a menudo, cuando se realiza la postración con la práctica de las siete ramas, simplemente se recita la letra y se juntan las palmas de las manos en el mudra de postración. Aunque no hagas la postración completa ni la de las cinco ramas (media postración), al menos debes hacer eso, de lo contrario es una pérdida de tiempo.

El mudra de la postración es una acción muy sencilla que puede llevar menos de un segundo, pero es potentísima. Cada aspecto del mudra tiene su significado. Se colocan las manos a la altura del pecho, con las palmas juntas y los dedos rectos y mirando hacia arriba, como un mudra de oración cristiana. Los pulgares están ligeramente metidos hacia dentro, lo que significa ofrecer una joya. El hueco de entre las palmas significa el *dharmakaya* y los dos pulgares dentro del hueco significan el *rupakaya*, que son los dos cuerpos búdicos que resultan de completar los dos caminos de la sabiduría y el método.

La postración completa sigue la tradición de Naropa. Cuando realices la postración, de pie y con los pies juntos, coloca primero las manos en el mudra de postración sobre la coronilla, lo que te hace crear el mérito de alcanzar el pináculo de la corona, una de las treinta y dos marcas sagradas de un buda y de sus ochenta ejemplificaciones sagradas.[15] Después llévatelas a la frente, lo que purifica los karmas negativos acumulados en el cuerpo a lo largo de renacimientos inmemoriales y crea la causa para alcanzar el cuerpo sagrado vajra. Seguidamente, llévatelas a la garganta, lo que purifica los karmas negativos acumulados con la palabra a lo largo de renacimientos inmemoriales y crea la causa para alcanzar el habla sagrada vajra. Luego llévatelas al corazón, lo que purifica los karmas negativos acumulados con la mente a lo largo de renacimientos inmemoriales y crea la causa para alcanzar la mente sagrada vajra.

Cuando bajes, sea con una postración completa o con una media, debes tocar el suelo con la frente, de lo contrario no será una postración completa. Pero entonces debes levantarte deprisa, lo que significa una liberación rápida del *samsara*. Quedarse tumbado sin levantarse al instante hace que el karma renazca como un gusano o una serpiente, ¡una criatura que se arrastra por el suelo!

También has de fijarte en tener las manos en la posición adecuada cuando estés en el suelo, con los dedos estirados. Si los separas, generarás el karma de renacer como un pato o un palmípedo, y si los juntas, generarás el karma de renacer como un caballo o una criatura con pezuñas. Hacer las postraciones correctamente conlleva beneficios asombrosos, pero, puesto que te estás postrando ante el Buda, el *dharma* y la *sangha*, una postración descuidada puede conllevar grandes sufrimientos.

Una vez la postración sea completa, túmbate en el suelo con los brazos estirados hacia delante y con la cabeza apoyada en el suelo. Cuanto más extiendas el cuerpo, más átomos lo tocarán. En el *Compendio de entrenamientos*, Shantideva cita una escritura:

> Si un monje plenamente ordenado hace una postración con los miembros extendidos y la mente clara a una estupa de reliquias de cabello y uñas, llegará a disfrutar de tantos miles de reinos de monarcas universales como partículas de polvo cubran el suelo hasta los cimientos de oro.[16]

El *sutra* dice «partículas de polvo», pero podemos interpretarlo como «átomos», así que eso significa que, al hacer una postración completa con las manos completamente extendidas, creas el mérito de nacer como un rey que gira la rueda miles de veces por cada átomo del suelo que cubre tu cuerpo, y no cuentan solo los átomos de la superficie, sino desde la superficie hasta «los cimientos de oro», es decir, el centro de la Tierra. Es inimaginable.

Una postración de cinco ramas o media postración consiste en solamente arrodillarse y tocar el suelo con la cabeza.

Hacer una ofrenda

Practicar la ofrenda es un antídoto específico contra la tacañería. Si eres tacaño, debes practicar la caridad y hacer ofrendas tanto como te sea posible. Al hacer ofrendas recibes los placeres inagotables y perfectos de un buda.

En *El rey de las oraciones*, la letra de esta rama es la siguiente:

> Hermosas flores y regias guirnaldas,
> dulce música, aceites fragantes y sombrillas,
> luces brillantes e incienso sublime,
> os ofrezco a vosotros, victoriosos.
>
> Delicados vestidos y perfumes fragantes,
> polvo de sándalo alto como el Monte Meru,
> todas ofrendas maravillosas en un despliegue espectacular,
> os ofrezco a vosotros, victoriosos.
>
> Con ofrendas trascendentales, vastas y sin igual,
> con admiración profunda por todos los budas,
> con fuerza de convicción en el camino del *bodhisattva*,
> os ofrezco y me inclino ante todos vosotros, victoriosos.

La letra de la oración corta es: «Hago entrega de nubes llenas de todo tipo de ofrendas, tanto dispuestas en la realidad como surgidas de la mente». Mientras recitas esto, imagina nubes llenas de ofrendas saliendo de tu corazón y siendo ofrecidas a todo el campo de mérito.

A menudo digo que se pueden hacer ofrendas de todas las ofrendas de los centros de la FPMT. Dondequiera que haya un centro *gompa*[17] de la FPMT, habrá ofrendas, así que puedes imaginártelas y ofrecerlas. En Aptos, mi casa en Estados Unidos, hay dos salas llenas de cientos de ofrendas de cuencos de agua y, puesto que los cuencos de agua son enormes, supone una gran ofrenda de agua. También hay miles de ofrendas de luz por toda la casa, así como ofrendas de flores y comida tanto dentro de la casa como en el exterior.

Hacer ofrendas de este tipo a los objetos sagrados sin duda genera la causa de la iluminación, así que naturalmente genera la causa de la liberación, la felicidad de vidas futuras e incluso la felicidad de esta vida. Ofrecer, aunque sea una velita flotante o una guirnalda luminosa, genera todas esas causas. Si ofreces diez mil guirnaldas luminosas, generas diez mil causas para la iluminación. Así de fácil. En un minuto recoges cielos ilimitados de méritos. Cuantos más méritos, más fácil lograr realizaciones y más fácil alcanzar la iluminación.

Realizar este tipo de prácticas de ofrendas tiene diferentes beneficios, en función de lo que se ofrezca. Por ejemplo, ofrecer incienso genera la causa para vivir en la moral pura, mientras que ofrecer luz contribuye a desarrollar la sabiduría del *dharma* y la clarividencia, así como a generar la causa para una vida larga. Existen muchos otros tipos de beneficios.

Confesarse

La siguiente es la rama de la confesión, que es un antídoto contra las tres mentes venenosas del apego, la ira y la ignorancia. También se dice que es un remedio para todas las ofuscaciones que te permite eliminar todos los engaños y alcanzar el *dharmakaya*.

La letra de esta rama en *El rey de las oraciones* es la siguiente:

> Todas las acciones dañinas que he llevado a cabo
> con mi cuerpo, mi palabra y mi mente
> abrumado por el apego, la ira y la confusión,
> todas ellas las expongo abiertamente ante ti.

La letra de la oración corta dice: «Confieso todas mis acciones negativas y caídas acumuladas desde tiempos inmemoriales». Mientras recitas, piensa que, al confesarte, en tu flujo mental continuo deja de existir hasta la más mínima negatividad, que todo lo que constituye un obstáculo para las realizaciones queda del todo purificado.

Por ejemplo, si examinas las acciones que realizas en un día, desde la mañana hasta que te acuestas, casi todo lo haces con apego, aferrándote a esta vida. Levantarte, vestirte, desayunar, ir a trabajar..., todo se hace con apego. Del mismo modo, las horas de trabajo que haces cada día, si eres honesto, las haces principalmente por la comodidad de esta vida, por lo que todo se convierte en karma negativo. Es normal pensar que esas actividades están perfectamente bien, que no hay nada de negativo en ellas, pero conviene que recuerdes la definición de no-virtud y entonces verás que todas esas cosas las haces solo por tu propio interés.

Eso es lo que tienes que confesar y purificar. Tú y todos los seres sintientes que visualizas a tu alrededor os confesáis con pesar, arrepintiéndoos de todos los karmas negativos y de las caídas acumuladas en el pasado. Cuando confiesas tus karmas negativos del pasado significa que a partir de ahora vas a intentar practicar la virtud.

Cuanto más fuerte sea tu arrepentimiento, más delgado será tu karma negativo. Debes sentir un gran arrepentimiento, como si te hubieras tragado un veneno mortal. Incapaz de vivir con tus karmas negativos ni un segundo más, ves la necesidad de purificarlos en este mismo instante, tomando la determinación de no volver a cometerlos, aunque ello ponga en peligro tu vida. Entonces, mientras recitas la práctica de las siete ramas, piensas que todas tus ofuscaciones dejan de existir y tu mente se vuelve completamente pura.

También puedes pensar en la vacuidad del karma negativo. Mientras estás en la rama de la confesión, al pensar en los engaños parece como si fueran reales. Sin embargo, ninguno de los engaños es como parece; todos están vacíos. Ni siquiera existen de palabra. Pensar en la vacuidad de los karmas negativos de este modo se convierte en una potente purificación.

Regocijarse

La cuarta de las siete ramas es el regocijo, que es un antídoto específico contra los celos. Todos sabemos lo difícil que es alegrarse de la buena suerte de alguien cuando estamos celosos de él, pero es precisamente entonces cuando debes alegrarte recordando sus buenas cualidades. El resultado de regocijarte es que alcanzas el cuerpo sagrado de un buda, que es de una belleza sublime, sin rastro de fealdad.

En cierta ocasión, el rey Prasenajit pidió consejo al Buda. Le dijo que estaba demasiado ocupado con sus deberes como rey para retirarse a un lugar aislado y que, así las cosas, no sabía cómo hacer que su vida tuviera sentido. El Buda le dijo que había tres maneras de hacer que su vida tuviera más sentido: regocijarse, practicar la *bodhichitta* y dedicar sus acciones positivas. Esto demuestra lo fundamental que es el regocijo para desarrollar nuestro potencial.

La letra de esta rama en *El rey de las oraciones* es la siguiente:

> Elevo mi corazón y me regocijo tan positivamente como puedo
> por los budas y *bodhisattva* de los diez puntos,
> por los realizadores solitarios, por los oyentes que todavía se están formando [y por los que vendrán,
> y por todos los seres corrientes.

La letra de la oración corta dice: «Me regocijo de las virtudes de los seres corrientes y de los aryas».

Al realizar las prácticas de las siete ramas y otras prácticas se generan muchos méritos buenos, pero regocijarse es el método mejor y más fácil. Si lo piensas, tiene bastante lógica. Si no te regocijas por las cualidades positivas de los demás, te pones celoso o te enfadas y eres infeliz; si te regocijas, naturalmente tienes una mente clara y feliz. Regocijarse también hace que cualquier mérito que tengas aumente mucho, como tener invertidos cien dólares que no paran de darte intereses, de modo que rápidamente se convierten en decenas de miles de dólares, o incluso cientos de miles o millones de dólares.

Limitarse a recitar los versos de regocijo de la oración de las siete ramas sin contemplar su significado no es practicar el regocijo. Como con todas las prácticas de las siete ramas, es de vital importancia recordar meditar sobre el significado de la oración y no dejar que la mente divague.

Si te regocijas por tu propio mérito al realizar una acción virtuosa, acumularás más mérito que al realizarla. Cuando te regocijas por el mérito de otros seres sintientes, si su nivel mental es inferior al tuyo, acumulas más mérito que ellos —algunos textos dicen que el doble—, pero si su nivel mental es superior al tuyo, obtienes la mitad de ese mérito. Como explica Pabongka Dechen Nyingpo en *La liberación en la palma de tu mano*, si durante toda tu vida no hicieras más que acciones virtuosas, no alcanzarías ni de lejos el mérito que un nuevo *bodhisattva* alcanza en un día, mientras que con solo regocijarte por sus virtudes de raíz ya obtienes la mitad de ese mérito.[18]

Aunque estés muy ocupado, esta virtud puede generarse en un segundo. Simplemente implica que tu mente piense de una manera particular, y el mérito que acumulas es tan infinito como el espacio. Puesto que el regocijo puede practicarse mientras uno come, camina, trabaja, se acuesta, es algo que debería hacerse cada día tantas veces como sea posible.

Deberías alegrarte siempre que veas que a otras personas les ocurren cosas buenas. Cuando otras personas desarrollen su práctica del *dharma* y tengan realizaciones, o tengan educación, riqueza, una vida familiar feliz, o muchos amigos, deberías pensar siempre: «¡Qué maravilla!». Cuando alguien tenga éxito en un negocio o en un proyecto, debes alegrarte siempre y pensar: «¡Qué maravilla!». Entonces se convertirá en el mejor negocio para ti. ¿Por qué? Porque al alegrarte estarás generando la causa de tu propio éxito: éxito en la práctica del *dharma*, en el beneficio de los seres sintientes e incluso en las tareas mundanas de esta vida. Pero si tienes celos del éxito de los demás, estarás generando obstáculos para tu propio éxito.

Sabiendo esto, primero debes regocijarte de tus propios méritos de los tres tiempos: pasado, presente y futuro. Luego puedes regocijarte de los méritos de los tres tiempos de todos los seres sintientes corrientes, y luego de los budas y *bodhisattva* de los diez puntos.

Una buena forma de practicar es pensar de este modo: «Sin buen karma, sin méritos, no tengo manera de experimentar la felicidad. En el pasado he acumulado méritos en innumerables ocasiones, los estoy acumulando ahora y los acumularé en el futuro. Eso tendrá como resultado muchísima felicidad temporal y definitiva, incluida la iluminación».

Desde lo más profundo de tu corazón siente: «Qué maravilloso es que haya acumulado tanto mérito en el pasado, lo esté acumulando ahora y lo acumule en el futuro». Puedes repetir «¡Qué maravilloso es!» muchas veces, quizá contando las repeticiones en un *mala*.[19]

Entonces regocíjate de todos los méritos de los tres tiempos de todos los seres sintientes comunes, siendo consciente de que esos méritos resultan en mucha felicidad, temporal y definitiva, hasta la iluminación. Ser más específico hace que sea aún más fácil regocijarse, porque te relacionas con personas concretas de cada país. Mucha gente, tanto laica como ordenada, acumula día y noche muchísimos méritos viviendo en el *dharma*, dirigiendo su vida hacia el camino. Pensar en los países en los que has estado y en los que has visto que esto ocurre hace que parezca más real. De nuevo, piensa: «¡Qué maravilloso es!».

Después regocíjate de todos los méritos de todos los budas y *bodhisattva* de los tres tiempos, que son incontables en número y que crean muchísimos méritos a cada segundo. De nuevo, piensa: «¡Qué maravilloso! ¡Qué maravilloso! ¡Qué maravilloso!». Cuenta tus repeticiones. Si vas escaso de tiempo, puedes pensar en todos los seres sintientes comunes, *bodhisattva* y budas de los diez puntos y regocijarte de sus méritos conjuntos.

Puedes variar tu práctica, por ejemplo, regocijándote de tus propios méritos en una sesión y de los méritos de los demás en la siguiente, o regocijarte de tus propios méritos al principio de la sesión y de los de los demás al final, o al revés. Puedes hacerlo de diferentes maneras.

Pedir al maestro que haga girar la rueda del dharma

La rama de pedir al maestro que haga girar la rueda del *dharma*[20] es un antídoto contra la ignorancia. En concreto, purifica los pesados karmas negativos que se generan al evitar el sagrado *dharma*, como la falta de respeto a las escrituras budistas o la crítica a los distintos tipos de *budadharma*. Esto ocurre, por ejemplo, cuando un practicante de una de las tradiciones tibetanas —Nyingma, Sakya, Kagyü o Geluk— critica otra tradición, o cuando un practicante del Mahayana critica al Hinayana, o viceversa.

La letra de esta rama en *El rey de las oraciones* es la siguiente:

> Vosotros que sois las luces brillantes de los mundos en diez direcciones,
> que habéis alcanzado la omnisciencia de un buda a través de las etapas del [despertar,
> todos vosotros, que sois mis guías,
> por favor, haced girar la rueda suprema del *dharma*.

La letra de la oración corta dice: «[Por favor], haced girar la rueda del *dharma* para los seres transmigratorios».

Pedir que se haga girar la rueda del *dharma* genera la causa para conseguir el discurso sagrado de un buda en el futuro, así como para poder girar la rueda del *dharma* para otros seres sintientes. Otros te pedirán que impartas enseñanzas y tú lo harás con maestría.

Al pedir al campo de mérito que haga girar la rueda del *dharma*, visualiza que ofreces un *dharmachakra* dorado de mil púas (literalmente, «rueda del *dharma*») a tu *guru* con aspecto del Buda Guru Shakyamuni o a cualquier deidad que estés practicando, así como a los *gurus* directos e indirectos y al resto del campo de mérito. Piensa que el *dharmachakra* es grande y radiante. Visualiza que no eres solo uno, sino innumerables, y que cada una de tus réplicas sostiene un *dharmachakra*. Luego pide al campo de mérito que haga girar la rueda del *dharma*. Cuanto más visualices, más méritos reunirás.

Pedir al maestro que se quede mucho tiempo

Con esta rama se pide al *guru* y a todo el campo de mérito que no pasen al *parinirvana*,[21] sino que se queden hasta que termine el *samsara*. Eso purifica los pesados karmas negativos de haber criticado o abandonado al *guru* o de haber perturbado su mente sagrada. También se convierte naturalmente en causa de que tengas una vida larga, aunque no sea esa tu intención. El resultado final de esta práctica es que alcanzas el indestructible cuerpo sagrado vajra de un buda.

La letra de esta rama en *El rey de las oraciones* es la siguiente:

Con las palmas de las manos juntas te pido encarecidamente:
tú que puedes materializar el *parinirvana*,
por favor, quédate con nosotros durante eones incontables como átomos [del mundo,
por la felicidad y el bienestar de todos los vagabundos del *samsara*.

La letra de la oración corta dice: «Por favor, quédate hasta el final de la existencia cíclica».

Visualiza que estás sosteniendo un trono dorado decorado con joyas y ofreciéndolo a la deidad *guru* y a todo el campo de mérito. El trono tiene delante un vajra doble multicolor y está elevado por cuatro u ocho leones de las nieves, como el trono del Buda Shakyamuni. Visualiza innumerables réplicas de ti mismo ofreciendo un trono. Ese trono dorado se absorbe entonces en los tronos del *guru* y del campo de mérito. Piensa entonces que han aceptado vivir mucho tiempo para hacer girar la rueda del *dharma*.

Dedicar

Con la rama final dedicas todo el mérito que has acumulado a alcanzar la iluminación por el bien de todos los seres sintientes. Dedicar es un antídoto concreto contra la herejía.[22] Su resultado específico es alcanzar las cualidades del cuerpo sagrado, la palabra sagrada y la mente sagrada de un buda.

La letra de esta rama en *El rey de las oraciones* es la siguiente:

Cualquier pequeño potencial positivo que haya creado,
rindiendo homenaje, ofreciendo y reconociendo mis faltas,
regocijándome y solicitando que los budas permanezcan y enseñen,
ahora lo dedico todo al pleno despertar.

La letra de la oración corta dice: «Dedico mis propias virtudes y las de los demás a la gran iluminación».

Dedicas todos los méritos que acabas de acumular haciendo prosternaciones, ofrendas, confesándote, etcétera, así como todos los méritos de los tres tiempos. Puedes reforzar esto pensando que el yo meramente etiquetado está dedicando el mérito meramente etiquetado a alcanzar la iluminación meramente etiquetada por el bien de los seres sintientes meramente etiquetados.

Ofrecer un mandala

Ofrecer un mandala[23] es uno de los métodos más poderosos para acumular méritos. Además de purificar todos los otros engaños, el engaño concreto que purifica es la tacañería.

Aunque hay cuatro formas de hacer una ofrenda del mandala —la exterior, la interior, la secreta y la talidad—, a menos que ofrezcas un mandala en el contexto del tantra del yoga más elevado, solo llegarás a las dos primeras.

El mandala exterior es una ofrenda al *guru* y al campo de mérito de todo lo hermoso y precioso que se te ocurra. Hay mandalas largos en los que esas cosas se enumeran, pero es habitual recitar el mandala, sobre todo al principio de una sesión de meditación o de una enseñanza:

> Esta tierra, ungida con perfume, sembrada de flores,
> adornada con el Monte Meru, los cuatro continentes, el sol y la luna,
> la imagino como una tierra búdica y la ofrezco.
> Que todos los seres transmigratorios disfruten de esta tierra pura.[24]

Visualizar la ofrenda del mandala lo más bella posible, como un reino puro de la más alta calidad, es un antídoto maravilloso contra la tacañería. Psicológicamente, ayuda a romper el fuerte apego a las posesiones materiales. Puedes pensar en todas las cosas que más codicias, en tus posesiones más deseadas y caras, y ofrecerlas. En lugar de aferrarte a ellas, déjalas ir y ofréceselas a los budas y los *bodhisattva* desde lo más profundo de tu corazón, pensando que ya no son tuyas.

Puedes ofrecer todo lo que puedas imaginar, no solo tus posesiones y tu propio cuerpo, sino todos los increíbles placeres y riquezas de este mundo y de todos los demás reinos. Se dice que un solo pendiente del rey de los dioses de larga vida es más valioso que toda la riqueza de este mundo, y que los reinos de los dioses están llenos de tesoros inimaginables. Puedes ofrecer todo eso.

Hacer ofrendas así es muy beneficioso. Imagina que tuvieras que entregarle a alguien algo a lo que estás increíblemente apegado. Te sentirías fatal. Sentirías como si se te clavara una espina en la carne. En cambio, si pudieras hacerlo sin ninguna sensación de estar aferrado a esa cosa, te sentirías bien tranquilo, feliz, libre de la mente pegajosa e insumisa que te ataba a ese objeto. Hacer una ofrenda del mandala es un método poderoso para purificar esa mente avariciosa e insumisa.

Los mandalas dibujados que ves son redondos y planos, con el Monte Meru representado en el centro y los continentes alrededor en diferentes colores. Sin embargo, cuando visualices el mandala no debes limitarte a pensar en él en dos dimensiones, sino como un universo tridimensional. Como dice la oración, lo que ofreces es, primero, la base, perfumada con incienso y cubierta de hermosas flores; luego, en el centro, el Monte Meru, el centro del universo budista. Está rodeado por los cuatro continentes, el sol y la luna.

Cuando ofreces el mandala, visualizas que el este está delante de ti, tanto si es así como si no. También puedes imaginar el mandala delante del campo de mérito, en cuyo caso el este estará frente a ellos y lejos de ti. Una forma es para la purificación, la otra para recibir realizaciones. Sin embargo, por lo general el este queda frente a ti.

Cada lado del Monte Meru está formado por diferentes joyas o metales preciosos, que se reflejan para crear los cielos de los sistemas mundiales que dan a ese lado. El este del Monte Meru, el lado que mira hacia ti, es plateado y por lo tanto el color del cielo y del océano del continente oriental, la tierra de los cuerpos altos (Videha; Lüphakpo), es el blanco, no el azul como el nuestro, reflejo de ese lado de la montaña. Los humanos vivimos en el sur, la tierra de las manzanas rosadas (Jambudvipa; Dzambuling), que da a la cara sur de la montaña, que es lapislázuli; su color azul hace que nuestro cielo y nuestro mar sean azules. La cara occidental está hecha de rubíes, por lo que el cielo y el océano del continente occidental, la tierra del ganado abundante (Godaniya; Balangchö), son rojos. Y la cara norte está hecha de oro, por lo que el continente septentrional, sonido desagradable (Kuru; Draminyän), tiene un cielo y un océano amarillos. Cuando ofreces un mandala largo, recitas los nombres de estos cuatro continentes o sistemas mundiales. Luego ofreces las tierras intermedias y otras cosas, como el árbol que concede deseos, la rueda preciosa, las ocho diosas, el sol y la luna, etcétera. Varía en función del mandala: los hay que tienen treinta y siete «montones», otros veintitrés.[25]

También puedes visualizar todos los reinos en los que moran los seres sintientes como tierras puras, llenas de gran disfrute. En lugar de entornos horribles como desiertos o páramos espinosos y rocosos, lugares de calor o frío extremos, transfórmalos en lugares tremendamente bellos de los que disfruten sus habitantes.

Para la práctica del mandala puedes hacer simplemente la ofrenda con el mudra del mandala, pero para un mandala largo es mejor utilizar un conjunto de mandala de base y tres anillos, que rellenarás con grano. Para la ofrenda se puede utilizar cualquier material, incluso arena si no encuentras grano. (A mucha gente también le gusta añadir cosas preciosas al grano, como joyas, cuentas y similares).

Para la base del mandala, aunque puedes utilizar incluso una piedra plana, como hacen los monjes ascetas, es mejor una de metal, por ejemplo de latón. Si puedes permitirte comprar un buen juego de mandalas, deberías hacerlo, ya que cuanto más bonito sea, más méritos generarás cuando lo utilices.

Puesto que no deberías sostener el mandala con la mano vacía, coge algo de grano en tu mano y luego aguanta la base. Pon un poco de grano en la base, después arrástralo hacia fuera tres veces, pensando que estás purificando tus karmas negativos de cuerpo, habla y mente y tus ofuscamientos, así como los de todos los seres sintientes. Seguidamente vuelve a añadir un poco de grano y arrástralo en la dirección opuesta tres veces, pensando que tú y todos los seres sintientes estáis recibiendo las bendiciones del cuerpo sagrado, el habla sagrada y la mente sagrada del *guru* y del campo de mérito.

Los anillos no deben colocarse sobre una base vacía, así que primero has de poner algo de grano en el centro de la bandeja y después colocar el anillo más grande en la base. Mientras recitas la oración, ve colocando un montoncito de grano en las distintas partes de la base, uno por cada ofrenda, añadiendo los anillos a medida que vayas acabando cada sección.

Cuando hayas acabado de llenar el mandala visualizando que el grano es todas esas cosas preciosas, coloca el paraguas y el estandarte en la parte superior, levanta el mandala y ofrécelo a tu corazón. Entonces puedes recitar el mandala corto y terminar con «IDAM GURU RATNA MANDALAKAM NIRYATAYAMI», y disolver el mandala vertiendo el grano de nuevo en la bolsita de tela de la que lo has sacado.

Para multiplicar el número de ofrendas del mandala, recita los mantras multiplicadores[26] tres veces para bendecir y aumentar las ofrendas, y piensa que esto hace que el *guru* y el campo de mérito reciban nubes de ofrendas de mandalas. Visualiza que todo el espacio está lleno de mandalas, como si miraras una ciudad desde una montaña o un avión por la noche y vieras todas las luces de la ciudad.

También existe el mandala interior. La oración dice:

> Los objetos de mi apego, de mi ira, de mi ignorancia…
> Los amigos, los enemigos, los desconocidos, el cuerpo y los placeres…
> Sin ningún sentimiento de pérdida los ofrezco. Por favor, ten la bondad de [aceptarlos,
> y bendíceme para pacificar los tres venenos que dependen de sus propios [objetos.

Tu apego, tu ira y tu ignorancia, y los objetos de esos pensamientos perturbadores —amigos, enemigos y desconocidos—, así como tu propio cuerpo y tus posesiones e incluso el mérito que has acumulado… son cosas a las que debes renunciar. Mientras te aferres a esas cosas, y en particular a las tres mentes venenosas, seguirás generando karma negativo y seguirás experimentando sufrimiento.

La oración dice que lo ofrezcas todo sin ningún sentimiento de pérdida. Pongamos que estabas a punto de comerte un helado delicioso cuando un mendigo hambriento se te acerca y te lo pide. Puede que sientas que debes dárselo, pero en el fondo no quieras. Te has pasado tanto rato en la tienda haciendo cola para comprarlo, te ha costado tanto y hace tanto calor... ¡Y es que es tu helado! ¡Lo necesitas para ser feliz! Así que, aunque se lo des al mendigo, te cuesta mucho hacerlo. Eso es lo que significa «sin ningún sentimiento de pérdida». Debería haber gran alegría al dar, no pérdida.

Durante las enseñanzas no suele decirse este mandala interior, solo el exterior, aunque está presente en muchas de las oraciones diarias. Es muy bueno visualizar el mandala exterior, decir la oración y luego continuar con esta oración del mandala, imaginando todo tu cuerpo absorbiéndolo y transformándose en él.

Pedir a los lamas del linaje

La última rama es pedir a los lamas del linaje, aunque a veces se la considera separada de la práctica de las siete ramas. Se trata de una oración preliminar importante que debe hacerse después de las otras ramas y de la ofrenda del mandala, y antes del cuerpo principal de la meditación.

Dado que los lamas del linaje son los maestros espirituales que forman una línea directa desde el fundador de las enseñanzas hasta nuestros días, hacerles peticiones focalizadas es una forma muy poderosa de recibir bendiciones. Hay una sencilla oración llamada «Peticiones especiales para los tres grandes propósitos» que resume todos los deseos. Es estupenda para recitarla.

> Me postro y pido refugio al *guru* y a los Tres Raros Sublimes. Por favor, bendecid mi mente.

Por favor, bendecidnos a mí y a todos los seres sintientes para que cesen inmediatamente todos los conceptos erróneos, desde la falta de respeto hasta el amigo virtuoso, pasando por las sutiles apariencias duales de aspecto blanco, el aumento rojo y el oscuro logro cercano.

Por favor, bendecidnos para que generemos inmediatamente todas las realizaciones correctas, desde el respeto al amigo virtuoso hasta la unificación de no más aprendizaje.

Por favor, bendecidnos para que apacigüemos inmediatamente todos los obstáculos externos e internos.[27]

La primera petición solicita al *guru*[28] y a los Tres Raros Sublimes (y por lo tanto a todos los lamas del linaje) que te permitan terminar con todas las visiones erróneas que tienes actualmente, desde la visión errónea fundamental al comienzo mismo del *lamrim*, la falta de respeto al *guru*, hasta la visión errónea más sutil, la última que debes abandonar para alcanzar la iluminación, las tres apariencias dualistas justo antes de alcanzar la luz clara: las apariencias blanca, roja y oscura.[29]

La segunda petición es generar todas las realizaciones correctas, de nuevo desde la más fundamental, la devoción al *guru*, hasta la última, la unificación del no más aprendizaje, que es el estado de budeidad.

Por último, pides que se apacigüen todos tus obstáculos externos e internos. Existen diversas interpretaciones de esta línea. Una forma de explicarla es que «externos» se refiere a otras personas que te impiden practicar el *dharma*, como estar bajo el control de reyes o poderes exteriores. Los obstáculos internos son las enfermedades y los engaños. Pides que todos esos obstáculos externos e internos se apacigüen inmediatamente.

Todo lo que necesitas está aquí. Esta petición me parece muy eficaz para la mente, sobre todo porque purificas tus votos *samaya* rotos, el karma negativo concreto acumulado en relación con el amigo virtuoso.[30] Luego, al meditar que tú y todos los seres sintientes estáis bajo la protección del *guru*, recibes unas bendiciones increíbles.

También hay muchas oraciones a los lamas del linaje que son muy inspiradoras, como la que se dirige a los lamas del linaje *lamrim* dentro de la práctica *Lama Chöpa Jorchö*. En esa oración aparecen los nombres y los logros de los maestros de los distintos linajes, como Maitreya y Asanga como maestros del linaje del Método, Manjushri y Nagarjuna como maestros del linaje de la Sabiduría, y los diversos maestros de los linajes Kadam,[31] así como oraciones a los *gurus* más recientes, como Su Santidad Zong Rinpoche y Su Santidad el dalái lama. Concluye así:

> Ojos que ven todas las escrituras infinitas,
> puerta suprema para los afortunados que viajan hacia la liberación,
> comprometiéndose con medios hábiles movidos por el amor:
> a los amigos espirituales iluminadores, pido.
> Que no dé lugar a la herejía ni por un segundo
> con respecto a las acciones del glorioso *guru*.
> Que pueda ver cualquier acción que se haga como las intachables [acciones
> [de un buda.
> Con esta devoción, que pueda recibir las bendiciones del *guru* en mi
> [corazón.[32]

La culminación

Tras las prácticas preliminares viene el cuerpo principal de la sesión de meditación, tanto si se trata de una meditación *lamrim* como de una práctica de calma duradera, de una práctica de deidad tántrica, o de cualquier otra. Una vez concluida la meditación, debe acabarse la sesión con oraciones de dedicación, dedicando los méritos que se han generado durante ella.

Las oraciones de dedicación son absolutamente fundamentales. Generar méritos es algo excepcional, mucho más que encontrar la joya más preciosa. Normalmente abundan los pensamientos no virtuosos y no dejan que surja el más mínimo pensamiento virtuoso. Como dice Shantideva en *Guía para el modo de vida del bodhisattva*:

> Solo a través de la inspiración de los despiertos,
> a veces surge en un ser humano, por un instante,
> un pensamiento dirigido al bien,

igual que el relámpago brilla tan solo un instante en un cielo nocturno [nublado.[33]

Así pues, cuando hagas algo virtuoso, aunque solo sean unos minutos de meditación respiratoria, es esencial que al final de la sesión lo dediques para que la energía no se pierda. De lo contrario, es muy posible que el mérito que hayas acumulado al hacer la meditación sea destruido por alguna emoción negativa potente, como la ira o un punto de vista equivocado. Las huellas positivas que has colocado en tu flujo mental se quemarán y serán incapaces de producir un resultado, del mismo modo que el grano que se quema al fuego no puede germinar y convertirse en planta.

La ira puede surgir muy fácilmente. Incluso algo pequeño, como que un amigo te insulte o te lance una mirada rara, puede avivar la ira. Es una cosa pequeña, pero tiene el potencial de causar un gran daño. Del mismo modo, puede surgir también fácilmente la herejía, sostener una opinión equivocada sobre las enseñanzas del Buda o faltar al respeto al *guru*, cosa que destruirá por completo cualquier mérito que no hayamos dedicado.

Debido a su importancia, la práctica de la dedicación no es algo que deba hacerse solo al final de una sesión de meditación, sino siempre que hayas hecho algo virtuoso y acumulado algo de mérito, por poco que sea. Por ejemplo, si le has dado un puñado de comida a un perro con la motivación de la *bodhichitta*, debes dedicar ese mérito de inmediato; eso lo sellará a tu flujo mental.

Es inútil dedicar tus méritos a la felicidad mundana. Llevas experimentándola desde vidas inmemoriales hasta ahora, pero aún no estás libre de engaños. Tampoco deberías dedicar tus méritos únicamente a tu propia liberación. En lugar de eso, deberías dedicarlos a alcanzar la iluminación en beneficio de otros seres sintientes.

CAPÍTULO 5

Establecer una práctica

Mantener una práctica de meditación regular es el hábito más positivo que podemos desarrollar, ya que nos permite profundizar en nuestra comprensión de los temas del *dharma* que estamos estudiando. Nos hace más conscientes de lo que hacemos a lo largo del día y garantiza que todo cuanto hagamos sea lo más virtuoso posible. Aquello sobre lo que meditamos por la mañana debe permanecer con nosotros, coloreando nuestras acciones y haciendo que sean puro *dharma*. Implica que haya mucha menos confusión y preocupación en nuestra vida, ya que entendemos la naturaleza de cualquier problema que se nos presente y podemos hacer algo para paliarlo. Cuando algo va mal, estamos más relajados, más felices y somos más capaces de resolver el problema.

A medida que profundizamos en nuestra práctica, nuestra mente va estando menos confundida por la negatividad. De algún modo, algo se desbloquea, la mente se abre. Comprendemos las cosas a un nivel más profundo, principalmente debido a la purificación que se da de forma natural cuando meditamos.

Puesto que meditar es familiarizarnos con un objeto virtuoso, deberíamos meditar *continuamente*, repasar un tema una y otra vez. A menos que se repita, es muy difícil que la meditación sea eficaz. Y mediante la repetición estamos creando un hábito muy positivo. Al principio seremos incapaces de retener nuestro objeto de meditación más de unos segundos, pero si volvemos al objeto una y otra vez —y día tras día—, nuestra capacidad de concentración mejorará y obtendremos una comprensión cada vez más profunda.

Lo principal es cuidar la mente, intentar ser consciente de sus diferentes estados y mantenerla pura. Las autoridades municipales gastan mucho cuidado en mantener puro el suministro de agua de una ciudad para evitar que la gente se intoxique por una fuente contaminada. Del mismo modo, debemos cuidar la mente, que es la fuente de todas las acciones positivas o negativas, las acciones que traen la felicidad o la confusión. Mediante la práctica regular de la meditación, si vigilamos nuestra mente continuamente y utilizamos lo que aprendemos en nuestras meditaciones, podemos disminuir y eliminar las mentes insumisas como la ira, la ignorancia o el orgullo, y desarrollar todas nuestras cualidades positivas.

Purificación, acumulación de méritos y *Guru Yoga*

Cuando el lama Tsongkhapa preguntó a Manjushri qué había que hacer para generar rápidamente las realizaciones del camino, Manjushri aconsejó tres cosas:

- Purificación (*sansargi*, *jangwa*).
- Acumulación de méritos (*punya*, *sönam*).
- *Guru yoga* (*lama naljor*).

Si realizamos estas tres prácticas a conciencia, las realizaciones llegan rodadas, sin muchas dificultades, sin necesidad de esperar muchas vidas. Por otro lado, si no incluimos estas tres prácticas en cualquier práctica de meditación que hagamos, la meditación será seca y el progreso lento, con impedimentos que surgirán todo el tiempo.

En este momento, nuestra mente es como un desierto, árida y muy cálida. Si no la fertilizamos y la humedecemos con las prácticas gemelas de purificación y acumulación de méritos, además de una práctica de *guru yoga*, da igual cuántas semillas plantemos, porque no podrá crecer gran cosa.

Alcanzar realizaciones depende de muchos factores. En primer lugar, debemos *abstenernos de cometer acciones negativas*, pero eso es muy difícil porque nos hemos habituado a la no virtud durante incontables vidas. En segundo lugar, debemos *destruir las semillas de las acciones negativas* que permanecen en nuestro flujo mental para que nunca puedan madurar y convertirse en sufrimiento. Y en tercer lugar, también hemos de *acumular méritos*.

Alcanzar una realización cualquiera depende de que se perfeccionen todas las condiciones. A menudo se compara con cultivar una flor. Además de que la semilla no se pudra ni se queme, para que se convierta en flor es necesario que se den todas las condiciones adecuadas: la tierra perfecta, el agua perfecta, el calor perfecto, etcétera.

Normalmente, cuando intentamos meditar empezamos por situar la mente en el objeto de meditación elegido, como la respiración o la imagen del Buda, y al cabo de unos segundos está en otro lugar completamente diferente y nuestra concentración desaparece como una nube en un día caluroso.

La mayoría de las veces, lo que surge en la mente es algo o alguien material al que estamos apegados. Podemos pasarnos horas construyendo una larga historia, como si estuviéramos viendo una película. La mente se mueve mucho, como soplada por un viento muy fuerte, saltando de objeto deseable a objeto deseable. Aunque consigamos meditar cinco minutos al principio, el resto de la hora ¡estamos haciendo un gran viaje! A veces estamos ocupados en Occidente, otras viajando por Nepal, la India o Indonesia. El apego a los placeres sensoriales externos es la causa principal de la dispersión de los pensamientos, uno de los dos obstáculos principales a nuestra meditación.

Los bloqueos a nuestra práctica de meditación provienen de las semillas kármicas negativas que hemos acumulado a lo largo de incontables vidas. Pabongka Rinpoche explica que en todos nuestros innumerables renacimientos hemos acumulado una reserva de las semillas de cada negatividad igual al número de objetos preciosos que hay en la tesorería de un rey que gira la rueda; es decir, incalculables. Todas ellas están en nuestro continuo mental esperando a madurar.

Como nuestra mente es muy débil y nuestros engaños muy poderosos, casi todas las acciones que realizamos están motivadas por preocupaciones mundanas, el deseo de felicidad en esta vida, lo que significa que todo es no-virtud. La preocupación mundana nos mantiene en la cama en un día frío en lugar de hacer esa hora de meditación antes de ir a trabajar. Decimos que no encontramos tiempo para meditar, pero parecemos tener mucho tiempo para comer y beber, mucho tiempo para hablar, mucho tiempo para dormir. Y aunque tengamos tiempo de sobra para meditar, nuestra mente agitada no nos permite hacerlo.

Mientras que acumular virtud es como hacer rodar una enorme roca hasta la cima de una montaña, crear no-virtud es increíblemente fácil; sucede descontroladamente, como la roca cayendo montaña abajo. A menudo, crear no-virtud también se compara con una cascada, por la forma en que nuestras negatividades caen sobre nosotros. En *Guía para el modo de vida del bodhisattva*, Shantideva dice:

> Por el pecado de un instante
> se cae en el infierno avici toda una edad cósmica;
> pero, si se trata del pecado acumulado desde tiempos inmemoriales,
> ¿cómo se puede hablar de buenos destinos?[1]

Ya que es tan importante evitar incluso la más mínima acción negativa y esforzarnos por realizar hasta la más ínfima acción positiva, hemos de vigilar nuestra mente en todo momento, estar pendiente por si surge el más mínimo pensamiento perturbador y, si lo hace, evitarlo inmediatamente.

No solo debemos abstenernos de cometer acciones no virtuosas, sino también purificar las huellas de las anteriores que están asentadas en nuestro flujo mental, listas para madurar en cualquier momento. Ambas cosas son de vital importancia. Si no dejamos de crear no-virtud, por mucho que purifiquemos, será inútil. Purificamos, pero siempre hay algo nuevo que purificar. Como un elefante que se limpia toda la suciedad lavándose en el río y se revuelca nada más salir de él, nuestra necesidad de purificarnos no tendrá fin. Como tampoco lo tendrán las postraciones que debamos hacer y los retiros de Vajrasattva que hagamos.

Por otro lado, purificar nuestro karma negativo anterior sin crear nuevo karma negativo es el método infalible para liberar nuestra mente de las ofuscaciones que nos roban la felicidad ahora y en el futuro y que nos cierran el paso de todas las realizaciones. Y la mente más poderosa que hay que tener mientras nos purificamos es la *bodhichitta*. Si podemos recitar aunque solo sea un mantra de Vajrasattva con la *bodhichitta*, recibimos el mismo beneficio que si lo hubiéramos recitado cien mil veces.

Cómo purificarse

Cuando hacemos una práctica potente de purificación podemos destruir las huellas incluso de un karma negativo muy pesado. Cuando nuestra purificación es menos potente, el pesado karma negativo se debilita, pero no se destruye por completo. Eso significa, por ejemplo, que en la próxima vida, en lugar de experimentar el renacimiento en un reino inferior, el karma se agotará experimentando una enfermedad o algún otro problema en esta vida.

De las muchas maneras de purificarse, los textos de *lamrim* suelen enumerar seis:

- Postrarse y recitar los nombres sagrados de los budas, tales como los Treinta y cinco Budas.
- Recitar mantras de purificación, como el mantra de Vajrasattva.
- Fabricar objetos sagrados como *thangkas*, estatuas y *tsatsas*.[2]
- Recitar textos del *Prajnaparamita* (*perfección de la sabiduría*) como el *Sutra del corazón de la sabiduría* o el *Sutra del cortador del diamante*.
- Meditar sobre la vacuidad, la *bodhichitta* y temas similares.
- Hacer ofrendas al Buda, al *dharma* y a la *sangha*.

Existen prácticas de meditación específicas diseñadas para purificar deprisa nuestro flujo mental, como la práctica de Vajrasattva, pero también hay otros métodos muy eficaces. La purificación y la acumulación de méritos forman parte de todas las prácticas de deidad, implícita o explícitamente, como en la sencilla meditación del Buda Shakyamuni. Una práctica de purificación mucho más amplia es el increíblemente poderoso retiro *nyungné* de ayuno de dos días, basado en oraciones y postraciones ante Chenrezig, el buda de la compasión. Al ayunar y centrarnos en el sufrimiento de los demás, nuestra mente se limpia de egoísmo.

Otro método de purificación tremendamente eficaz es la práctica de los Treinta y cinco Budas, en la que visualizamos a los treinta y cinco budas y nos postramos ante cada uno de ellos mientras decimos su nombre. Es muy bueno hacer esto cada día, sea por la noche antes de acostarnos o en cualquier momento que podamos. Purifica cualquier karma negativo que hayamos generado durante el día.

Dado que Vajrasattva es la deidad específica para la purificación, recitar el mantra de Vajrasattva a diario o en un retiro largo —normalmente tres meses con cien mil mantras— se considera el método supremo de purificación. Esta práctica tiene la capacidad no solo de purificar nuestras acciones no virtuosas en general, sino incluso las negatividades más graves, como la ruptura del *bodhisattva* o de los votos tántricos.

Se recomienda recitar cada día veintiuna veces el mantra largo de cien sílabas o veintiocho veces el mantra corto[3] para detener el aumento de cualquier karma negativo que hayamos acumulado durante el día, así como para purificar el karma negativo acumulado durante esta vida y las vidas anteriores inmemoriales. Evidentemente, recitar un *mala* completo del mantra largo es más potente que hacerlo solo veintiuna veces, pero aunque no podamos hacerlo antes de irnos a la cama cada noche, uno más corto purificará nuestras negatividades.

Poder hacer un retiro de Vajrasattva de tres meses es realmente maravilloso. Se dice que el mantra de Vajrasattva es tan poderoso que recitarlo cien mil veces purifica cualquier transgresión de los votos tántricos raíz, e incluso los cinco karmas negativos graves sin interrupción y los cinco karmas negativos casi graves sin interrupción.[4] Así pues, ¿qué hay en la vida que valga más la pena hacer que esto?

Otra forma de purificarse es fabricando objetos sagrados, pero también sirve teniéndolos en casa, tantos como sea posible, y postrándonos ante ellos con las palmas de las manos juntas cada vez que entramos en la habitación donde estén.

Recitar textos es una forma increíblemente poderosa de purificar las negatividades, sobre todo los *sutras* sagrados como el *Sutra Arya Sanghata*, el *Sutra del cortador del diamante* y el *Sutra del corazón de la sabiduría*, como lo es también meditar sobre la vacuidad o sobre la *bodhichitta* y hacer ofrendas a los Tres Raros Sublimes.

Los cuatro poderes oponentes

La purificación no depende únicamente del número de mantras recitados. Como explica Pabongka Dechen Nyingpo, la eficacia de la purificación depende tanto del fuerte arrepentimiento como de la firme determinación de no volver a cometer la acción negativa.

Con estos dos factores, la purificación se vuelve tremendamente poderosa, sobre todo cuando se realiza dentro de la práctica conocida como los *cuatro oponentes*. El lama Tsongkhapa dice que al apreciar la práctica de los cuatro poderes oponentes no solo purificamos las manchas de las acciones negativas que hemos llevado a cabo en el pasado, sino que también nos alejamos de volver a realizarlas en el futuro. Los cuatro poderes oponentes son los siguientes:

- el poder del objeto,
- el poder del arrepentimiento,
- el poder de la resolución,
- el poder del remedio.[5]

Basándonos en un fuerte refugio en el Buda, el *dharma* y la *sangha*, el *objeto*, observamos las negatividades que hemos cometido y sentimos un auténtico *arrepentimiento*, reflexionando sobre la falla de generar karma negativo. Cuanto más arrepentimiento seamos capaces de sentir, más potente será nuestra purificación y mayor el karma negativo y las ofuscaciones que purificaremos. Esto nos lleva naturalmente a tomar la decisión de no volver a cometer tales acciones: el tercer poder de la *resolución*. Basándonos en esto, realizamos una práctica de purificación, como recitar mantras de Vajrasattva o prosternaciones. Este es el poder del *remedio*. Cualquier práctica virtuosa que hagamos es el remedio para nuestro karma negativo, de manera que ese cuarto poder puede ser leer un texto que explique la vacuidad, meditar sobre la *bodhichitta* o cualquier acción virtuosa de cuerpo, palabra o mente.

Cuando realizamos una práctica de purificación concreta, como la de Vajrasattva, a menudo invertimos los dos últimos poderes, visualizar la deidad de purificación y recitar los mantras —el remedio— y luego, antes de que la deidad se disuelva en nosotros, tomamos la resolución de no volver a realizar la acción.

Es muy bueno realizar esta práctica tres veces por la mañana y luego tres veces conforme avanza el día, quizá después de comer, y una vez por la noche antes de ir a la cama. También se puede hacer tres veces por la noche. Purificar de este modo nuestras negatividades de forma potente y continuada contribuye a asegurar que cualquier karma negativo que hayamos generado no se manifieste como sufrimiento. Aunque los efectos de una acción negativa que hayamos cometido hoy no queden del todo purificados por esa práctica de purificación, sin duda se verán reducidos, por lo que merece mucho la pena convertir la purificación con los cuatro poderes en una parte habitual de nuestra práctica del *dharma*. La purificación es como un fuego y las negatividades son el grano que se quema en ese fuego.

Acumular méritos

Mérito se refiere a las huellas positivas que dejan en nuestra mente las acciones virtuosas. Hay dos tipos de méritos: el *mérito de la sabiduría* y el *mérito de la virtud*. El mérito de la sabiduría (*jnanasambhara*, *yeshé kyitsok*) desarrolla el lado de la sabiduría del camino meditando sobre la vacuidad para alcanzar la mente santa del buda, el *dharmakaya*; y el *mérito de la virtud* o el *mérito de la fortuna* (*punyasambhara*, *sönam kyitsok*) desarrolla el método del camino mediante la práctica de la paciencia, la ética, la compasión, etcétera, para alcanzar el cuerpo sagrado del buda, el *rupakaya*.

El budismo tibetano pone gran énfasis en acumular méritos porque sin méritos no puede haber felicidad. La felicidad no surge de la no-virtud, solo de la virtud, así que sin méritos no se puede lograr nada positivo.

En cuanto se completa el trabajo de acumular muchos méritos y purificar todas las ofuscaciones, somos un buda. En tibetano, «buda» se dice *sangyé*, que significa aquel que ha eliminado totalmente (*sang*) todas las ofuscaciones que velan la mente y ha desarrollado plenamente (*gye*) todas las buenas cualidades hasta la perfección. Mientras quede algún mérito por generar y alguna impureza por purificar, no habrá mente omnisciente. Ni siquiera los arhats, que han logrado liberarse del *samsara* y poseen unos poderes psíquicos increíbles, no pueden realizar un trabajo perfecto para los demás porque no han completado las dos acumulaciones de sabiduría y virtud.

Tenemos que crear en nuestro flujo mental tanto potencial positivo como podamos y guardarlo bien. Como ya he dicho antes, la única manera de evitar que los resultados de una acción virtuosa se pierdan es dedicando los méritos que hemos generado. En cuanto hagamos algo positivo, debemos dedicarlo como la causa de que nos iluminemos por el bien de todos los seres sintientes. Es como fijarlo a nuestro flujo mental. De lo contrario, a la mente negativa le resultará facilísimo destruirlo. En las enseñanzas se menciona que dedicar nuestros méritos de este modo es como echar una gota de agua al océano. Mientras exista el océano, la gota existirá. Por lo tanto, debemos aprovechar todas las oportunidades de conseguir méritos.

Guru Yoga

Junto con la purificación y la acumulación de méritos, el tercer consejo de Manjushri para conseguir realizaciones es practicar el *guru yoga*. De hecho, seguir correctamente al amigo virtuoso, que es la esencia del *guru yoga*, es la integración de los otros dos. Cuando sentimos una devoción por el *guru* correcta, todo lo demás llega fácilmente. Como dice el Quinto dalái lama:

Cuando el *guru* perfecto y el receptáculo perfecto —el discípulo— se [encuentran,
la iluminación llega como moldear masa con las manos.

Con un pedazo de masa y nuestras manos podemos hacer muchas cosas fácilmente: *momos*,[6] pan o pasteles. Del mismo modo, con la devoción al *guru* podemos generar fácilmente una mente iluminada como si le diéramos forma con las manos. Para ello debemos ser el discípulo perfecto, alguien capaz de poner en práctica los consejos del *guru* y de soportar las dificultades que se presenten.

Entre todas las cosas, el *guru* es lo más poderoso. En el *Samputa Tantra* se dice:

Hacer ofrendas a un poro del *guru* supera hacer ofrendas a todos los budas [de los tres tiempos.[7]

«Un poro del *guru*» puede significar un discípulo, un marido o una esposa, un hijo, un amigo, un vecino o hasta la mascota del *guru*. Incluso dar un vaso de agua o una cucharada de comida a un perro o a un pájaro que pertenezca al *guru* acumula el mayor de los méritos. Y los textos tántricos explican que seguir el consejo del *guru* genera mucho más mérito que hacer todas las prácticas preliminares durante muchos, muchos años.

En *El fundamento de todas las buenas cualidades*, el lama Tsongkhapa dice:

El fundamento de todas las buenas cualidades es el *guru* amable y perfecto;
seguir correctamente al *guru* es la raíz del camino.
Habiendo visto yo esto claramente y aplicado un gran esfuerzo,
por favor, bendíceme para que confíe en el *guru* con gran respeto.[8]

Dedicarse correctamente al amigo virtuoso es el comienzo del camino hacia la iluminación. Sin duda en el camino encontraremos obstáculos, y el medio más hábil de superarlos es practicar el *guru yoga*, seguir correctamente al *guru*.

Hay muchas historias que nos lo demuestran. Milarepa fue capaz de llegar a la iluminación en una vida siguiendo perfectamente a su *guru*, Marpa. Tilopa, el *guru* del gran yogui Naropa, le hizo pasar por doce grandes adversidades y por doce adversidades menores antes de estar dispuesto a iniciarlo en una deidad tántrica superior e instruirlo. Por lo tanto, cuando mostramos devoción por el *guru* y seguimos sus consejos, deberíamos regocijarnos por estar llevando a cabo la mejor práctica preliminar, tal como hicieron Milarepa y Naropa.

Dice Sakya Pandita[9]:

> Aunque los rayos del sol están muy calientes,
> sin una lupa no pueden encender un fuego.
> Lo mismo ocurre con las bendiciones de los budas:
> sin el *guru* no pueden entrar en el discípulo.[10]

Igual que necesitamos una lupa para hacer que los rayos del sol prendan fuego a la madera, necesitamos al *guru*. Aunque los budas tengan cualidades maravillosas como una compasión increíble, sin el *guru* no podemos recibir sus bendiciones.

Puesto que el lama Tsongkhapa fundó la tradición Geluk del budismo tibetano, dentro de nuestro linaje muchas de las prácticas del *guru yoga* lo toman como el *guru* raíz, como toda la *Guru Puja* (lama Chöpa) o el *Guru Yoga* del lama Tsongkhapa (Ganden Lha Gyama). También existen las versiones extensas y cortas del *Guru Yoga*, de seis sesiones[11] y oraciones como «Llamando al *guru* desde la distancia».

Cuando practicamos el *Guru Yoga* del lama Tsongkhapa, el Guru lama Tsongkhapa entra en nuestro corazón y tratamos de recordarlo en él durante el resto del día. Del mismo modo, debemos mantener constantemente en el corazón a nuestro propio *guru* y hacer nuestro trabajo para él o ella. Entonces, todo lo que hagamos desde la mañana hasta la noche se convierte en *guru yoga*.

El primer retiro que hice en el Tíbet justo antes de escapar fue sobre *Guru Yoga* del lama Tsongkhapa, pero no tenía ni idea de lo que estaba haciendo. El monje que se ocupaba de mí, Losang Gyatso, me dio el texto, pero no me explicó nada, y en aquel momento yo no tenía la capacidad de entenderlo. Creo que acabé recitando cien mil *Migtsemas* y luego hice una ofrenda de *tsok*.[12] Esa misma noche huimos del Tíbet.

Un mapa para un día completo

Es fundamental desarrollar una práctica de meditación regular y existen muchas formas de hacerlo, en función de tus aspiraciones individuales y del tiempo de que dispongas.

Una forma hábil de practicar es comenzar la meditación matutina con una práctica de purificación, como hacer postraciones mientras se recitan los nombres de los Treinta y cinco Budas. Después, antes de empezar un *lamrim* u otra meditación, debes realizar una práctica de devoción al *guru*.

Es importante empezar cada día desarrollando la mente en la devoción al *guru* haciendo alguna forma de práctica de *guru yoga*, que continuarás hasta que alcances una realización estable. Durante un rato, incluso diez o quince minutos, deberías entrenarte en ver al *guru* y al Buda como inseparables hasta que sientas en lo más profundo del corazón, sin ninguna sombra de duda, que no hay separación entre ellos, como verter agua en el agua.

Después de eso, haz cualquier meditación que quieras desarrollar, como una meditación *lamrim* sobre un tema en particular, una meditación *shamatha* o una práctica tántrica. Si estás haciendo una meditación *lamrim* regular, puedes trabajar lentamente los tres niveles de los seres capaces inferiores, medios y superiores para entrenar tu mente en el camino completo.

No te quedes fijo en un tema. Pabongka Dechen Nyingpo advierte que si solo haces una meditación durante toda tu vida, es posible que no alcances ni siquiera esa realización y acabes sin nada. Por ejemplo, aunque por supuesto meditar sobre la impermanencia y la muerte se considera fundamental porque corta el fuerte deseo de aferrarse a esta vida, no basta con dedicar toda la vida a ello, por muy beneficiosa que sea la meditación. Si te quedas solo en esa meditación, no podrás eliminar la raíz del *samsara* y realizar la vacuidad. Necesitas progresar hasta la siguiente etapa. Así pues, él aconseja que una forma rápida de alcanzar la realización del *lamrim* es hacer varias meditaciones diferentes.

También es muy importante desarrollar el *shamatha*, llevar la mente desde su adaptación a los objetos externos hasta la mente misma, permitiéndote descubrir cosas sobre ti mismo que normalmente no ves. Cuando logras un grado de concentración, la mente se vuelve tremendamente poderosa, lo que ayuda en todas las otras prácticas que hagas.

Esta es mi sugerencia para ti si realmente quieres transformar tu mente y hacer que tu vida tenga más sentido. Empezar cada día con una práctica de purificación, una meditación de revisión, una meditación sobre la devoción al *guru* y otro tema de *lamrim*, con diligencia, puede permitirte alcanzar la realización de la devoción al *guru*, que hace que todas las demás realizaciones lleguen fácilmente. Si eres lo bastante afortunado —si tienes suficientes méritos—, entonces es posible que puedas alcanzar en una sola vida los tres aspectos principales del camino e incluso las dos etapas del tantra.

Durante el resto del día debes recordar siempre la meditación que has hecho por la mañana, sobre todo cuando exista el peligro de que surja una mente enfadada o insatisfecha: ese es el momento de practicar el *dharma*. La sesión de meditación debería haber creado una energía muy positiva que se transmite a todo lo demás que hagas, lo que te permitirá hacer frente a los problemas y evitar cualquier situación potencialmente negativa del cuerpo, la palabra o la mente.

Una vez generada la motivación *bodhichitta* en la sesión, debes intentar vivir tu vida para los demás, hacer todo lo que puedas por los demás. Con una motivación *bodhichitta*, cada acción se transforma en la causa de la iluminación. De este modo, cada segundo de tu vida es muy significativo.

Además de las meditaciones *lamrim* de la mañana, también recomiendo que cada noche hagas una meditación sobre la vacuidad para ir familiarizándote con el tema. Y antes de irte a la cama debes purificar cualquier negatividad adquirida durante el día haciendo una práctica de Vajrasattva, aunque solo sea diciendo el mantra largo de Vajrasattva veintiuna veces o el corto veintiocho veces. Eso purificará cualquier acción negativa que hayas hecho durante el día.

Finalmente, puesto que toda sesión de meditación debería acabar con una dedicatoria perfecta, al final del día deberías dedicar todos los méritos acumulados durante la jornada. Hay muchas oraciones de dedicatoria estándar, como las que aparecen en los libros de oraciones de la FPMT. *El rey de las oraciones*[13] es maravillosa pero bastante larga. No obstante, aunque no puedas recitarla, hay oraciones de dedicación de tan solo unos cuantos versos, y es muy bueno recitarlas. Lo que estás haciendo es básicamente rogar que tu vida sea lo más productiva y beneficiosa que pueda ser para los demás seres sintientes.

Planificar el año

Del mismo modo que es bueno una buena planificación diaria de meditación, puedes hacer un plan general para todo un año o más. Por ejemplo, durante el primer año puedes planificar centrarte principalmente en las meditaciones del camino gradual del ser capaz inferior, y ese año pasarlo meditando paso a paso desde el renacimiento humano perfecto hasta el karma. Luego, el año siguiente, puedes centrarte sobre todo en el camino gradual del ser capaz medio, básicamente para desarrollar algún sentimiento de renuncia de todo el *samsara*. Al año siguiente tu enfoque principal puede ser las meditaciones sobre la *bodhichitta*, y luego, al año siguiente, puedes dedicar tiempo a meditar sobre la vacuidad.

Eso no significa que en ese tiempo no toques ninguna otra meditación. Como he dicho, es bueno comenzar cada día con la devoción al *guru*, así como con una meditación sobre la vacuidad en algún momento del día. Pero este plan plurianual es una manera de meditar sobre el *lamrim* para alcanzar las realizaciones de los tres aspectos principales del camino. Evidentemente, puedes meditar sobre la *bodhichitta* mientras meditas sobre el camino inferior, pero mi sugerencia es que te centres principalmente en un tema a la vez.

He hablado de dedicar un año a cada camino, pero de hecho el tiempo que dediques a cada uno de ellos no es lo más importante. Lo primordial es que cuando alcances un nivel de realización avances hasta el siguiente.

CAPÍTULO 6

Desarrollar el *shamatha*

El *shamatha* en el budismo tibetano

Oirás muchos nombres para la meditación focalizada sobre un objeto. En sánscrito se dice *shamatha*.[1] El término tibetano, *shiné*, está formado por *shi*, que significa «calma» o «paz», y *né*, que significa «permanecer» o «quedarse». De ahí surge «calma duradera», en referencia al estado en el que la mente es capaz de descansar mientras está del todo concentrada, imperturbable ante la dispersión o el embotamiento (a menudo llamados *agitación* y *laxitud* o *flojera*).

En *Un himno de experiencia* (*Lamrim nyamgur*), el lama Tsongkhapa dice:

> La concentración es un rey que reina en la mente:
> cuando está en su lugar, es tan inamovible como el Monte Meru;
> cuando se lanza adelante, involucra a todos los objetos virtuosos.
> Induce la gran bendición de un cuerpo y una mente serviciales.
> Entendido esto, los señores de los yogis confían continuamente
> en la estabilización meditativa que destruye al enemigo, la distracción.
> Tú, *guru* perfecto, practicaste en ese camino.
> Yo, que busco la liberación, practicaré también en ese camino.[2]

Hasta que no hayamos alcanzado un buen grado de concentración a través de la práctica del *shamatha*, resulta tremendamente difícil evitar que nuestra mente vaya donde quiera, que corra hacia pensamientos no virtuosos y huya de los virtuosos. Tras alcanzar el *shamatha*, la mente sigue la virtud de forma fácil, natural, constante. Con el *shamatha*, la mente es estable, como una gran montaña inamovible.

Cuando nos visitó al lama Yeshe y a mí, nuestro querido amigo y gran meditador Gem Jampa Wangdu solía decir: «Hasta que no alcanzas el *shamatha*, lo que llamas meditar no es meditar». Para enfatizar sus palabras, hacía ondear las manos a su alrededor al hablar. Creo que era porque él mismo había tenido esa realización. Gracias a una gran perseverancia, era capaz de meditar tanto tiempo como quería, manteniendo la mente virtuosa incluso fuera de las sesiones de meditación.

Por lo general, cuando se tiene algo de claridad mental resulta más fácil recordar las cosas, mientras que cuando la mente está más nublada y agitada recordamos menos. Hay veces en que no podemos recordar las cosas más cercanas, como los nombres de nuestros amigos. Sin embargo, a través de la práctica y cuando se cumplen determinadas condiciones —cuando nos liberamos de la preocupación habitual por el apego, la ira, etcétera—, se hace más fácil recordar las cosas, desarrollar compasión y entender la naturaleza de la realidad. Esto se debe a que hemos dejado que la mente se asiente, del mismo modo que un vaso de agua turbia agitada se aclara cuando dejamos que los sedimentos se asienten en el fondo.

Muchas personas nacen con aptitudes mentales especiales, como la capacidad de recordar vidas pasadas, mientras que otras la desarrollan durante la vida a través de prácticas concretas, como meditar sobre determinadas deidades. Se trata de una forma común de clarividencia. La clarividencia más fiable, sin embargo, es la que llega al alcanzar el *shamatha*. El *shamatha* tiene nueve etapas y a medida que avanzamos por ellas vamos superando los obstáculos a la claridad; los pensamientos dispersos burdos y el embotamiento burdo se hacen más sutiles y van disminuyendo hasta desaparecer por completo.

Solo cuando el embotamiento y el pensamiento que dispersa han cesado por completo, solo entonces, tenemos una concentración focalizada, el *shamatha* perfecto, sin ningún obstáculo. Cuando esto sucede en la novena etapa, experimentamos el éxtasis exultante y tremendamente refinado del cuerpo y la mente. Dicen que el LSD no es comparable a esa sensación. ¡Estoy bromeando! Pero sin duda no hay comparación posible con cualquier experiencia común que llamemos «felicidad».

Para los budistas tibetanos, el *shamatha* se desarrolla bien mediante una práctica de deidad de Vajrayana, bien utilizando la imagen del Buda o de una deidad de meditación como objeto de meditación. Si bien se puede usar cualquier objeto, las ventajas de concentrarse de manera focalizada en un objeto virtuoso como ese son enormes. No solo alcanzamos el *shamatha,* sino que, al recordar constantemente al Buda, nos purificamos enormemente y generamos unos méritos increíbles.

Al principio no podemos mantener una visualización del Buda de manera clara, ni siquiera de un aspecto de su cuerpo sagrado. No solo eso, necesitamos hacer la imagen bastante grande. Pero con el tiempo nuestra visualización se va haciendo más clara y podemos reducir su tamaño, con lo que aumenta la intensidad.[3]

Cuando podemos hacer que el objeto sea claro manteniéndolo intensamente, entonces intentamos permanecer constantemente en el objeto de concentración. Cuando podemos permanecer *constantemente* en el objeto de meditación, manteniéndolo *intensa* y *claramente*, entonces hemos conseguido una concentración focalizada resistente.

Con el *shamatha*, la mente sigue los objetos virtuosos de forma natural. Aunque no es la liberación definitiva, es como si hubiéramos experimentado la liberación, ya que se da una libertad increíble. Las acciones virtuosas llegan sin esfuerzo y el cuerpo se siente tremendamente ligero, como algodón.

Sin embargo, la función más importante del *shamatha* es el apoyo que proporciona a nuestra realización de la vacuidad, y la vacuidad es fundamental para liberarse por completo del sufrimiento. Sin el *shamatha* es imposible realizar la vacuidad. Es su *Lámpara en el camino a la iluminación*, el lama Atisha explica:

> Cuando el practicante ha conseguido la calma duradera,
> alcanzará también una percepción mayor,

> pero sin la práctica de la perfección de la sabiduría,
> los impedimentos no desaparecerán.[4]

Con el *shamatha* y la vacuidad conseguimos la liberación. Y cuando el *shamatha* y la vacuidad se combinan con la *bodhichitta*, la iluminación está asegurada.

Los prerrequisitos para el *shamatha*

Al final de *Los tres aspectos principales del camino*, el lama Tsongkhapa dice:

> De este modo alcanzas la realización exacta de los puntos fundamentales de [los tres aspectos principales del camino.
> Recurre a buscar la soledad, genera el poder del esfuerzo
> y logra tu objetivo final con rapidez, hijo mío.[5]

Si deseamos alcanzar el *shamatha*, necesitamos las mejores condiciones posibles, y eso significa, si somos capaces de ello, ir a un retiro en un lugar tranquilo y propicio. Creo que es muy bueno que la gente que se toma en serio el desarrollo de sus meditaciones haga cuantos más retiros mejor. Para desarrollar bien el *shamatha* necesitamos cinco prerrequisitos:

- Vivir en un lugar propicio.
- Tener pocos deseos.
- Estar contento.
- Tener una moral pura.
- Renunciar a la vida mundana y abandonar las distracciones.

Vivir en un lugar propicio

Un comentario tántrico[6] dice que el lugar de retiro debe estar aislado pero ser muy especial. Debe tener agua cerca y los alrededores han de ser bonitos, como estar junto a un bosque lleno de flores, etcétera. En el bosque debe haber animales que canten canciones y bailen, tal vez por la noche, cuando intentamos dormir. Es broma. Pero en cualquier caso debe ser un lugar muy hermoso y tranquilo en el que queramos estar de veras.

Cuando quise buscar un lugar realmente tranquilo —no un lugar donde no hubiera ni un solo ruido, dudo que eso pudiera encontrarse—, oí hablar de una zona muy famosa de California, el Big Sur, donde la gente infeliz o deprimida iba a aliviarse durante un corto período de tiempo. Está cerca del océano y cuando bajas hacia él en coche por la montaña ves un montón de flores. Conseguimos un terreno y lo llamamos la Tierra de la calma duradera. La verdad es que no se encuentra en la situación habitual de un lugar de retiro tibetano, que suele estar en alto y tener una amplia vista que agrade a la mente y propicie la felicidad. La Tierra de la calma duradera está al pie de la montaña. Has de bajar y cruzar el bosque. Pero me parece que para los occidentales es diferente: a todo el mundo que ha hecho un retiro allí le ha gustado mucho y ha tenido una experiencia muy buena.

Tampoco es que no haya ruido. Hay una base militar cerca, así que se oyen aviones a reacción y alguna que otra vez incluso una bomba. También han aparecido osos. Una vez, mientras Roger Munro, un meditador que ha hecho retiros muy largos allí, estaba fuera, un oso rompió la puerta de su cabaña de retiro e intentó coger la comida de su nevera. Pero aunque la Tierra de la calma duradera tenga algunos problemas, no es un lugar donde haya elementos peligrosos como atracadores, ladrones, serpientes venenosas, etcétera, condición que aparece en el texto tántrico.

No debe tratarse de un lugar utilizado por reyes, ministros y demás, gente que sea *marungpa*, que significa seres malignos con un karma negativo muy pesado. Tampoco ha de ser un lugar habitado por dioses de este mundo y espíritus a los que no les guste el *dharma* ni sus practicantes y que deseen hacerles daño. Si practicamos en un lugar como ese, sobre todo como principiantes, antes de tener las realizaciones de la *bodhichitta*, la renuncia o la vacuidad, seremos incapaces de aplacar a esos espíritus y nos harán daño. En un lugar así, sin duda tendremos dificultades para practicar.

El texto dice que debe ser un lugar donde el sol salga bastante pronto, es decir, que no puede ser un lugar en el que no haya luz solar hasta tarde, como zonas montañosas donde las cumbres tapen el sol hasta media mañana y quede poco tiempo de luz natural para hacer cosas. Si vivimos en un lugar donde el sol sale pronto es más fácil que aumenten las virtudes.

Debe ser un lugar poco frecuentado por la gente, pero en el que sea fácil conseguir lo que necesitemos; supongo que se refiere a comida y otros básicos, como leña, gas o queroseno. Ha de ser un lugar libre de elementos poco saludables: la tierra, el agua, etcétera, no pueden causar enfermedades. Es importante enterarse antes de ir al retiro, porque a menudo pasa que la gente se pone enferma por agua contaminada y ha de irse. Con el fuego o la tierra no pasa tanto, pero el agua tiene que ser buena.

Tener pocos deseos y estar contento

Debemos tener pocos deseos. Es otra manera de decir que hemos de estar satisfechos con lo que tengamos: con la calidad o cantidad de materiales que tengamos, como el lugar, la ropa, la comida, etcétera. Con tener unas cuantas cosas debería bastar. Como Su Santidad el dalái lama dice a menudo, aunque vivamos en una choza de pasto y no tengamos más que agua para beber y harapos para vestirnos, si tenemos buen corazón y una mente contenta, hay mucha paz y felicidad en el corazón, mucho gozo en la vida.

Independientemente de cómo vivamos, lo más importante es que la mente viva en soledad. Nuestra mente vive en su cueva tanto si nuestro cuerpo vive aislado como si no. Podemos vivir en medio de una ciudad como Nueva York y llevar una vida ajetreada, pero si hemos renunciado a las preocupaciones mundanas, nuestra mente está en retiro. Por el contrario, podemos estar en una cueva en el Himalaya, pero tener la mente llena de deseos, físicamente en retiro pero no mentalmente. Solo cuando hemos renunciado a todos los asuntos mundanos carentes de sentido podemos completar los logros del camino.

El auténtico aislamiento es cuando cortamos el agarre a esta vida. Por lo general, también tenemos que estar aislados del pensamiento de autoestima y de la avaricia, la ignorancia que cree que el yo existe de verdad. Si lo conseguimos, dondequiera que vivamos —sea en la playa, en la ciudad más bulliciosa o en el hotel más lujoso—, estaremos en un lugar aislado. Ese lugar será nuestra ermita.

Gen Jampa Wangdu me animaba cuando yo dormía demasiado, porque era muy vago. Él vivía en Dharamsala, en una cueva que no era gran cosa dentro de una pared de roca bajo una gran piedra. Yo vivía montaña arriba, en el Centro de Retiro Tushita, comparativamente con lujo, con todo lo necesario para ayudarme en la práctica de los ocho *dharmas* mundanos, para apreciarlos y hacerlos más poderosos, motivo por el cual en mi habitación había muchas decoraciones. Su cueva era una geshé kadampa, para alguien que ha renunciado a su vida, sin decoraciones, solo la roca desnuda, y era tan bajita que no podías ponerte de pie ni estirar el cuerpo. Para dormir no había cama con colchón de muelles; se limitaba a poner hojas en el suelo y se sentaba encima. Allí era plenamente feliz.

Tener una moral pura

Vivir de acuerdo con la moral es fundamental. Sin ella no hay cimientos para las realizaciones, para la liberación ni para la iluminación. Lo bien que seamos capaces de concentrarnos sin obstáculos dependerá directamente de cuán moral sea nuestra vida.

Esto es especialmente cierto cuando intentamos alcanzar el *shamatha*, que depende de haber reunido las causas protegiendo bien nuestra moral. Si vamos a hacer un retiro de *shamatha* largo, que tengamos éxito y lo que nos cueste dependerá enteramente de lo pura que sea nuestra moral.

A partir de su propia experiencia, Geshé Lamrimpa[7] explica que cuando practicamos el *shamatha* somos muy sensibles a los cambios del clima y de los agregados que nos rodean. Que haga demasiado frío o demasiado calor puede afectar a nuestro poder de concentración, así que hemos de cuidarnos la salud y asegurarnos de que los cuatro elementos de nuestro cuerpo[8] estén equilibrados. También hace hincapié en que hemos de evitar a quienes han degenerado su *samaya*, las promesas hechas ante el *guru*. El karma negativo pesado lo contamina todo a su alrededor, incluida cualquier persona con la que se encuentre. Solo con estar en un lugar donde alguien haya roto su *samaya* con su *guru*, su contaminación mental puede afectarnos y dificultarnos la práctica. Su Santidad Zong Rinpoche decía que incluso el agua potable se contamina.

Renunciar a la vida mundana y abandonar las distracciones

El último prerrequisito también se denomina *evitar lo contrario de la calma duradera*, cosa que implica no solo evitar las distracciones de la vida mundana, que parece algo limitado, sino también evitar todos los conceptos distorsionados. Puesto que nos aferramos a la visión de los agregados cambiantes —ver el cuerpo y la mente (y todos los fenómenos) como permanentes e invariables cuando son justamente lo contrario—, nos aferramos al yo y a lo que es «mío», a la gente y a las cosas, lo que nos bloquea para evitar que nos centremos. Al ver las limitaciones que tiene aferrarse a los ocho *dharmas* mundanos podemos generar renuncia, eso hará que estar aislado sea mucho más fácil y que desarrollemos una concentración poderosa mucho más deprisa.

En *Guía para el modo de vida del bodhisattva*, Shantideva dice:

> La distracción no es posible en alguien
> cuyo cuerpo y mente están retirados.
> Así pues, uno debería renunciar al mundo
> y abandonar el discurso interno del deseo.[9]

Relacionarse demasiado con familiares y amigos es una gran distracción cuando tratamos de meditar. Hablar y hacer cosas con ellos puede desencadenar fácilmente engaños diversos. De lo que más habla la gente en general es de cualquier cosa que no sea el *dharma*, de cosas que tienen que ver con objetos de apego o ira, de modo que es muy fácil que lo que hablamos con ellos se apodere de nuestra sesión de meditación y nos impida cualquier grado de concentración.

Aislarnos de los objetos de deseo es otro método para evitar la distracción. Si tenemos cosas concretas a las que estamos apegados, deberíamos asegurarnos de mantenernos alejados de ellas durante el retiro para evitar que nuestro apego hacia ellas interfiera con nuestra meditación.

Preocupación mundana significa aferrarse al cuerpo, a las posesiones, a la familia, a los parientes, a esto y aquello. Puesto que el apego que tenemos tanto por otros seres sintientes como por los objetos externos nos impide renunciar a esta vida mundana, debemos hacer todo lo posible por deshacernos de él. Y otro tanto con la ira, ya que destruye mucho mérito y hace imposible la concentración; debemos hacer todo lo posible por superar la ira y desarrollar la paciencia. Si tenemos la mente ocupada con tales cosas, ¿cómo podremos lograr la concentración?

El fundamento de todas las buenas cualidades del lama Tsongkhapa dice:

> Por favor, bendíceme para apaciguar por completo
> las colecciones de obstáculos externos e internos.[10]

Los obstáculos externos son aquellas cosas de fuera que nos impiden practicar el *dharma*. Aunque por nuestra parte tengamos el deseo de hacerlo, no podemos porque estamos bajo el poder de otras personas, políticos o jefes, o tenemos que entrar en el ejército para evitar ser encarcelados y castigados; cosas así. Estos son ejemplos horribles de obstáculos externos, pero también puede ser algo tan simple como que un perro ladre en la calle o que de repente te pique una pulga y te haga perder la concentración. Evidentemente, si no hubiéramos creado la causa para que sucediera, no habría tal obstáculo, pero las condiciones son externas.

Los obstáculos internos son estados de la mente o del cuerpo que perturban nuestra concentración, cosas como la enfermedad, la ira y similares. Por lo tanto, para experimentar menos distracciones en nuestro retiro, hemos de cuidarnos. En su comentario tántrico, Gyaltsap Jé explica cómo, aunque también depende del tiempo y de otras condiciones externas, para concentrarnos bien debemos cuidar nuestra dieta, nuestra salud, y demás, asegurándonos de no enfermar ni cansarnos demasiado. Todos sabemos por la vida cotidiana que el cansancio puede afectar a nuestra concentración.

Cuando hayamos hecho realidad el *shamatha*, nuestra mente será capaz de concentrarse de manera focalizada en la naturaleza absoluta de la realidad sin distracción alguna. Hasta ese momento habrá obstáculos y nuestro trabajo en el retiro y en nuestra vida diaria será disminuir y después eliminar esos obstáculos. La principal preparación para alcanzar el *shamatha* es vivir con moralidad. De ese modo protegemos el cuerpo, la palabra y la mente y los mantenemos alejados de crear acciones negativas, haciendo así que nuestra mente propicie la concentración.

Los cinco obstáculos y los ocho antídotos

Existen cinco obstáculos para el desarrollo del *shamatha*:

- La pereza.
- Olvidar el objeto.
- El embotamiento y los pensamientos dispersos.
- No aplicar el antídoto adecuado.
- Aplicar un antídoto cuando no es necesario.

Estos cinco obstáculos son contrarrestados por los ocho antídotos:

- La confianza o la fe: se oponen a la pereza.
- La determinación: se opone a la pereza.
- La perseverancia: se opone a la pereza.
- La flexibilidad o la tranquilidad: se opone a la pereza.
- El mindfulness: se opone a olvidar el objeto.
- La conciencia: se opone al embotamiento y los pensamientos dispersos.

- La aplicación del antídoto adecuado: se opone a cualquiera de los anteriores.
- La ecuanimidad: se opone a aplicar un antídoto cuando no es necesario.

Asanga explica que para lograr el *shamatha* hemos de superar los cinco obstáculos practicando el antídoto adecuado. El cuarto obstáculo es cuando no lo hacemos. A veces aplicamos un antídoto innecesariamente, como por ejemplo despertando la conciencia para ver si estamos plenamente concentrados, con lo que rompemos la concentración. Esto es aplicar un antídoto cuando no es necesario y es en sí mismo un obstáculo.

Estos obstáculos y antídotos se explican en los comentarios del *lamrim* como *Las etapas de la meditación* de Kamalashila (*Bhavanakrama*; *Gomrim*)[11] y las secciones sobre el *shamatha* de la obra de Pabongka Dechen Nyingpo *La liberación en la palma de tu mano*.[12] Si pudiéramos practicar el *shamatha* de acuerdo con estas enseñanzas, seríamos capaces de generar el *shamatha* perfecto, pero mucha gente lee tan solo unas páginas de consejos y parece satisfecha con eso. Aunque tratáramos de generar una concentración impecable durante toda nuestra vida, a menos que aprendiéramos a reconocer los fallos y a aplicar los antídotos, la concentración perfecta sería imposible.

La pereza y sus antídotos: la confianza, la determinación, la perseverancia y la flexibilidad

Lo que principalmente nos impide alcanzar el *shamatha* es la pereza. Cuando nos sentimos perezosos, nos desanimamos y perdemos el interés en intentar concentrarnos. Así pues, hay que aplicar los antídotos de la confianza, la determinación, la perseverancia y la flexibilidad o tranquilidad.

Existen tres tipos de pereza:

- la pereza de la procrastinación,
- la pereza de la atracción por las actividades samsáricas,
- la pereza del desánimo.

Al no tener energía para practicar la virtud, la aplazamos, pensando que relajarse es un placer y practicar el *dharma* no. Esto puede referirse a cualquier acción virtuosa o a una acción específica del *dharma* como, en este caso, la intención de desarrollar el *shamatha*. Seguimos retrasando nuestra meditación porque parece un trabajo muy duro; relajarse es mucho más agradable; y de hecho desarrollamos aversión por intentar meditar. Eso se convierte en un hábito. Eso es lo que impide que la mente y el cuerpo se vuelvan funcionales y nos impide progresar en el camino.

La segunda pereza es la atracción por las actividades samsáricas. Puede ser mantenernos muy ocupados con actividades mundanas como el trabajo, las fiestas, las vacaciones, etcétera, o caer en cosas como el alcohol, el tabaco o las drogas. Podemos estar trabajando increíblemente duro para conseguir lo que queremos, pero se considera pereza porque nos impide practicar el *dharma*. Sentirnos atraídos por cualquiera de las diez no virtudes[13] agita nuestra mente y nos hace incapaces de concentrarnos, por lo que se considera pereza.

La tercera pereza es el desánimo. Debido a nuestra baja autoestima, tenemos la sensación de que somos incapaces de meditar. Tal vez nos gustaría hacer un retiro, pero nunca llegamos a hacerlo porque nos convencemos de que se nos daría fatal. Menospreciarnos de ese modo frena nuestra capacidad de desarrollar la práctica de la meditación.

Para poner remedio a la pereza hemos de practicar los cuatro primeros antídotos: la confianza o fe, la determinación, la perseverancia y la flexibilidad. Pensando en las muchas ventajas de desarrollar la concentración focalizada y en que muchas otras personas la han logrado utilizando los mismos métodos que nos han aconsejado utilizar, nos convencemos firmemente de que nosotros también podemos alcanzar el *shamatha*, y eso nos produce una gran alegría y determinación de que lo lograremos. De ahí surge la perseverancia necesaria para desarrollar completamente la concentración. Luego, como resultado, surge la flexibilidad de la mente, lo que provoca una dicha extremadamente refinada. Todo esto nos parece muy lejano a los principiantes, pero con confianza, determinación y perseverancia sin duda puede suceder.

Olvidar el objeto y su antídoto: el mindfulness

Cuando intentamos desarrollar el *shamatha*, olvidar el objeto de meditación es un problema persistente. También puede llamarse *olvidar el consejo* u *olvidar las instrucciones*. Intentamos mantener el objeto de meditación, pero se nos escabulle fácilmente y nos «olvidamos» de él.

Dado que este obstáculo es justo lo contrario del mindfulness (*smrti, drenpa*), también llamado *acordarse* o *recuerdo*, este es el factor fundamental para asegurar que podamos permanecer centrados y que no dejemos surgir el embotamiento ni la dispersión. Olvidar el objeto significa precisamente eso: colocar la mente en el objeto de meditación y luego, debido a la falta de mindfulness, dejar que la mente divague y pierda el objeto. Como principiantes, hemos de utilizar la conciencia para aprender a darnos cuenta deprisa de cuándo nuestra mente se ha desviado de su objeto y luego llevarla de vuelta al objeto. Tendremos que hacerlo repetidamente, una vez y otra, y otra, y otra.

Al hablar de este obstáculo y su antídoto, Pabongka Dechen Nyingpo utiliza el ejemplo de la visualización del Buda.[14] No solo explica cómo construir una imagen vívida del Buda en nuestra mente, sino también los problemas que podemos experimentar.

Para los principiantes es muy difícil tener una apariencia clara del aspecto completo del Buda, pero al construir una imagen global y analizar la visualización varias veces, hacia delante y hacia atrás, podemos encontrar nuestro objeto de meditación, tanto si lo que aparece en la mente es un detalle, por ejemplo, la cabeza o una mano, como si es el cuerpo entero. No debemos esperar mucha claridad, sino conformarnos con la claridad que haya. Luego debemos retener el objeto de meditación intensamente, con mindfulness.

Si la visualización del cuerpo sagrado del Buda se vuelve poco clara, podemos volver a realizar la meditación analítica sobre los detalles desde la cabeza hasta los pies. Después volvemos a concentrarnos en el aspecto general, lo que venga. Continuamos así tanto tiempo como podamos para que la visualización de ese aspecto del Buda se vuelva clara. Al cabo de un tiempo, tras muchas sesiones, podemos incorporar lentamente los otros aspectos y construir una visualización completa del Buda que nos permita ver incluso los pequeños detalles. Finalmente seremos capaces de visualizar el cuerpo sagrado con extrema claridad, más claro de lo que podríamos verlo si el Buda estuviera sentado allí de verdad.

El embotamiento y la dispersión y su antídoto: la conciencia

Cuando nos concentramos de manera focalizada en un objeto necesitamos una mente equilibrada que nos permita tomar el camino de en medio entre la dispersión o agitación y el embotamiento, también llamado *laxitud.*

Con el *shamatha*, no solo intentamos mantener el objeto con claridad, sino también el mayor tiempo posible. Puesto que *estabilidad* significa ser capaz de mantener el objeto sin divagar, el principal obstáculo para la estabilidad es la dispersión, la mente que corre hacia otros objetos; mientras que el principal obstáculo para la claridad, para ver el objeto con claridad o intensidad, es el embotamiento, que hace que la mente se nuble. Si sostenemos el objeto de meditación con demasiada fuerza, la mente se distrae fácilmente, mientras que si lo sostenemos demasiado flojo, la mente pierde la concentración y se hunde en un estado de embotamiento. Solo cuando hayamos alcanzado el noveno nivel de calma duradera seremos libres de los sutilísimos niveles de estos dos obstáculos y tendremos una meditación perfecta.

La concentración es un buen equilibrio entre la agitación y los pensamientos nublados, entre la dispersión y el embotamiento. Es como si intentáramos conducir un coche a la velocidad exacta: si vamos demasiado deprisa, nos detendrá la policía; si vamos demasiado despacio, no llegaremos a tiempo al trabajo. ¡Que no te fichen ni te despidan requiere mucha habilidad!

El término común para *shamatha* es «calma duradera», «permanecer en calma». ¿En qué consiste esa calma? Es la calma o paz que proviene de estar libre de las perturbaciones a la concentración, a saber, la dispersión y el embotamiento. La concentración focalizada es una mente dichosa y en paz. Si experimentamos una mente que no está en paz se debe a uno de estos dos obstáculos.

Incluso si llevamos mucho tiempo meditando, las mentes no pacíficas pueden surgir fácilmente, como las malas hierbas que ahogan una cosecha, a menos que se las observe con cautela. Puede que tengamos el nombre de «meditador», que llevemos muchos años meditando en un lugar solitario, pero todavía nos enfrentamos a obstáculos. Del mismo modo que un agricultor debe atacar la mala hierba de raíz —arrancar solo los tallos no tendrá mucho efecto—, debemos extirpar la raíz de nuestros obstáculos, la propensión de la mente a seguir otros objetos o a caer en la neblina. A menos que lo hagamos, siempre interferirán en nuestras meditaciones.

Existen dos tipos de pensamientos dispersos, uno burdo y otro sutil. En primer lugar, está el tipo burdo, lo que suelo llamar *dispersión por apego* (*auddhatya*, *göpa*), que es cuando la mente pierde el objeto de meditación a través del apego. Este es el tipo más común. Por lo general, cuando intentamos concentrar la mente, esta se desplaza rápidamente del objeto de meditación a un objeto de apego, como un delicioso pastel de chocolate.

El otro tipo de dispersión, la sutil, a veces se llama simplemente *dispersión* (*visarana*, *trowa*), y se refiere a cualquier mente que se aleja del objeto de meditación por la fuerza del hábito. Esto es una descripción general, y de hecho la dispersión por apego entra dentro de esta categoría. Además de desplazarse hacia objetos de apego, este obstáculo también puede incluir que nuestra mente se mueva hacia un objeto de aversión, como un colega enfadado, o desde el objeto de meditación, que es un objeto virtuoso, a otro objeto virtuoso pero que no es aquello en lo que se supone que debemos centrarnos. Por ejemplo, nuestro objeto de meditación puede ser la visualización del Buda Shakyamuni, pero de algún modo nuestra mente ahora tiene una imagen de otro objeto virtuoso, como Tara, o incluso algunos pensamientos sobre la *bodhichitta*. Aunque sigamos teniendo una mente concentrada y virtuosa, al haber perdido nuestro objeto de meditación, es un obstáculo. Cuando meditamos sobre un tema y la mente se desvía hacia otras cosas, es necesario traerla de vuelta. Cualquier pensamiento que no sea el objeto de meditación se convierte en una distracción.

Para una buena concentración no solo necesitamos mantener el objeto de meditación durante mucho tiempo, sino también mantenerlo de forma clara e intensa. De lo contrario, es muy fácil que la mente se relaje. Esa mente nublada y pesada es el embotamiento (*laya*, *jingwa*). De los dos tipos de embotamiento, el burdo y el sutil, este es el burdo, aunque no es tan burdo como la mente que se desliza hacia la somnolencia y tal vez incluso se queda dormida. Esto se denomina *neblina* o *letargo* (*styana*, *mukpa*). Con el cuerpo y la mente agotados, cada vez que intentamos traer el objeto de meditación a la mente, nos quedamos dormidos, incapaces de retenerlo ni siquiera unos segundos. Entonces podemos dormir la mar de a gusto. Su Santidad Zong Rinpoche dijo que ese sueño es mucho más placentero que el habitual.

Con embotamiento, puede que seamos capaces de mantener el objeto de meditación, pero es muy poco claro. Cuando la concentración está más desarrollada y hay más estabilidad, existe el peligro de que aparezca embotamiento sutil. La definición de embotamiento sutil es que, aunque el objeto esté muy claro, la mente no tiene la energía para mantenerlo con intensidad. El objeto se mantiene claro pero débil.

A menos que podamos reconocer el error de tener embotamiento sutil, podemos creer que estamos haciendo una meditación perfecta porque hay poca distracción y nuestra concentración puede durar muchas horas, pero no hay energía. Como es muy difícil reconocer el embotamiento sutil, podemos tener la sensación de que hemos alcanzado el *shamatha* cuando en realidad estamos bloqueados en las etapas finales por ese obstáculo sutil. Al no intentar superar un obstáculo que no reconocemos, nunca alcanzaremos el *shamatha* perfecto, lo que significa que ni siquiera hay forma de alcanzar la liberación del *samsara*, y mucho menos la iluminación.

El remedio, tanto para la dispersión como para el embotamiento, es la conciencia o introspección (*samprajanya*, *sheshin*). En cuanto se dé cualquiera de los dos obstáculos debemos intentar ser conscientes de ello y devolver la mente al objeto. El objetivo es mantener el objeto con estabilidad, claridad e intensidad, así que cuando falta uno de esos factores, debemos abordarlo. La conciencia es la parte de la mente que observa lo que ocurre en nuestra meditación y, al ver que hemos caído en uno de esos obstáculos, vuelve a hacer que la mente se concentre.

Se puede decir que la conciencia es casi como una meditación analítica dentro de nuestra meditación principal, como si un rincón de nuestra mente estuviera siempre comprobando lo que está haciendo el resto de la mente, algo así como un espía que comprueba si estamos meditando o distraídos. Digamos que estamos visualizando una deidad. Mientras nos concentramos en la imagen, debemos mantener la conciencia de que estamos meditando sobre la deidad. Entonces, si la mente empieza a distraerse, podemos ser conscientes de ello y traer la mente de vuelta.

La conciencia puede captar la distracción justo en el momento en que se produce. Algo empieza a colarse en nuestra mente —el pensamiento de un delicioso pastel, la conversación que hemos tenido con un amigo—, pero enseguida nos percatamos de que se trata de una distracción que amenaza con apartarnos del objeto de concentración, y nos ocupamos de ella.

En cuanto a la conciencia, Yongzin Yeshé Gyaltsen[15] hace la analogía de caminar por la calle con alguien que nos da un poco de miedo. Al tiempo que nos concentramos en la calle para no tropezar, tenemos que vigilar por el rabillo del ojo por si esa persona nos causa algún problema.

Debemos entrenarnos para aplicar el mindfulness y la conciencia desde el principio. Son las herramientas más importantes que podemos tener para vigilar la mente y asegurarnos de no crear no-virtud. Ambas trabajan juntas. Necesitamos el mindfulness, el antídoto contra el olvido, para mantener la mente centrada; y la conciencia para estar siempre alerta por si aparecen la dispersión y el embotamiento, como un ladrón que pretende colarse en nuestra casa para robar todos nuestros objetos de valor.

Al principio aprendemos a atrapar los pensamientos de dispersión y embotamiento brutos y después, conforme vamos avanzando, los sutiles. Una vez que nos hayamos liberado de ellos, nuestra mente será capaz de permanecer en el objeto de meditación tan firme como una montaña durante el tiempo que queramos: horas, semanas, meses o incluso años.

Si nuestra mente distraída o nublada es demasiado burda y la herramienta de la conciencia no funciona, podemos probar otras técnicas. Cuando la mente se dispersa y se niega a volver al objeto de concentración, podemos volver a una meditación analítica sobre el objeto. Entonces, cuando regrese la claridad gracias a la meditación analítica, podemos volver a la meditación de fijación.

También podemos interrumpir la meditación y hacer unas cuantas series de respiración, como la meditación de la respiración de las nueve rondas, hasta que la mente se haya calmado, y luego volver a intentarlo. Un método más avanzado consiste en visualizar la mente encerrada en una semilla, del tamaño de un grano de mostaza, hecha de luz, descansando sobre nuestro chakra del ombligo. Eso ayuda a liberarnos de las distracciones.

Para el embotamiento podemos aplicar el mismo método, pero esta vez elevando la mente. Tiene sentido: para la dispersión bajamos la mente y para el embotamiento la elevamos. Con el embotamiento burdo, Phadampa Sangyé[16] aconseja visualizar una luz chispeante del tamaño de una semilla de sésamo en la punta de la nariz. En este mismo sentido, Pabongka Dechen Nyingpo aconseja visualizar una lucecita blanca o una pequeña Tara en la punta de la nariz. Cuando el embotamiento desaparece, podemos volver a llevar la mente al objeto de meditación.

Phadampa Sangyé también aconseja situar la mente en el ombligo y luego, como hacen los meditadores al realizar el *phowa*,[17] dispararla hacia arriba por el canal central a través de la coronilla y hacia el cielo, donde se une con este. Mantenerla allí durante un rato contribuye muchísimo a la claridad mental.

Si el embotamiento burdo perturba por completo nuestra concentración, no es necesario abandonar la sesión, sino dejar de concentrarnos un rato. El embotamiento burdo puede surgir porque la mente esté desanimada, así que podemos elevarla. En lugar de pensar que estamos desesperados y somos incapaces de meditar, deberíamos alegrarnos al pensar que hemos alcanzado este renacimiento humano perfecto a través de una gran moralidad y una gran generosidad, y que por lo tanto tenemos todos los atributos necesarios para alcanzar la concentración perfecta.

También podemos recordar las cualidades particulares de los objetos de refugio y pensar en los beneficios de la *bodhichitta*, y en que la concentración perfecta es fundamental para alcanzarla. Una vez que alcanzamos el *shamatha*, todas las buenas cualidades nos llegan fácilmente, caen sobre nosotros como la lluvia del monzón. Cuando hayamos energizado nuestra mente con tales pensamientos, podemos volver a intentar desarrollar la concentración.

Creo que, como principiantes, quizá podamos reconocer la dispersión y el embotamiento burdos cuando se producen, pero es bastante difícil reconocer los sutiles. De hecho, el embotamiento sutil proviene del desarrollo de la concentración, en concreto de la claridad. Para detenerlo, mientras nos concentramos en el objeto de meditación, hemos de intensificar un poco la forma en que la mente sostiene el objeto. Si eso no detiene el embotamiento, entonces es que son burdos.

Cuando nuestras distracciones son extremadamente burdas y no hay nada más que nos ayude, debemos abandonar la sesión un rato y salir a refrescarnos. Podemos pasear un poco, sobre todo si el lugar de meditación está en una montaña alta con vistas libres y mucho cielo. Puede que el interior de la sala esté algo oscuro, así que podemos salir a ver las montañas o mirar algo brillante que haya en el interior. Caminar un poco es un modo excelente de deshacerse del embotamiento muy pesado. Después podemos regresar a la sesión.

No aplicar el antídoto y aplicarlo en exceso

Cuando sabemos que se está produciendo dispersión o embotamiento, pero no ponemos remedio a la situación aplicando el antídoto, se considera otro de los cinco obstáculos para la concentración: la no aplicación del antídoto necesario.

Sin embargo, también puede ocurrir que, habiendo alcanzado un grado de concentración focalizada, sigamos utilizando la conciencia para controlar la mente. Eso la perturbará. Usar un antídoto cuando no es necesario se considera el quinto obstáculo para la concentración.

Las nueve etapas del *shamatha*[18]

Antes de alcanzar el *shamatha*, la mente progresa por nueve etapas:

1. Atención orientada (*chittasthapana*).
2. Atención continua (*samathapana*).
3. Atención repetida (*avasthapana*).
4. Atención cercana (*upasthapana*).
5. Doma (*damana*).
6. Quietud (*shamana*).
7. Quietud completa (*vyupashamana*).
8. Atención focalizada (*ekotikarana*).
9. Atención serena (*samadhana*).

Maitreya enumera estas nueve etapas en el *Ornamento de los Sutras del Mahayana*, diciendo:

> Habiendo dirigido la mente al objeto de observación [*atención orientada*], no permitas que su continuo se distraiga [*atención continua*]. Al notar la distracción, regresa rápidamente [*la mente*] a ello [objeto] [*atención repetida*]. Lo consciente también retira la mente hacia dentro cada vez más [*atención cercana*].
>
> Entonces, viendo los buenos beneficios de la concentración, doma la mente para que se concentre [*doma*]. Al ver los defectos de la distracción, aquieta el disgusto por la [concentración] [*quietud*]. El deseo y demás, así como la incomodidad y demás, también deben aquietarse [inmediatamente] cuando surgen [*quietud completa*].

> Entonces, los que se esfuerzan por refrenar [solo las faltas] hacen [un pequeño] esfuerzo por [concentrar] la mente [*atención focalizada*]. Se alcanza el surgimiento natural. Aparte de familiarizarse con eso, uno desiste de la actividad [*atención serena*].[19]

La primera etapa, denominada *atención orientada*, consiste en escuchar la enseñanza y aprender sobre los objetos de concentración. Con el deseo de experimentar el *shamatha*, intentamos que nuestra mente no se desvíe hacia objetos externos. Cuando nuestra concentración comienza a tener cierta estabilidad, hemos alcanzado la primera etapa.

Aunque la mente puede mantener el objeto de concentración, no puede concentrarse en él durante un período prolongado. Como el agua de una catarata, parece que de repente nuestra mente se inunda de pensamientos, pero la verdad es que siempre ha estado en ese estado; es solo que nunca antes habíamos sido conscientes de ello. Ahora que la mente se vuelve hacia dentro, esos pensamientos dispersos se vuelven muy evidentes. Esto no debe considerarse un defecto de la práctica, sino una experiencia natural para cualquiera que empiece a practicar la concentración.

De la primera etapa pasamos a la segunda, llamada *atención continua*, en la que volvemos a colocar la mente repetidamente en el objeto de concentración, lo que significa que podemos mantener la atención en el objeto durante períodos de tiempo cada vez mayores. En esta etapa a veces surgen pensamientos que perturban la mente antes de desaparecer de forma natural, lo que nos da la primera experiencia de ser capaces de detenerlos. Todavía quedan los fallos de la dispersión y el embotamiento, que nos hacen perder intensidad y claridad. Cuando esto sucede, hemos de fijar la mente de nuevo inquebrantablemente en el objeto.

Dado que las distracciones continúan apartando la mente del objeto de concentración, a medida que desarrollamos la mente tenemos que ir restableciendo el objeto. Ese volver una y otra vez al objeto es la tercera etapa, denominada *atención repetida*.

En esta etapa, nuestro poder de concentración es fuerte —podemos mantener bien el objeto—, pero con esta mente más poderosa vienen una dispersión y un embotamiento fuertes con los que hay que lidiar. Esta cuarta etapa se denomina *atención cercana.*

Al seguir desarrollando la mente, las formas más burdas de dispersión y embotamiento disminuyen, pero aún hay formas más sutiles que tratar. En este punto nos encontramos en la quinta etapa, la *doma.*

Viendo que hay que superar incluso esas perturbaciones sutiles, con una mente muy fuerte y una gran conciencia, las detectamos y las evitamos cuando empiezan a surgir, con lo que logramos una meditación muy estable y tranquila. Esta es la sexta etapa, la *quietud.*

A través de esa conciencia, se suprimen la dispersión y el embotamiento sutiles, pero eso no significa que hayan sido eliminados. Observando cómo incluso esos pensamientos sutiles pueden perturbar nuestra meditación, nos esforzamos diligentemente para superarlos. Es la séptima etapa, llamada *quietud completa.*

En la octava etapa, la *atención focalizada*, ya no necesitamos esforzarnos por reconocer y evitar la dispersión y el embotamiento sutiles, por lo que el factor mental de la conciencia, que ha sido una herramienta clave en las etapas anteriores, ya no es necesario. La práctica de centrarse de manera focalizada prosigue como una corriente ininterrumpida.

Cuando nos centramos cuidadosa y persistentemente en el objeto de meditación, la meditación deja de requerir esfuerzo. Ahora estamos completamente absortos en la concentración focalizada, que es la novena y última etapa, la *atención serena.*

Al igual que alguien versado en las escrituras puede cantarlas sin esfuerzo, incluso sin poner toda su atención en ello, podemos concentrarnos en el objeto de meditación sin esfuerzo y sin ningún obstáculo, manteniendo esa concentración tanto tiempo como queramos.

Cuando alcanzamos el noveno nivel, tenemos una fuerte concentración focalizada pero aún no hemos alcanzado el *shamatha* real. Todavía necesitamos meditar más y más, hasta que la intensa familiaridad que surge hacia el objeto de meditación induzca gradualmente primero la flexibilidad del cuerpo y luego la flexibilidad de la mente.[20] Tras eso surge la dicha de la flexibilidad física y mental. Solo cuando nuestra concentración se apoya en ese gozo de la flexibilidad hemos alcanzado el *shamatha*, la calma duradera.

Los seis poderes y las cuatro atenciones

Para alcanzar el *shamatha* necesitamos la ayuda de los seis poderes y las cuatro atenciones, que son cuatro grados de estabilidad de la mente. Estos seis poderes se explican en los *Cinco tratados sobre los fundamentos*, de Arya Asanga:

1. El poder del estudio, utilizado en la primera etapa.
2. El poder de la memoria, utilizado en la segunda etapa.
3. El poder del mindfulness, utilizado en la tercera y cuarta etapas.
4. El poder de la conciencia, utilizado en las etapas quinta y sexta.
5. El poder del esfuerzo, utilizado en las etapas séptima y octava.
6. El poder de la familiaridad, utilizado en la novena etapa.

Estos poderes reflejan las principales herramientas que necesitamos en cada etapa. Por ejemplo, al principio hemos de estudiar qué hacer para evitar errores, lo cual es el *poder del estudio*, mientras que más allá de eso nos entrenamos para volver a llevar la mente al objeto cuando se aleja de él: el *poder de la memoria*. Después de eso, los poderes del *mindfulness* y la *conciencia* se vuelven aún más importantes, y entonces, para alcanzar un nivel realmente alto de concentración, necesitamos *esfuerzo*. Finalmente, cuando podemos concentrarnos sin esfuerzo, necesitamos el *poder de la familiaridad* para fortalecer esa concentración ya de por sí fuerte.

Las *cuatro atenciones* son los cuatro grados de estabilidad de nuestra mente a medida que progresamos hacia el *shamatha*:

1. La concentración firme se utiliza durante las dos primeras etapas.
2. La concentración interrumpida se utiliza durante las cinco etapas siguientes.
3. La concentración ininterrumpida se utiliza durante la octava etapa.
4. La concentración espontánea se utiliza en la novena etapa.

Tras lograr la primera atención, la *concentración firme*, cualquiera que sea la meditación analítica que hagamos, la mente se centra de manera focalizada en ese objeto. Con la segunda, la *concentración interrumpida*, aunque la mente pueda permanecer concentrada durante algún tiempo, de vez en cuando surgen distracciones, y ese tipo de concentración devuelve la mente a su objeto. Con la *concentración ininterrumpida*, la mente puede mantener el objeto de meditación durante períodos prolongados sin ninguna distracción.

Por último, con la *concentración espontánea*, que se produce durante la novena etapa del *shamatha*, la mente puede mantener el objeto de meditación sin esfuerzo. Este resumen es más o menos lo que se explica en el *lamrim* del lama Tsongkhapa y de Pabongka, así como en otras enseñanzas.

El *shamatha* y la percepción

Shantideva comienza el capítulo nueve de *Guía para el modo de vida del bodhisattva*, el capítulo sobre la sabiduría, diciendo:

> El Gran Muni [el Buda Shakyamuni] ha enseñado que uno reúne todo este equipo de virtudes en aras de la sabiduría. Por lo tanto, si uno busca el nirvana y la felicidad, también debería desarrollar la sabiduría.[21]

La liberación y la iluminación son imposibles sin la realización directa de la vacuidad, que a su vez es imposible sin el *shamatha*. En los textos de *lamrim*, el *shamatha* se explica después de la *bodhichitta* y antes de la vacuidad, y la combinación del *shamatha* y la vacuidad se denomina a menudo *serenidad y percepción especial*. La percepción especial es *vipashyana* en sánscrito y *lhaktong* en tibetano, que significa literalmente «visión superior», el tipo de sabiduría que ve la realidad directamente, no conceptualmente. *Vipashyana* es la investigación de cómo existen realmente las cosas —en otras palabras, la vacuidad— que, cuando se combina con el *shamatha*, conduce directamente a la liberación.

De esto, Shantideva dice:

> Quien se dedica correctamente al cultivo de la percepción, acompañado por la calma, destruirá las aflicciones. Sabiendo esto, uno debería buscar primero estar en calma; y la calma surge de la ecuanimidad ante los deleites del mundo.[22]

Podemos pensar en cómo el Buda Shakyamuni estuvo una vez en el *samsara* como nosotros, con una mente descontrolada, incapaz de alcanzar la concentración perfecta debido a todas las interferencias de la dispersión y el embotamiento. Pero después, aplicando los métodos para alcanzar el *shamatha* que le dio su maestro, fue capaz de eliminar esos obstáculos y alcanzar tanto el *shamatha* como la percepción penetrante, para luego generar todo el camino y llegar a la iluminación.

Esto también es cierto de los grandes maestros que siguieron al Buda, como los yoguis tibetanos Milarepa, Marpa y el lama Tsongkhapa. Ellos practicaban el *dharma* y alcanzaron las realizaciones de *lamrim*, especialmente las del *shamatha* y la percepción penetrante. También podemos pensar en los meditadores vivos actuales, en la *sangha* ascética y en los laicos que practican el *dharma* puramente y que ganan experiencia en el *shamatha* y en la percepción penetrante, y que alcanzan realizaciones.

Creo que las cualidades de la *sangha* actual son especialmente inspiradoras, nos muestran que nosotros también podemos conseguirlo. La naturaleza fundamental de nuestra mente no está manchada, no está mezclada con las ofuscaciones. Y lo mismo ocurre con aquellos meditadores que han logrado el *shamatha* y la percepción penetrante. Como las nuestras ahora, sus mentes estuvieron temporalmente ofuscadas, pero con perseverancia continua y mucha paciencia fueron capaces de soportar las dificultades de la práctica del *dharma*. Si hacemos lo mismo, ¿por qué no vamos a poder lograrlo nosotros?

En *El fundamento de todas las buenas cualidades*, el lama Tsongkhapa dice:

> Por haber aquietado las distracciones hacia objetos erróneos
> y analizado correctamente el significado de la realidad,
> por favor, bendíceme para generar rápidamente en mi flujo mental
> el camino unificado de la calma duradera y de la percepción especial.[23]

Aquietar las distracciones hacia objetos erróneos significa no permitir que nuestra mente divague hacia ningún objeto que no sea el de nuestra meditación.

Al alcanzar el noveno nivel del *shamatha* vamos experimentando primero la flexibilidad física y luego la mental, seguidas por la flexibilidad mental y física extremadamente refinadas. Entonces hemos alcanzado el *shamatha* y somos capaces de meditar continuamente sobre la verdad absoluta. En ese punto, cada vez que analicemos la vacuidad, nuestra mente permanece naturalmente en equilibrio meditativo sobre la vacuidad. Las enseñanzas lo describen como un pez capaz de nadar en el agua sin perturbar la superficie en absoluto, lo que significa que la meditación analítica no perturba la concentración focalizada, y viceversa. Esta es la unificación de la calma duradera y la percepción especial.

Solo cuando hemos alcanzado la vacuidad directamente podemos detener por completo todas las ofuscaciones de los pensamientos perturbadores, incluida su semilla. Cuando eso sucede, hemos alcanzado la liberación, el estado carente de tristeza del nirvana. Una vez que hemos entrado en el camino Mahayana alcanzando la *bodhichitta*, con la percepción directa de la vacuidad, detenemos incluso las corrupciones sutiles y podemos alcanzar la plena iluminación y liberar a innumerables seres sintientes. Ese es el objetivo último de nuestra vida.

La calma duradera, la vacuidad y la bodhichitta

Solo cuando nuestra práctica de la calma duradera y de la percepción especial se combina con la *bodhichitta* se convierte en causa de la iluminación. Los grandes maestros como el Buda Guru Shakyamuni nos han mostrado que todo el sufrimiento proviene de tener una actitud egoísta, mientras que llegar a ser verdaderamente feliz depende de volver la mente hacia el aprecio por los demás.

En *Guía para el modo de vida del bodhisattva*, Shantideva dice:

Todos aquellos que viven atormentados en esta vida
sufren solo por su deseo de felicidad.
Todos aquellos que viven en la felicidad están en tal condición
por su deseo de hacer felices a los demás.

Pero ¿por qué decir más?
Simplemente compara a estos dos:
el necio que solo busca su propio bienestar
y el sabio que solo busca beneficiar a los demás.[24]

En este contexto, el necio se refiere a alguien que, en una actitud infantil, permanece bajo el control de la actitud egocéntrica, como un niño pequeño que solo quiere jugar por su propia felicidad. Desde renacimientos inmemoriales hemos estado siguiendo el egoísmo y por eso siempre hemos sufrido. El egoísmo ha sido como nuestros padres, como nuestro *guru*, pero en lugar de guiarnos sabiamente, nos conduce a más y más problemas. Eso es lo que ha estado ocurriendo y seguirá ocurriendo si no transformamos nuestra mente. El sufrimiento del *samsara* será interminable. Por lo tanto, mientras tengamos esta vida en la que contamos con todas las oportunidades para aprender y practicar, hemos de generar el buen corazón definitivo, la *bodhichitta*.

A eso se refiere Shantideva cuando nos pide que nos comparemos con los sabios, los budas. Fíjate en la diferencia. De estar como estamos ahora, plagados de problemas, el Buda Shakyamunise pasó a estar completamente iluminado.

Shantideva también menciona:

Quien no reemplace su propio placer
por el sufrimiento de los demás no alcanzará, por supuesto,
la estación de los despiertos,
pero tampoco conocerá la felicidad ni siquiera en este ciclo de
[transmigración.[25]

A menos que demos nuestra felicidad a otros seres sintientes y carguemos con su sufrimiento sobre nosotros, seremos incapaces de transformar del todo nuestra mente y, por lo tanto, no podremos eliminar todas las ofuscaciones y completar todas las realizaciones. En otras palabras, no podremos alcanzar la meta más elevada. Además, mientras estamos atrapados en el *samsara* no hay verdadera felicidad. Es más, dejando a un lado la felicidad de vidas futuras, siguiendo el afán por uno mismo incluso el trabajo para esta vida fracasará.

Sin la *bodhichitta* podemos conseguir la renuncia al *samsara* y llegar así a los cinco caminos del vehículo de liberación individual hacia el nirvana. Podemos liberarnos de los océanos de sufrimiento samsárico, alcanzar la felicidad última, el dichoso estado de paz para nosotros mismos, pero no podemos alcanzar la iluminación para los seres sintientes. Solo con la *bodhichitta* podemos alcanzar la iluminación.

El tantra

En general, se dice que se tarda tres incontables eones en acumular ambos tipos de mérito, el de la sabiduría y el de la virtud, para alcanzar la iluminación a través de una práctica Paramitayana. Pero durante esos tres incontables eones, los seres transmigratorios sufren muchísimo en el *samsara*. No podemos esperar tanto. Incapaces de soportar la idea de que deban soportar tanto sufrimiento durante tanto tiempo, si practicamos tantra podemos iluminarnos en un tiempo increíblemente corto.

El tantra se suele denominar *Vajrayana*, el vehículo del vajra, y *vajra* significa «diamantino» (a veces se traduce como «diamante»). Es el vehículo del vajra porque emplea la inseparabilidad del método y la sabiduría, lo cual lo hace indestructible. Mientras que un diamante puede cortar todos los demás materiales, como vidrio, etcétera, no puede ser destruido por ninguna otra materia. La mente unificada en método y sabiduría tiene el poder de destruir la raíz del *samsara*, la ignorancia. En *El fundamento de todas las buenas cualidades*, el lama Tsongkhapa dice:

> Cuando me haya convertido en un recipiente [adecuado] entrenándome en [el camino común,

por favor, bendíceme para que entre inmediatamente
por la puerta sagrada de los seres afortunados:
el supremo de todos los vehículos, el Vajrayana.[26]

Los niveles del Vajrayana son cuatro: *kriya* o tantra de la acción, *charya* o tantra de la ejecución, tantra del yoga y tantra del yoga supremo. La motivación para practicar cualquiera de las cuatro clases de tantra es alcanzar la iluminación en el menor tiempo posible para liberar a todos los seres transmigratorios del sufrimiento y llevarlos a la iluminación, pero con los tantras inferiores primero alcanzamos la vida larga, con lo cual vivimos cientos y miles de años antes de alcanzar la iluminación. En el tantra del yoga supremo, sin embargo, no hay necesidad de hacer eso; podemos alcanzar la iluminación plena en una breve vida de estos tiempos degenerados.

El motivo por el que el tantra es tan poderoso y tan rápido es porque en un método combinamos el método y la sabiduría de la práctica. En la meditación no tántrica hemos de practicar el método y la sabiduría por separado, por lo que nuestro progreso es mucho más lento. En el tantra, la misma mente que practica la parte del método —visualizarnos a nosotros mismos como deidad, que es la causa de la *rupakaya*— también practica la parte de la sabiduría —disolvernos en la vacuidad para hacerlo, que es la causa del *dharmakaya*—. Por lo tanto, estamos creando continuamente la causa de los dos cuerpos de un buda.

El tantra se denomina *vehículo resultante* porque nos visualizamos a nosotros mismos como un buda ahora, es decir, traemos el resultado al momento presente. Puesto que este método tiene el poder de destruir por completo nuestros engaños, el tantra se considera el camino rápido hacia la iluminación.

Eso no significa que lo único que tengamos que hacer sea practicar el tantra y dejar de lado cualquier práctica de *sutra*. El *sutra* es el fundamento del tantra. Del mismo modo que es imposible construir un bloque de pisos sin poner cimientos, es imposible practicar el tantra sin los cimientos, y los mejores cimientos son la *bodhichitta* y la vacuidad, basados en todas las prácticas de los seres capaces inferiores y medios.

Con la visualización de la deidad que forma parte integrante de toda práctica tántrica nos protegemos de los conceptos y las apariencias ordinarios —con este pensamiento: «Soy ordinario, este lugar es ordinario»— manteniendo la mente en el pensamiento puro y en la apariencia pura. En el tantra protegemos la mente practicando las cuatro purezas completas:

- Visualizar nuestro propio cuerpo como el cuerpo sagrado de la deidad.
- Visualizar el lugar como el lugar completamente purificado, el mandala.
- Visualizar nuestras acciones como acciones completamente purificadas, las acciones de los budas.
- Visualizar lo que experimentamos como puro disfrute, en la naturaleza de la sabiduría trascendental de la dicha y la vacuidad no duales.

Este goce puro es el mismo goce que experimentaremos cuando lleguemos a la iluminación. Si cambiamos la apariencia del objeto por una pura, surgen pensamientos puros. Esto se convierte en un medio increíblemente rápido para purificar los obstáculos y acumular mucho mérito.

En el tantra del yoga supremo hay dos etapas: la etapa de generación y la etapa de consumación. En la etapa de generación, que es una preparación para la etapa de consumación, nos visualizamos como la deidad con los diversos canales y chakras, mientras que en la etapa de consumación somos realmente capaces de mover la mente, montarnos en la energía del viento, adentrarnos en esos canales y chakras y permitirle que permanezca allí y que absorba. Durante ese tiempo, la mente burda absorbe, y da a la mente sutil y a la mente extremadamente sutil —la luz clara— la oportunidad de aparecer. Cuando esa mente extremadamente sutil de luz clara experimenta una gran dicha, meditamos intensamente sobre la vacuidad, como si hubiéramos echado agua al agua, con un solo gusto.

Hay quien intenta practicar la etapa de generación del tantra supremo simplemente siguiendo lo que se explica en una *sadhana*, sin comprender los puntos profundos de los comentarios de *lamrim* ni conocer el *shamatha* y la vacuidad, que son los elementos fundamentales de una práctica tántrica. Incluso si aún estamos muy lejos de alcanzar esas preciosas mentes, al menos deberíamos hacer todo lo posible por desarrollarlas. Se dice que quienes son capaces de conseguir incluso el nivel burdo de la etapa de culminación son como estrellas de día, increíblemente excepcionales.

CAPÍTULO 7

Meditar sobre el *lamrim*

El mapa hacia la iluminación

Incluso tener una comprensión intelectual de las enseñanzas del Buda es de gran beneficio. Por lo tanto, cuando somos capaces de llegar a entender los temas, de modo que se integran con nuestra mente al nivel más profundo, los beneficios que obtenemos son inconcebibles, no solo para nosotros mismos, sino también para los demás. Si comprendemos algo como la impermanencia y la muerte, decir unas pocas palabras puede transformar profundamente la mente de los demás, cortar sus engaños. Del mismo modo, cuando tenemos *bodhichitta*, cualquier cosa que digamos tiene el increíble poder de cortar el egoísmo de los demás, lo que les permite transformar su mente. Cuando escuchamos las enseñanzas de los grandes maestros que comprenden la *bodhichitta*, esto se nota de verdad.

Así pues, hemos de planificar el desarrollo de nuestra mente a través de todos los temas de *lamrim*, teniendo siempre a la vista esa gran meta: alcanzar la iluminación. El mapa que nos muestra el *lamrim* es el mejor camino posible para progresar. Si estuviéramos planeando un viaje de París a Katmandú, tendríamos que saber cómo ir —en avión, tren, autobús o lo que sea— y qué ruta tomar. Del mismo modo, en nuestro viaje espiritual hemos de conocer el mejor método que nos lleve a la iluminación dado nuestro nivel mental. Las enseñanzas de Buda son vastas y es muy difícil integrarlas en nuestra mente sin una estructura clara, que es justo lo que es el *lamrim*; nos lleva paso a paso sin confusión alguna. Con un mapa así y con la firme determinación de seguirlo, estudiando y meditando cada día nos acercamos más y más a alcanzar realizaciones y la iluminación.

Tanto si lo llamamos budismo o meditación como si no, para alcanzar cualquier nivel de felicidad necesitamos las diversas comprensiones que el *lamrim* puede proporcionar. Solo el *dharma* puede eliminar totalmente la causa del sufrimiento, pero debemos estar seguros de que el *dharma* que estudiamos y sobre el que meditamos es inconfundible y completo, capaz de conducirnos a la iluminación. Si tiene errores, si está incompleto, no lograremos lo que deseamos.

Lo que el Buda nos dio fue la mejor psicología para ayudarnos a desarrollar una mente verdaderamente positiva, la fuente de la paz interior y la felicidad. Sin el *lamrim*, sin desarrollar los tres aspectos principales del camino —renuncia, *bodhichitta* y visión correcta—, sencillamente nos volvemos aún más locos. Gobernados por nuestros engaños, por nuestra actitud egoísta, no tenemos libertad alguna, y por ese motivo nos ahogamos en un cenagal de problemas.

Sin el *lamrim*, ni siquiera la meditación puede liberarnos de los problemas. Podríamos ser practicantes avanzados de tantra y aun así no ser libres. Hay una historia de dos personas que estaban haciendo un retiro muy largo en Pempo, en el Tíbet, sobre la deidad iracunda Yamantaka, cuando una de ellas murió. Después de aquello, el otro meditador continuó haciendo cada noche una práctica *sur*, que consiste en quemar *tsampa* (harina de cebada) y hacer donativo del olor a los fantasmas hambrientos. Una noche no hizo la práctica y apareció un terrorífico fantasma hambriento con muchos brazos que se parecía a Yamantaka. Cuando el meditador le preguntó quién era, el fantasma hambriento respondió: «Soy tu amigo, el que hacía el retiro contigo». A pesar de que había hecho el retiro sobre la deidad durante muchos años, resultaba que no sabía practicar correctamente. Había practicado con apego, omitiendo el *lamrim* y la motivación de la *bodhichitta*. Ni siquiera había un pensamiento virtuoso que buscara la felicidad en vidas futuras, cosa que al menos habría constituido la motivación *dharma* y le habría salvado de nacer como un fantasma hambriento.

Cuando investiguemos a fondo qué es el *lamrim*, veremos que es el camino infalible que necesitamos, el que puede traernos satisfacción, contento, paz. Todas las otras prácticas preliminares, como rezar las oraciones de refugio, ofrecer mandalas, recitar mantras y demás, son las ramas del árbol de la budeidad, mientras que el tronco principal es el *lamrim*.

Por supuesto, las prácticas preliminares son cruciales, pero si las realizamos a expensas de meditar sobre el *lamrim*, perdemos el propósito de meditar. Todas las demás prácticas están destinadas a desarrollar la mente en el *lamrim* con el fin de generar renuncia, vacuidad y *bodhichitta*. Como dice Pabongka Dechen Nyingpo, no debemos «cuidar las ramas e ignorar el tronco».

Adquirir conciencia de los temas de lamrim

El camino hacia la liberación y la iluminación es la medicina que tomamos para curar la enfermedad del karma y los engaños. Con las meditaciones sobre la impermanencia, la compasión, etcétera, desarrollamos la parte del método del camino; con nuestras meditaciones sobre la vacuidad desarrollamos la parte de la sabiduría del camino.

Una meditación lleva a la siguiente. Por ejemplo, cuando meditamos sobre nuestro propio sufrimiento, desarrollamos la renuncia al *samsara*, pero también podemos ver que todos los demás seres sintientes sufren del mismo modo. Así, la compasión por los demás crece de forma natural. Eso se convierte en gran compasión, la compasión que desea que todos y cada uno de los seres sintientes se liberen del sufrimiento, y eso nos lleva a decidir que nosotros mismos los liberaremos. De ahí surge la *bodhichitta*.

A través de todo este proceso nuestra mente se ve cada vez menos afectada por los engaños, más libre de los pensamientos emocionales negativos que nos abaten y nos atrapan en el *samsara*, y más cercana a la liberación y la iluminación. El mero hecho de sentir que nuestra mente se aligera así, aunque sea una experiencia muy pequeña, demuestra que podemos transformar nuestra mente por completo, no solo en parte, hasta que se vuelve del todo pura. Esta capacidad de transformar la mente es el precioso regalo que tenemos con ese renacimiento humano perfecto. Entendiendo que esto viene a través del poder del *dharma*, vemos que lo único que importa es el *dharma*. Eso nos da un incentivo enorme para continuar por el camino.

En la actualidad, debido a que confiamos en la lógica y el razonamiento para imponer nuestras ideas, la experiencia que obtenemos de la meditación requiere esfuerzo. No podemos alcanzar una experiencia espontánea de un tema de *lamrim* hasta que lo hayamos estudiado y meditado a fondo. A medida que progresemos, esa sensación que buscamos en la meditación surgirá espontáneamente y nuestra mente se transformará en esa experiencia, y se volverá natural, espontánea.

A veces se compara con montar a caballo. Al principio, tenemos que prestar mucha atención solo para sentarnos sobre el caballo mientras camina. Pero poco a poco, conforme nos vamos convirtiendo en jinetes experimentados, podemos manejar el caballo sin esfuerzo, haga lo que haga. Incluso si estamos distraídos, no hay peligro de caernos o de poner en riesgo nuestra vida porque respondemos de forma natural al movimiento del animal. De forma similar, cuando hemos entrenado bien la mente en un tema de *lamrim*, como el renacimiento humano perfecto, si reflexionamos sobre todas las razones por las que nuestra existencia humana es tan especial, durante mucho tiempo necesitaremos volver a esas ideas y reforzarlas con meditación esforzada, pero en algún momento surgirá un sentimiento de gran alegría. De forma natural tendremos una fuerte sensación de lo preciosa que es nuestra vida. Luego, en meditaciones posteriores, esa sensación espontánea estará ahí, sin esfuerzo.

Creer y practicar lo que el Buda enseñó no es fe ciega; no es superstición. El Buda mismo realizó el camino completo e inequívoco y luego nos lo reveló a nosotros, los seres sintientes. Desde su época, innumerables grandes yoguis han examinado, verificado y experimentado lo que el Buda enseñó, y han conseguido comprender todo el camino. Muchos de los discípulos del lama Tsongkhapa alcanzaron la iluminación en una vida. Innumerables seres, como estrellas en un cielo nocturno, han comprendido el camino exactamente como el Buda lo explicó y han alcanzado la iluminación.

Creo que las personas que pueden hacer un retiro de *lamrim* son extremadamente afortunadas, más incluso que las que tienen grandes poderes psíquicos o de sanación, porque incluso aquellos cuya clarividencia les permite ver el pasado y el futuro no están libres del karma. No tienen mapa que les saque del *samsara*. Por otro lado, si podemos hacer aunque sea un breve retiro de *lamrim*, o incluso una meditación, habremos comenzado nuestro viaje hacia la libertad.

Tener siquiera el deseo de meditar sobre el *lamrim* es sumamente raro y maravilloso. De todas las personas en el mundo, ¿cuántas tienen algún interés en la meditación? Muy pocas. Y de ellas, ¿cuántas conocen el camino budista y tienen interés en meditar sobre el *lamrim*? Tanto en Occidente como en Oriente, el número es pequeñísimo. Así pues, somos de lo más afortunados.

Tema por tema, tienes que estudiar el *lamrim* y meditar sobre él, profundizar tu comprensión de él hasta que lo entiendas. Puedes basar tus meditaciones en textos breves de *lamrim*, como *Esencia del néctar*, de Yeshé Tsöndrü[1] o *Un himno de experiencia*, del lama Tsongkhapa. No son ni demasiado largos ni demasiado cortos y su estilo es bello y muy inspirador. Utilizándolos como esquema de base, puedes hacer meditaciones analíticas y fijas sobre ese tema; usa la meditación analítica para transformar tu mente en esa experiencia y luego haz una meditación de fijación para mantener esa experiencia el mayor tiempo posible.

Después, entre sesiones, puedes profundizar en los temas leyendo los grandes textos de *lamrim*, como *La liberación en la palma de tu mano*, de Pabongka Dechen Nyingpo, y *El gran tratado de los estadios en el camino hacia la iluminación* (*Lamrim Chenmo*), del lama Tsongkhapa. Todo lo que necesitas saber sobre los temas de *lamrim* se encuentra en estos textos, por lo que realmente pueden mejorar tus meditaciones.

Meditaciones habituales de *lamrim*

Meditación sobre el renacimiento humano perfecto

El propósito de meditar sobre el renacimiento humano perfecto es darte cuenta de lo increíblemente excepcional y única que es tu vida. Nada podría ser más precioso que la vida humana que tienes ahora, y no podría haber mayor pérdida que la de no aprovechar esta oportunidad única para hacer realidad tu potencial como ser humano. Por lo tanto, cuando llegues a comprender el tema, debes meditar sobre él una y otra vez. Cuanto mejor entiendas qué es un renacimiento humano perfecto, más decidido estarás a hacer que cada momento de tu vida sea significativo.

Meditar sobre el renacimiento humano perfecto te ayuda a entender que has estado controlado por el egoísmo y a ver la verdad en las enseñanzas sobre la naturaleza del sufrimiento. Al repasar cada una de las meditaciones dentro del renacimiento humano perfecto puedes hacer que esas comprensiones formen parte de tu vida. De manera crucial, puedes entender la necesidad de moralidad y generosidad si quieres llevar a la próxima vida el trabajo que estás empezando ahora. Verás que hacer y cumplir los votos que ofrece el budismo es como la llave de la puerta a la iluminación. También puedes desarrollar tu compasión hasta que se convierta en *bodhichitta*, que te permitirá entrar en el camino tántrico y alcanzar rápidamente la iluminación.

En los textos de *lamrim* se suelen ver estos esquemas de meditación para el renacimiento humano perfecto:

- Reconocer que tienes un renacimiento humano perfecto.
- Comprender las ocho libertades.
- Comprender las diez riquezas.
- Reconocer su gran valor.
- Reconocer su singularidad.

Como verás en la meditación del apéndice 3, las ocho libertades incluyen cuatro estados indeseables de los que se está libre —como un ser infernal, como un fantasma hambriento, como un animal o como un dios de larga vida— y cuatro situaciones indeseables de las que estás libre —ser un bárbaro, vivir en una época en la que no hay ningún buda, tener puntos de vista erróneos o haber nacido con facultades mentales o físicas defectuosas—. De un modo similar, las diez riquezas se dividen en dos: las cinco riquezas personales que incluyen haber nacido ser humano en un país del *dharma* con facultades mentales y físicas perfectas, y las cinco riquezas que dependen de otros, como haber nacido en la época de un buda y cuando aún existen las enseñanzas completas, y tener las condiciones necesarias para practicar el *dharma*, como la bondad de los demás.

Una forma habitual de meditar sobre el renacimiento humano perfecto es repasar cada una de las ocho libertades y las diez riquezas individualmente, reflexionando sobre cada una de ellas en profundidad e intentando ver por qué eres tan afortunado de tener estas dieciocho cualidades.

Si tu meditación es en un retiro o como práctica diaria, en la que sueles trabajar un tema de *lamrim*, entonces puedes enfocarte en una libertad o una riqueza cada día, o en cada sesión, o permanecer con una libertad o una riqueza durante algunos días hasta que tengas un sentimiento fuerte por ella. Por el contrario, puedes hacer una meditación sobre una serie de libertades o sobre todas ellas para tener una visión de conjunto. El objetivo es comprender cada tema al nivel más profundo posible para que se convierta en una verdad intensa.

Meditar sobre cada una de las dieciocho cualidades puede hacerse en conjunción con una práctica de deidad. Por ejemplo, si estás haciendo una práctica Chenrezig, después de recitar el mantra durante un rato, introduce el tema y medita sobre él como parte del desarrollo de la compasión. Su Santidad el dalái lama dice que cuando ya no puedas concentrarte en visualizarte a ti mismo como la deidad, hacer una meditación de *lamrim* impide que surjan las supersticiones.

El propósito de meditar sobre cada una de las ocho libertades y las diez riquezas por separado es convencerse de que no es posible practicar el *dharma* estando en otro reino que no sea el humano y que incluso como humano no hay posibilidad de practicar el *dharma* a menos que estés libre de vivir en un país opresor, de tener puntos de vista erróneos, etcétera. Solo cuando se den las dieciocho condiciones serás libre para practicar el *dharma* sin obstáculos.

Puedes hacer cada meditación tan elaborada o tan simple como quieras. Depende de lo que sea más eficaz para tu mente y, por supuesto, del tiempo de que dispongas.

La meditación sobre cada libertad y riqueza sigue el mismo formato. Por ejemplo, con la primera meditación, sobre la libertad de no haber nacido ser infernal, puedes repasar las descripciones detalladas de cada infierno que aparecen en los textos de *lamrim*. Esto puede hacerse en una sesión de meditación o en muchas, pero la idea es sentir realmente lo insoportable que es ese sufrimiento y lo afortunado que eres de no estar en esa situación. Luego reflexiona sobre el hecho de que tener esa libertad te permite practicar el *dharma* y alcanzar los tres grandes propósitos de obtener un feliz renacimiento futuro, alcanzar la liberación y lograr la iluminación plena. Por último, proponte no desperdiciar nunca ni un momento de este renacimiento humano perfecto, sino utilizarlo para alcanzar la iluminación plena para liberar a todos los seres sintientes del insoportable sufrimiento en el que están atrapados.

Así pues, cada meditación tiene estos cuatro elementos:

- Reflexionar sobre el sufrimiento y la falta de libertad de ese ser o situación.
- Reflexionar sobre el hecho de que estás libre de ese sufrimiento o situación y alegrarte de que así sea.
- Reflexionar sobre cómo esta libertad te permite alcanzar los tres grandes propósitos.
- Decidir no desperdiciar ni un momento de este renacimiento humano perfecto.

Tras haber realizado las meditaciones analíticas sobre cada libertad y riqueza, reflexiona sobre cómo, a pesar de la extrema dificultad de reunir las dieciocho cualidades, has conseguido hacerlo, y en consecuencia aprecia lo precioso que es este renacimiento. Como he explicado antes, cuando tienes un sentimiento fuerte durante tu análisis, es muy bueno parar y hacer una meditación de fijación sobre ese sentimiento para hacerlo más fuerte, más intenso y más estable. Aquí puedes repetir la idea una y otra vez: «Esto es tan precioso, esto es tan precioso, esto es tan precioso...».

No debes reflexionar solo sobre cada libertad de esta manera; también debes hacerlo sobre el hecho de que esta libertad no durará. Esta vida es muy corta y puede terminarse en cualquier momento, incluso hoy. Podría acabarse incluso durante esta sesión de meditación.

Si entrenas tu mente de este modo, incluso en las pausas entre meditaciones surgirá sin esfuerzo el pensamiento de que tu vida humana perfecta es extremadamente preciosa, de igual modo que surge sin esfuerzo el pensamiento de hambre o de apego. Con una mayor comprensión de lo precioso que es tu renacimiento humano perfecto, dejarás automáticamente de realizar acciones sin sentido.

Meditar sobre la impermanencia y la muerte

Todos necesitamos recordar constantemente la impermanencia y la muerte. Cuando lo hagamos, veremos automáticamente lo que es importante en la vida, y las distracciones que obstaculizan nuestra práctica del *dharma* se evaporarán y nos darán energía ilimitada para practicar el *dharma*. Al entender lo inminente de la muerte vemos lo estúpido que es mantener mentes de ira, apego o ignorancia, y al desprendernos de estas mentes ilusorias traemos paz y felicidad a nuestra vida cotidiana. Si nuestro objetivo es lograr un renacimiento humano mejor, podemos hacerlo fácilmente. Si nuestro objetivo es la liberación o la iluminación, podemos hacerlo.

La meditación sobre la impermanencia y la muerte es el método más poderoso para controlar la preocupación mundana que se aferra a la felicidad de esta vida. En mi opinión, es la meditación fundamental. Como dijo el Buda en el *Sutra Mahaparinirvana*:

> Entre todas las cosechas, la cosecha del otoño es suprema.
> Entre todas las huellas, la del elefante es suprema.
> Entre todas las ideas, la idea de la impermanencia y la muerte es suprema, porque con ella eliminas todo apego, ignorancia y orgullo de los tres reinos.[2]

Sin apreciar plenamente la fragilidad de nuestro renacimiento humano perfecto no tendremos energía para aprovecharlo del todo. Podremos entenderlo, como es lógico, pero seguiremos generando más sentimientos por perder dinero que por perder esta vida. Tenemos el cráneo tan grueso que hemos de meditar repetidamente para atravesar la densa niebla de nuestros engaños.

Comprender la impermanencia y la muerte es fácil; no tiene nada de complicado. Cada objeto o situación nos muestra la impermanencia todo el tiempo. La impermanencia y la muerte están por todas partes a nuestro alrededor; en la ciudad en la que vivimos, en los sonidos que oímos, en los periódicos que leemos o en la televisión y el cine que vemos. Incluso ir de compras es un recordatorio constante de la impermanencia y la muerte, si queremos verlo.

Si bien existen diversas meditaciones sobre la impermanencia burda y la sutil, la naturaleza impermanente de la vida —que todos moriremos— es la más importante. La forma común de meditar sobre la muerte, generalmente llamada la *meditación en nueve puntos sobre la muerte*, utiliza tres raíces: la muerte es segura; el momento de la muerte es incierto; y nada puede ayudar en el momento de la muerte salvo el *dharma*. Esta meditación, que se enseña ampliamente en el budismo tibetano, se presenta con tres razones y una conclusión para cada raíz:

> *Raíz:* La muerte es segura.
> Ningún ser ha escapado jamás a la muerte.
> Mi esperanza de vida disminuye constantemente.
> Hay muy poco tiempo para practicar el *dharma*.
> *Conclusión:* Debo practicar el *dharma*.

Raíz: El momento de la muerte es incierto.
La esperanza de vida de los seres humanos no es fija.
Son más las condiciones que ponen en peligro la vida que las que la mantienen.
Mi cuerpo es tremendamente frágil.
Conclusión: Debo practicar el *dharma ahora.*

Raíz: Nada puede ayudar en el momento de la muerte salvo el *dharma.*
La riqueza y las posesiones no pueden ayudar.
Los amigos y parientes no pueden ayudar.
Mi cuerpo no puede ayudar.
Conclusión: Debo practicar el *dharma* con *pureza.*[3]

Así es como hay que utilizar estos puntos: lo único de lo que puedes estar seguro es de que morirás. Si piensas en todas las «certezas» que tienes en la vida —tu próximo cumpleaños, la cena de esta noche, tu programa de televisión favorito del viernes—, en realidad no son más que suposiciones porque, por muy probables que parezcan, quizá no estés aquí para experimentarlas. Y es que lo más incierto de todo es el momento de tu muerte. La muerte puede ocurrir en cualquier momento, desde tu próximo aliento hasta dentro de muchos años. Sencillamente no lo sabes. Por lo tanto, ese concepto de permanencia que acarreas, como un gran peso, es el gran engañador. No puedes confiar en nada que esté marcado por ese concepto de permanencia. Todos tenemos esa idea de que no nos moriremos. Puede que no la expresemos, que sea inconsciente, pero vivimos con esa idea todos los días. Le dices a tus amigos: «Hasta la semana que viene», y estás suponiendo que no te morirás antes. Trabajas una hora más para cobrar tu sueldo y supones que seguirás vivo el día de cobro. Vives cada día con la idea de que no te morirás. Hasta el día en que te mueres, esa idea está ahí, engañándote, cegándote ante la realidad. Esa suposición es peligrosa no solo porque es errónea: al pensar que no te morirás, pospones lo que es realmente importante, practicar el *dharma.* Tienes que investigarlo a conciencia en tus meditaciones.

Cuando consideras profundamente no solo que la muerte es segura, sino también que el momento de la muerte es incierto —que incluso podría ser hoy, en esta hora, en este minuto—, de repente no hay razón para aferrarse a las cosas. Ves claramente que la mente del apego que quiere las cosas para mí ahora es una mente del todo infantil. Antes no podías ni respirar de lo abrumado que estabas por el apego, como hundido en el fango; luego, en el preciso instante en que recuerdas la impermanencia y la muerte, te liberas de la mente perturbada y tensa del apego.

Como con todas las realizaciones de *lamrim*, una vez que hayas generado la realización de la impermanencia y de la muerte ya no tendrás que meditar repasando los esquemas, como la meditación en nueve puntos sobre la muerte. Desde lo más profundo de tu corazón, sabiendo que la vida es muy corta y que puedes morirte en cualquier momento, al empezar la sesión no estás seguro siquiera de si la acabarás. Si tienes que levantarte del cojín e ir a orinar, no sabes si podrás regresar al cojín. Te vas a la cama con la sensación en el fondo de tu corazón de que es muy posible que no te levantes por la mañana.

Cuando tienes constantemente esta comprensión intuitiva, espontánea, de que morirás y de que podrías morirte en cualquier momento, has alcanzado la realización de la impermanencia y de la muerte. Con una mente así, no desearás hacer otra cosa que prepararte para tu próxima vida y vidas, lo que significa solo practicar pura y constantemente el *dharma*.

Los obstáculos a la práctica del *dharma* provienen generalmente de la mente, no de factores externos. Una vez que has alcanzado la realización de lo impermanente que es tu vida, incluso si vives en la ciudad más ajetreada del mundo, como Nueva York o Hong Kong, no solo no habrá obstáculos para tu práctica del *dharma*, sino que habrá verdadera felicidad, porque habrás cortado el apego, la raíz de tus problemas.

Meditar sobre los puntos de los caminos de los seres capaces inferiores y medios

Las meditaciones que conducen a renacimientos superiores y a la liberación del *samsara* son las que se adentran en los caminos de los seres capaces inferiores y medios. Incluyen el sufrimiento de los reinos inferiores; el refugio en el Buda, el *dharma* y la *sangha*; el karma; y la renuncia al *samsara*.

Una de las meditaciones iniciales que debes hacer es sobre tu propio sufrimiento. La primera enseñanza del Buda fue sobre las cuatro nobles verdades, en la que no solo enseñó la naturaleza del sufrimiento, sino también cómo librarse de él. En el budismo, como hemos visto, el sufrimiento —el *dukkha*— se refiere a todos los niveles de sufrimiento mental y físico.

Sin un profundo conocimiento de cómo y por qué se sufre no hay manera de realizar ninguna de las meditaciones más avanzadas, como las de la *bodhichitta* o la vacuidad, y sin duda cualquier práctica tántrica sería imposible. A menos que reconozcas tu propio sufrimiento, no le temerás, por lo que será muy difícil superar las dificultades que sin duda surgirán con tu práctica del *dharma*.

En los textos de *lamrim*, después de la impermanencia y la muerte están las enseñanzas sobre el *sufrimiento de los reinos inferiores*: el sufrimiento de los distintos reinos infernales, los diferentes tipos de fantasmas hambrientos y el reino animal. Debes meditar sobre cada uno para generar un temor profundo hacia ellos y un deseo sincero de evitarlos a toda costa.

Habiendo meditado sobre la impermanencia, la muerte y el sufrimiento que te espera tras la muerte, debes llegar a un punto en el que busques desesperadamente una salida. Supón que fueras al médico por un chequeo rutinario, pensando que estás perfectamente sano, y te dijeran que tienes un cáncer terminal y que solo te quedan unos meses de vida. ¿No harías todo lo posible por encontrar una cura? Del mismo modo, cuando comprendes lo precaria que es tu situación dentro de este ciclo de sufrimiento eterno llamado *samsara*, decides hacer todo lo posible para librarte de él.

No es que antes no sufrieras y ahora sí solo porque tienes que pensar en ello. Siempre has sufrido, pero ahora, como el paciente al que le enseñan la radiografía, te encuentras cara a cara con la magnitud de tu sufrimiento. De modo que has de acudir al médico que tiene el tratamiento para curar esa enfermedad: el Buda, el ser iluminado que puede mostrarte el método perfecto para destruir por completo tu ignorancia y eliminar así todo sufrimiento.

Eso lleva a *tomar refugio* en el Buda, el *dharma* y la *sangha*. Los textos de *lamrim* contienen muchas enseñanzas sobre las cualidades de los Tres Raros Sublimes y por qué debes confiar plenamente en ellos. Esos puntos son perfectos para tus meditaciones.

Tomar refugio lleva a meditar sobre el karma y sus cuatro aspectos: que es seguro, que se expande, etcétera. Luego, meditar sobre cómo todo el *samsara* es sufrimiento por su propia naturaleza conduce a desarrollar *la renuncia al samsara*, una aversión total hacia él, no tener el más mínimo interés en los placeres samsáricos. Esto se consigue meditando sobre los sufrimientos concretos de los reinos de los humanos y de los dioses, mirando los diferentes sufrimientos que hay en ellos: tres tipos, seis tipos y ocho tipos.[4] Después se investiga la evolución de la existencia cíclica, los doce eslabones del origen dependiente y la causa fundamental del *samsara*: el karma y los engaños. Se medita sobre todo ello hasta que se consigue comprender la renuncia al *samsara* y se tiene la sensación de que estar en el *samsara* es como estar en medio de un incendio o como despertar en un nido de cobras: no existe el más mínimo deseo de permanecer allí ni siquiera por un instante.

En ese momento, con una comprensión estable de la renuncia al *samsara*, has alcanzado el camino gradual del ser capaz medio.

Meditar sobre los tres entrenamientos superiores

Para alcanzar la liberación, el nirvana, no solo es necesario renunciar al *samsara*, sino también completar los tres entrenamientos superiores:

- El entrenamiento superior de la ética.
- El entrenamiento superior de la concentración.
- El entrenamiento superior de la sabiduría.

La concentración y la sabiduría no se mencionan explícitamente en los textos de *lamrim* dentro del camino gradual del ser capaz medio, sino inmediatamente después de la *bodhichitta*, en el camino gradual del ser capaz superior, donde a menudo se denominan *serenidad* y *percepción*. El entrenamiento superior de la sabiduría se refiere a comprender la vacuidad, y, como hemos visto, cuando se combina con el *shamatha* conduce directamente a la liberación.

Sin el entrenamiento superior de la concentración, el *shamatha*, no se puede comprender la vacuidad. La analogía que se utiliza a menudo es tratar de ver un bello *thangka* cuando está oscuro. No solo se necesita una vela para verlo, sino que también hay que estar protegido de cualquier corriente de aire que pueda apagar la vela o hacerla parpadear tanto que no se pueda ver la pintura con claridad. Para verla perfectamente, la vela ha de brillar bien y el aire debe estar en calma, de modo que la llama esté recta. Así, sin una práctica fuerte de *shamatha*, la mente no puede concentrarse sin perturbación durante el tiempo suficiente para penetrar en la visión correcta de la realidad.

Si quieres concentrarte a cualquier nivel has de controlar la mente para detener las distracciones mentales. Sin embargo, como hemos visto, la dispersión y el embotamiento son un obstáculo constante hasta que se alcanza un nivel de concentración alto. La mente es como la llama de esa vela en medio del viento, llena de distracciones, llena de supersticiones. La falta de ética es la causa de las mentes perturbadas por la excitación y la laxitud. De modo que, si quieres una buena concentración, has de desarrollar el entrenamiento superior de la ética, con el que proteges tu cuerpo y tu palabra de las acciones negativas.

Un elefante loco se niega a seguir el camino por el que lo conduce su adiestrador y corre por todas partes —por los campos, por las casas— matando a gente y destruyendo cuanto encuentra a su paso. Se hace daño y hace daño a otros seres vivos. Para que el elefante sea útil, el adiestrador debe dominarlo bien. Siempre que el elefante sea desobediente hay que castigarlo. Una mente no adiestrada en la ética es exactamente igual que un elefante loco. Hay que dominarla; de lo contrario no llegarás al destino que te propones. Por lo tanto, junto con los entrenamientos superiores de la concentración y la sabiduría, es crucial el entrenamiento superior de la ética.

En el camino gradual del ser capaz medio, el adiestramiento superior de la ética se refiere sobre todo a mantener los distintos tipos de votos que se pueden hacer como budista. Esa es la herramienta principal que se utiliza no solo para asegurar un renacimiento futuro en los reinos superiores, sino también para alcanzar el *shamatha*. Cómo de rápido suceda eso depende de cuán estrictamente mantengas tu conducta moral.

El tercer entrenamiento superior es la sabiduría que comprende la vacuidad, que no es fácil. Necesitas leer muchos textos sobre la vacuidad y estudiar y reflexionar sobre ellos para tener una buena comprensión general de lo que es. Recomiendo hacer una meditación sencilla sobre la vacuidad cada día, aunque sea recitando el *Sutra del corazón de la sabiduría*, para plantar la semilla. Aunque ahora no entiendas las explicaciones, dejarán una huella en tu mente de modo que, tarde o temprano, comprenderás plenamente el significado, lo que te llevará a la realización del vacío.

Puede que esto ni siquiera ocurra en esta vida, pero al hacer todo ese trabajo —escuchar, leer, estudiar, reflexionar, meditar— creas una huella tan profunda que se vuelve asombrosamente fácil alcanzar la realización de la vacuidad en tu próxima vida. El mero hecho de oír la palabra «vacuidad» te permitirá comprenderlo.

Meditar sobre los tres aspectos principales del camino

Además de los tres entrenamientos superiores, que se consideran prácticas que conducen a la liberación, en el Mahayana, las prácticas fundamentales que conducen a la iluminación son los tres aspectos principales del camino:

- la renuncia,
- la vacuidad,
- la *bodhichitta*.

Sin renuncia no se puede controlar el deseo; sin que la sabiduría comprenda la vacuidad no se puede eliminar la ignorancia; y sin *bodhichitta* no se puede superar la actitud egoísta, fuente de todos los problemas.

La renuncia, liberarse de la dolorosa mente insatisfecha del deseo, significa renunciar a todo el *samsara*. «Renuncia» puede sonar como si estuvieras abandonando algo valioso, pero es justo lo contrario. En lugar de renunciar a tu felicidad, estás renunciando a la causa de todos los problemas de tu vida: la mente del deseo. Cuando haces eso, encuentras la verdadera paz, la verdadera felicidad. Aunque en la actualidad es natural confundir los placeres samsáricos con la felicidad, has de entender que en realidad son otra forma de sufrimiento, el *sufrimiento del cambio*, llamado así porque todo lo que se experimenta en el *samsara* cambiará; esa es su naturaleza. Renunciar a la búsqueda de los placeres samsáricos, en cambio, conlleva una paz interior que es felicidad pura, una felicidad que no está etiquetada con un sentimiento que es sufrimiento por su propia naturaleza. Eso es lo que debes comprender y sobre lo que debes meditar.

De las otras dos prácticas principales dentro del Mahayana, la *bodhichitta* y la vacuidad, la *bodhichitta* se considera la más importante, ya que incluso si has comprendido la vacuidad, sin *bodhichitta* no puedes entrar en el Mahayana y alcanzar la iluminación.

Los arhats están completamente libres de engaños, completamente libres del *samsara*. Tienen unos conocimientos y unos poderes psíquicos increíbles, incluyendo una comprensión directa de la vacuidad, pero siguen siendo incapaces de entrar en el Mahayana y alcanzar la iluminación. Sin embargo, los nuevos *bodhisattva*, que acaban de alcanzar la *bodhichitta* pero aún no han comprendido la vacuidad y, por tanto, tienen menos conocimientos que los arhats, están más cerca de la iluminación gracias al poder de su *bodhichitta*.

Cualquier acción realizada con *bodhichitta* se convierte en una acción Mahayana, una acción que conduce a la iluminación completa. Aunque se trate de una meditación sobre uno de los temas iniciales de *lamrim*, como meditar sobre la impermanencia y la muerte, debido a que la mente está imbuida de *bodhichitta*, se trata de una acción Mahayana y una causa de iluminación.

Pabongka Dechen Nyingpo explica que no se puede generar *bodhichitta* a partir de unas pocas palabras. Si deseas entrar en el Mahayana, has de estudiar todo el *lamrim*, meditar sobre él y entrenar tu mente gradualmente en la *bodhichitta* a través de los siete puntos de causa y efecto o igualando e intercambiando el yo con los demás.[5] Él dice que cuando meditas sobre la *bodhichitta*, aunque sea solo dejando unas pocas huellas de tu meditación en tu mente, esas huellas son mucho más especiales que cualquier otra comprensión a la que puedas llegar.

Las oraciones de *lamrim* y la meditación

En el budismo, cualquier oración que hagamos es meditación. Cuando la gente no entiende esto, puede pensar erróneamente que las muchas oraciones que hay en el budismo tibetano son solo rituales. En mi opinión, eso se debe a que han crecido en un ambiente cristiano y quizá sientan cierta aversión por las oraciones que se cantan en la iglesia, cosa que afecta a cómo ve la gente las oraciones budistas.

A menos que comprendamos el significado profundo de las oraciones, bien podríamos considerarlas inútiles y aburrirnos rápidamente. Sin embargo, cuando apreciamos su significado, las oraciones se vuelven muy ricas. Se convierten en una meditación, como una medicina para nuestra mente angustiada. Disfrutamos de ellas, como cuando nos relajamos en la playa. Después de trabajar duramente, vamos a la playa y nos tumbamos al sol o cabalgamos las olas: ¡qué vacaciones tan estupendas! Aquí, cuando decimos oraciones y meditamos, estamos sentando las bases de las mejores vacaciones, las vacaciones de la liberación.

Las oraciones no son palabras vacías que recitamos. Cada palabra es para la meditación, cada palabra es para someter nuestra mente y liberarla del apego, de la ignorancia, de la ira, etcétera, de todos los engaños que surgen de nuestra actitud egoísta.

La mayoría de las prácticas de meditación comienzan con la oración de refugio y *bodhichitta*. Es básico saber meditar sobre ella para transformar nuestra mente en una que sea de refugio y *bodhichitta*, de modo que estas dos preciosas actitudes armonicen con nuestro corazón. Entonces, las oraciones se vuelven increíblemente significativas. De lo contrario, son solo palabras, solo ruido. Estamos tan preocupados con distracciones, especialmente las no virtuosas, que podemos pasarnos horas rezando sin crear nada virtuoso. Haciendo eso podemos desperdiciar nuestra vida por completo. A menos que seamos conscientes de las oraciones que estamos recitando, no podremos dejar una huella positiva en nuestra mente. Por lo tanto, es muy importante que mantengamos la mente concentrada cuando digamos oraciones. Entonces estaremos meditando.

CAPÍTULO 8

Los retiros

Hacer un retiro nos acerca a la iluminación

No importa qué otras prioridades llenen nuestra vida, aunque trabajemos a tiempo completo en un trabajo muy exigente, resulta muy útil encontrar tiempo para hacer un retiro cada año, durante una semana, quince días, un mes o incluso dos; de hecho, ¡todo el tiempo que queramos! Por supuesto, nuestra práctica diaria es vital, pero en el marco de un retiro tenemos más libertad, más tiempo, más energía, para llevar lo que hemos aprendido a un nivel mucho más profundo.

Necesitamos meditar para beneficiarnos y liberarnos del sufrimiento. No tenemos alternativa. Debemos comprender el camino y para ello hemos de meditar sobre él. En un retiro nos ponemos en una situación en la que se dan las mejores circunstancias posibles, lejos de distracciones, de modo que se crean las condiciones para progresar rápidamente en nuestras meditaciones.

Si somos practicantes del Mahayana, también necesitamos el retiro para beneficiar a los demás. Al desarrollar nuestra mente en el retiro, somos mucho más capaces de trabajar para otros después, lo que les beneficia del modo más apropiado. Por ejemplo, con la claridad que hemos obtenido en el retiro, cuando tratamos de explicar el *dharma*, la gente nota que nos sale del corazón y que no es un mero discurso aprendido. Por ese motivo tiene un gran efecto sobre ellos y les hace más fácil volver la mente hacia el *dharma*.

Alejarse de los ocho dharmas *mundanos*

Por lo general, cuando los tibetanos hablan de un retiro, significa que van a un lugar determinado para hacer una práctica concreta durante un mes, dos o más tiempo. Sin embargo, la esencia de un retiro no depende de dónde estemos. Sea cual sea el tipo de retiro —un retiro de mindfulness, uno *lamrim*, uno tántrico—, para que sea un retiro hemos de vivir en la disciplina de observar nuestro karma, evitando las acciones negativas de el cuerpo, la palabra y la mente en la medida de lo posible. Ese es el significado general de la palabra «retiro».

Independientemente de dónde estemos —en una ciudad, en una estación de tren donde haya mucho ruido, en un supermercado de Estados Unidos—, si vivimos en la disciplina de evitar acciones negativas, estamos en un retiro. En cambio, podemos estar lejos de la ciudad, solos sobre un cojín de meditación en una cueva de una montaña del Himalaya, pero si no vivimos en la disciplina de evitar las acciones negativas, no estamos realmente en un retiro. En resumen, la palabra *retiro* significa alejarse de pensar en los ocho *dharmas* mundanos.

Normalmente, el tiempo de que disponemos para el retiro es muy limitado. Por lo tanto, es increíblemente importante que pongamos todo nuestro esfuerzo en asegurarnos de que todo lo que hagamos en el retiro se convierta en puro *dharma*. Heruka dio este consejo al gran yogui Luipa, uno de los lamas del linaje de las enseñanzas Heruka Chakrasamvara:

> Deja de estirar las piernas
> y deja de entrar en el *samsara*.
> Genera *bodhichitta* para alcanzar a Vajrasattva, el Gran Victorioso, para [todos los seres sintientes.[1]

Esto no quiere decir que no podamos dormir durante el retiro, que no podamos tumbarnos y estirar las piernas por la noche. No es ese el consejo de Heruka. «Dejar de estirar las piernas» significa dejar de permitir que la mente esté controlada por el pensamiento que solo busca la comodidad en esta vida.

Por ejemplo, aunque estirar las piernas cuando estamos con otras personas puede ser grosero, cuando estamos meditando y nos notamos algo cansados surge el pensamiento de buscar la comodidad. Si seguimos ese pensamiento, muy fácilmente podemos empezar a saltarnos sesiones, compromisos o incluso pasarnos todo el tiempo durmiendo, lo que sería estirar las piernas por completo. Eso supondría una tremenda pérdida de tiempo, ya que en esas horas, cuando podríamos haber hecho que nuestra vida fuera muy significativa, habríamos perdido esa gran oportunidad. El error básico es permitir que la pereza, el apego a la comodidad, nos controle la mente.

Querer comodidad, felicidad, posesiones, reputación, alabanzas, y sentir aversión por nuestros opuestos, en otras palabras, los ocho *dharmas* mundanos, es lo que nos ata a esta vida. Cada vez que intentamos tener un pensamiento virtuoso, una de estas ocho preocupaciones está ahí para arrastrarnos de nuevo a la consideración egoísta. Ninguna acción motivada por el apego es *dharma*. Podemos llevar años meditando en un lugar solitario y continuar plagados de problemas, apegados a la comodidad y molestos por la incomodidad, preocupados por el hecho de que podamos no gustarle a la gente, etcétera. Cuando hay obstáculos y nuestra mente se agita en lugar de tranquilizarse, se debe a que pensamos en los ocho *dharmas* mundanos. Hasta que hayamos superado el apego a los placeres de esta vida, nuestra práctica de meditación será débil e ineficaz. Seremos básicamente meditadores «de boquilla».

A veces, los alumnos se me han quejado de que llevan décadas meditando pero sin muchos resultados. Dicen eso, pero la verdad es que no estoy seguro de que lleven tanto tiempo meditando, aunque ellos lo crean así. Además, parece que algunos consideran que su falta de progreso es culpa del *dharma*, que hay algo que no funciona en las enseñanzas. No reconocen que el fallo está en ellos mismos, que en su práctica falta una parte y eso provoca los obstáculos que bloquean su progreso. Nunca piensan que es su actitud lo que ha de cambiar.

Todo lo que hagamos en el retiro debe ser un antídoto contra el pensamiento de los ocho *dharmas* mundanos, a través de meditaciones como las del camino gradual del ser capaz inferior, la del renacimiento humano perfecto, la de la impermanencia, etcétera. Desde la perspectiva de lo preciosa y frágil que es esta vida, desperdiciar incluso un segundo parece bastante infantil y tonto.

Un retiro más avanzado es que nuestra mente se aleje del apego a la felicidad samsárica de vidas futuras viviendo en la renuncia a todo el *samsara*. Luego, sobre esa base, nos alejamos del egoísmo viviendo en la *bodhichitta*, trabajando solo para los demás.

Más avanzado aún es retirarse de la ignorancia, la raíz del *samsara*, que es la ignorancia que retiene al yo para que exista por sí solo. Utilizamos meditaciones como ver que todo lo que aparece ante los sentidos —forma, sonido, olor, sabor u objetos tangibles—, aparece ante la mente alucinada como si existiera de verdad, aunque por sí solo esté del todo vacío de existencia.

De este modo, nos retiramos en la renuncia y nos alejamos del apego, nos retiramos en la *bodhichitta* y nos alejamos del egoísmo, y nos retiramos en la vacuidad y alejados de la codicia y la ignorancia.

Sin embargo, lo que quiero subrayar es que, si hacemos un retiro con buen corazón, los resultados serán buenos. Aunque nuestra motivación pueda estar todavía enturbiada por el apego a esta vida, al menos lo estaremos intentando sinceramente. Y puesto que estaremos intentando practicar la moralidad, nuestro buen corazón nos dará paz y protección, y podremos practicar el *dharma* sin mayores obstáculos.

Aceptar la inevitabilidad de los problemas

Cuando salgamos del retiro, tal vez nos encontremos con que el mundo entero ha cambiado por completo. O puede que no. Si podemos aprovechar la oportunidad de hacer el retiro lo más largo posible, por muchos problemas que surjan durante él, al ver lo importante que es desarrollar la mente de esta manera perseveraremos y nuestra mente se transformará definitivamente. Debemos recordar que no nos retiramos solo por la felicidad de esta vida, para liberarnos de los problemas de esta vida. Cuando desaparezcan los problemas de esta vida, tendremos que enfrentarnos a los problemas de la próxima y de todas las futuras. Independientemente de a cuántos problemas tengamos que enfrentarnos ahora, no hemos de abandonar la práctica del *dharma* nunca.

Cuando hagamos un retiro, o incluso cuando practiquemos la meditación a diario, por supuesto que encontraremos dificultades, tanto físicas como mentales. Por ejemplo, cuando nos sentemos a meditar, siempre habrá algo que no vaya bien: estaremos incómodos o hambrientos, o tendremos demasiado calor o demasiado frío, o estaremos demasiado cansados porque no habremos podido dormir. O quizá esté todo bien, ¡y entonces nos empiecen a picar los piojos! Siempre podemos encontrar algún problema que nos impida meditar.

No hemos de preocuparnos por los problemas que notamos y pensar que son importantes. Esos problemas pueden parecer un obstáculo para nuestra práctica del *dharma*, pero hay que comprender que sin completar la práctica del *dharma* no hay ninguna parte de la vida, ni siquiera un momento, en que estemos completamente libres de problemas físicos y mentales. Eso solo ocurrirá cuando hayamos superado totalmente nuestros engaños. Por lo tanto, vale la pena animarnos a continuar sin preocuparnos tanto por esos problemas de poca monta. Cuando no les demos importancia, no nos molestarán y nuestra práctica de meditación progresará con mucha más facilidad.

Esta es la experiencia de todos nosotros cuando empezamos a meditar. Hemos de aceptar los problemas como algo natural en lugar de rebajarnos u obsesionarnos con solucionarlos. Deberíamos pensar: «Estoy viviendo en el *samsara*, que es el sufrimiento en su propia naturaleza, así que por supuesto que hay problemas, igual que haría calor si estuviera sentado en medio de una hoguera». Si no supiéramos que la naturaleza del fuego es el calor, bien podríamos culpar al fuego de nuestro malestar, pero cuando vemos que esa es su naturaleza y que lo único que podemos hacer es salir de él, entonces podemos hacer algo al respecto. Del mismo modo, cuando vemos que la naturaleza del *samsara* es el sufrimiento, podemos decidir hacer lo que sea necesario para escapar de él, aunque eso signifique soportar alguna incomodidad en nuestras meditaciones.

Cuando recordamos esto, podemos reafirmar nuestra motivación siempre que caigamos en el deseo de buscar solo comodidad. Entonces habrá mucha menos distracción en nuestra meditación y en nuestra práctica del *dharma*, y nuestro retiro será mucho más fluido. Así es como todos los grandes meditadores empezaron su práctica del *dharma*, tratando de tener una vida pura recordando constantemente su motivación y pensando en la importancia de meditar, principalmente a través de la comprensión de la naturaleza sufriente del *samsara*.

Por supuesto, eso no significa que debamos buscar problemas en nuestro retiro. Como hemos visto al examinar los requisitos previos para desarrollar el *shamatha*, podemos progresar más fácilmente cuando nos preparamos bien para un retiro: buscando el lugar más propicio, preparándonos física y mentalmente de antemano, etcétera. Para los retiros largos se recomienda realizar una serie de prácticas preliminares, que veremos a continuación.

Nyungnés

Una práctica de purificación increíblemente potente que podemos realizar es el *nyungné* de dos días,[2] que fue transmitida por Chenrezig a la monja india plenamente ordenada Bhikshuni Gelongma Palmo.[3] El *nyungné* es una práctica tántrica que combina el ayuno, las postraciones y los ocho preceptos Mahayana con una meditación Chenrezig, utilizando una combinación de técnicas de purificación muy potentes, como visualizarnos a nosotros mismos como la deidad y enviar rayos de luz para purificar a los innumerables seres sintientes.

Nyungné significa «permanecer en el retiro».[4] En otras palabras, nos retiramos de los karmas negativos del cuerpo, de la palabra y de la mente. Cuando pensemos en un *nyungné*, no deberíamos pensar solo en las prácticas físicas como el ayuno y la postración; el *nyungné* tiene un significado mucho más amplio que el mero hecho de no comer.

Físicamente, estamos en retiro de las acciones no virtuosas mencionadas en los ocho preceptos Mahayana de un día que tomamos antes del amanecer: jurar abstenerse de matar, robar, mentir, mantener relaciones sexuales, tomar estupefacientes, sentarse en asientos o camas altos, comer a horas inadecuadas, y cantar, bailar y llevar perfumes y joyas. Además de estos votos, nos abstenemos de comer y beber. El primer día de un *nyungné* ayunamos por la tarde y el segundo día ayunamos por completo, sin comer ni beber nada en todo el día. Esas son las actividades físicas de las que nos abstenemos.

También nos retiramos de las actividades verbales negativas. El primer día mantenemos nuestro discurso puro, libre de conversaciones ociosas que puedan aumentar nuestros engaños, y el segundo día permanecemos en completo silencio, salvo para las oraciones de la práctica.

Apreciar a los demás es el *samaya*, o compromiso, más importante de cualquier práctica de Chenrezig, y es la práctica principal durante un *nyungné*. Si alguien nos critica, no le devolvemos la crítica. Si alguien se enfada con nosotros, no nos enfadamos con él. Si alguien nos hace daño, no le devolvemos el daño. Si alguien nos pega, no le devolvemos el golpe. Se dan estos cuatro consejos, pero lo esencial es no tomar represalias por ningún daño sufrido. Al recibir las bendiciones de Chenrezig, nuestro corazón se vuelve más blando, de forma natural sentimos una compasión increíblemente fuerte por los demás seres sintientes.

La purificación es lo más importante que podemos hacer, especialmente los principiantes, y un *nyungné* es una práctica de purificación increíblemente potente. Se suele mencionar en las enseñanzas que hacer un *nyungné* purifica cuarenta mil eones de karma negativo. Mientras hacemos un *nyungné* podemos experimentar hambre, sed, cansancio, dolor y demás inconvenientes, todos ellos signos de gran purificación. Deberíamos tener la sensación de que los inconvenientes que experimentemos, sean cuales sean, son increíblemente valiosos porque no son solo para ayudarnos a obtener la felicidad última para nosotros mismos; también experimentamos las dificultades de un *nyungné* para aliviar el sufrimiento de todos los demás seres sintientes.

Dado que la práctica de un *nyungné* es muy fácil de realizar y, sin embargo, increíblemente potente, recomiendo a todo el mundo que intente realizarla, al menos una vez al año. Además de ser el mejor medio para purificarnos y desarrollar realizaciones, es especialmente potente para ayudarnos a desarrollar compasión por los seres sintientes. También es muy eficaz para curar enfermedades, incluso aquellas difíciles de curar. Con la gran purificación y acumulación de mérito que aporta el *nyungné* podemos ir fácilmente a una tierra pura y alcanzar la iluminación sin necesidad de pasar por muchas penurias durante eones.

Si bien recomiendo hacer al menos un *nyungné* al año, si puedes hacer más, muchísimo mejor. Evidentemente, más es siempre mejor. La Venerable Tenzin Namdrol, una monja brasileña, ya ha realizado muchos cientos de *nyungnés*, y hay otros estudiantes de la FPMT, como la Venerable Ailsa Cameron, del Instituto Chenrezig de Australia, y el Venerable Charles, del Instituto Vajra Yogini de Francia, que dirigen *nyungnés* y que han completado cientos cada uno.

Prácticas preliminares

Las prácticas preliminares (*purvaka*, *ngöndro*) son prácticas que se realizan antes de un retiro largo, que preparan la mente para garantizar el éxito del retiro. Las cuatro prácticas principales son:

- Recitar la fórmula del refugio.
- Ofrecer mandalas.
- Hacer postraciones.
- Recitar el mantra de Vajrasattva.

La tradición Geluk añade cinco más:

- *Guru yoga*.
- Ofrecer cuencos de agua.
- Hacer *tsatsas*.
- Meditación purificadora de Damtsik Dorjé.
- Hacer la ofrenda de fuego de Dorjé Khandro.

Estas prácticas se realizan antes de un retiro para purificar los obstáculos que impedirían el éxito del retiro, para purificar las negatividades y los votos rotos, y para reunir muchos méritos, las condiciones necesarias para alcanzar las realizaciones. El *guru* recomendará las prácticas más beneficiosas para cada discípulo en cada momento, como tantos miles de la *puja* de fuego de Dorjé Khandro, postraciones ante los Treinta y cinco Budas, etcétera. Por lo general, se le dice al discípulo que realice cien mil de cada uno o de algunos de los preliminares, aunque el número varía. Cuando aconsejo a la gente, el número de prácticas preliminares que algunos deben hacer es muy alto, mucho más de cien mil, mientras que otras personas no han de hacer tantas. Esto no significa que todo el mundo deba hacer un gran número.

La práctica de Vajrasattva, la postración y recitar los nombres de los Treinta y cinco Budas se hace para aquietar los obstáculos, mientras que el mandala se ofrece para acumular méritos. Aparte de esto, considero que el *guru yoga* es una práctica fundamental que permite recibir las bendiciones del *guru* para obtener realizaciones rápidamente.

Cuando es necesario un gran número de prácticas preliminares, la mayoría deben completarse en un retiro, aunque también es posible hacer algunas mientras se está en casa o trabajando. Quien te explique el compromiso previo te lo hará saber. Por ejemplo, los cien mil mantras de Vajrasattva suelen durar tres meses en condiciones de retiro, pero en ocasiones un *guru* permitirá a un discípulo hacer algunos en el retiro y otros durante un período más extenso fuera de él, con condiciones muy específicas.

Cuando hagas un retiro para completar un determinado compromiso de práctica preliminar, te recomiendo que en la primera sesión te concentres en una práctica de *guru yoga* poniendo énfasis en una meditación de devoción al *guru*. Luego haz media hora aproximadamente de meditación *lamrim*. Durante el resto de la sesión —una hora, hora y media o dos horas— haz la práctica preliminar. La duración de la sesión depende de ti.

De este modo, tu retiro de práctica preliminar se convierte también en un retiro de *lamrim*, y las meditaciones de *lamrim* hacen que tu práctica preliminar sea muy potente para la purificación y la acumulación de méritos. Pabongka Dechen Nyingpo explica que el objetivo no debería ser solo completar las prácticas preliminares, sino también enriquecer las meditaciones de *lamrim* con el fin de tener realizaciones de los tres aspectos principales del camino.

Hay que tener cuidado de protegerte incluso de las pequeñas acciones negativas que puedan estropear las prácticas preliminares y hacerlas ineficaces. Aunque hagas cien mil de esta y cien mil de aquella, incluso aunque hagas los nueve preliminares, si vas creando karma negativo al mismo tiempo, nunca dejarás de necesitar las prácticas preliminares.

Hacer prácticas preliminares no es algo solo para principiantes. Si lees la biografía de los grandes meditadores, hacen un gran número de postraciones y de otras prácticas preliminares. Incluso el lama Tsongkhapa hizo muchos cientos de miles de postraciones en la cueva de Wölka Chölung.[5] Las prácticas preliminares de Milarepa eran mucho más que hacer muchos mandalas y mantras de Vajrasattva. Alcanzó la iluminación en una vida corta en estos tiempos degenerados haciendo una práctica preliminar especial, apreciando a su *guru*, Marpa, más que a su propia vida. Nunca tuvo un pensamiento negativo de ira o herejía, sin importar cómo le trataran, a pesar de que Marpa le regañara e insultara constantemente. Seguía los consejos de su *guru*, por difícil que fuera la tarea. Marpa le hizo construir una torre de nueve pisos sin ayuda de nadie y, una vez acabada, le ordenó derribarla y volver a poner cada piedra en el mismo lugar del que había salido. Tuvo que hacerlo tres veces. Si lees la increíble historia de Milarepa, sabrás lo perfectamente que siguió el consejo de su *guru*. El trabajo duro, los golpes y el abuso que recibió fueron sus preliminares.

Además de estas nueve prácticas preliminares tradicionales, Kirti Tsenshab Rinpoche, un gran maestro y uno de mis *gurus*, explica que una de las mejores maneras de purificar y acumular méritos es estudiar los grandes textos filosóficos, como los textos del *Prajnaparamita* (*Perfección de la sabiduría*) o el *Ornamento para el conocimiento claro* (*Abhisamayalamkara*) de Maitreya. El siguiente preliminar más eficaz es recitar la *Perfección de la sabiduría* en ocho mil líneas cien veces. Según Rinpoche, después vienen los nueve preliminares: refugio, ofrecer cuencos de agua, ofrecer mandalas, etcétera. Eso significa que, si perseveras en el estudio de estos textos a pesar de las dificultades, ello incluye estas prácticas preliminares.

Los mantras de refugio

La primera práctica preliminar suele consistir en recitar el mantra u oración de refugio muchas veces. Tradicionalmente se dice en sánscrito o tibetano, pero también se puede decir en otro idioma. La oración es la siguiente:

> NAMO *GURUBHYA* (*lama la kyab su chio*).
> Me refugio en el *Guru*.
> NAMO BUDDHAYA (*sanggyä la kyab su chio*).
> Me refugio en el Buda.
> NAMO *DHARMAYA* (*chhö la kyab su chio*).
> Me refugio en el *dharma*.
> NAMO *SANGHAYA* (*gedün la kyab su chio*).
> Me refugio en la *sangha*.

En la tradición del lama Atisha, cuando ofreces un mandala corto, que es una de las formas de hacer los cien mil mandalas para los preliminares, precedes la ofrenda del mandala con la oración de refugio para recordarte la motivación que te mueve cada vez que ofreces el mandala. Si combinas ambas así en tus preliminares, completarás cien mil mantras de refugio junto con cien mil ofrendas de mandala.

Las ofrendas de mandalas

Mientras recitas la oración del mandala un número determinado de veces, por ejemplo cien mil, ofrece al campo de mérito el mundo entero y todos los demás planetas, así como todos los objetos sensoriales preciosos que están en este y en otros mundos. Debes ofrecer especialmente todos los objetos a los que te aferras: tu cuerpo, tus posesiones y tus amigos. Llena el espacio con ofrendas de la más alta calidad que puedas imaginar. Leyendo y estudiando los comentarios puedes aprender los detalles de las meditaciones que acompañan a la oración de ofrenda del mandala.

La ofrenda del mandala es un método para acumular grandes méritos en poco tiempo. La técnica esencial consiste en ofrecer tantos mandalas de la mejor calidad como sea posible, con la visualización acorde con la oración. Cuando piensas en ofrecer muchas montañas o universos dorados lo más claramente posible, en ese preciso instante, acumulas el gran mérito de haber ofrecido realmente todas esas montañas o universos dorados.

Como acabo de mencionar, una forma excelente de hacer las dos prácticas preliminares juntas es recitar la oración de refugio con la ofrenda del mandala. Ya hemos visto la técnica y la visualización que implica un mandala largo, pero dentro de las prácticas preliminares se puede hacer una versión abreviada mientras se recita el mandala corto. Te recomiendo encarecidamente que utilices un conjunto de mandala: primero limpia la base del conjunto y luego, sobre la base, pon siete montoncitos que harán las veces de Monte Meru, los cuatro continentes, el sol y la luna.

Cuando termines una sesión de ofrenda del mandala, haz una firme petición al campo de mérito para que se aquieten todas las interferencias y obstáculos a la generación del camino. Desde el campo de mérito se emiten rayos de néctar blanco que purifican todas tus ofuscaciones y las de todos los demás seres sintientes. Luego, para generar realizaciones, visualiza haces de luz amarilla saliendo del campo de mérito y concediéndote a ti y a todos los seres sintientes todas las realizaciones.

Las postraciones y Vajrasattva

Según la tradición del lama Tsongkhapa, las prácticas preliminares suelen incluir cien mil postraciones, aunque el número no es la principal consideración. En *La liberación en la palma de tu mano*, Pabongka Dechen Nyingpo aconseja que hay que intentar hacerlas correctamente, aunque no consigas completar tantas. No hay que hacerlas apresuradamente solo para completar el número. Pabongka Dechen Nyingpo dice:

> Jé Rinpoche [Tsongkhapa] nos aconsejó no centrarnos en el número de postraciones —hacer cien mil como práctica preliminar, etcétera—; en lugar de eso, busquemos la calidad, incluso si eso significa no hacer un número tan grande.
>
> Puede que algunos digan: «Voy a hacer mi retiro preliminar», y luego tomen atajos cuando hacen las cien mil postraciones. Eso es un error. Debes ir acumulándolas y purificando tus ofuscamientos hasta alcanzar la iluminación. Los principiantes como nosotros debemos trabajar duramente en la acumulación y la purificación durante todas nuestras vidas. La acumulación y la autopurificación son mucho más importantes que la meditación; no lograrás nada en absoluto si afirmas: «He terminado mi retiro preliminar» y te tomas las cosas con calma a partir de ese momento.[6]

El terminar de hacer las postraciones que correspondan no significa que debas volverte como un jubilado, con la mente perezosa. No llegarás a ninguna parte viviendo tu vida de ese modo, pensando que el trabajo ya está hecho y que no hace falta que te esfuerces más. Incluso después de haber hecho las postraciones y los demás preliminares necesitas seguir purificándote y acumulando méritos.

Por otra parte, si realizas las postraciones con destreza, purificarás tantas negatividades y acumularás tantos méritos que las realizaciones vendrán tanto si has hecho el número especificado como si no. Y cuando comprendas lo maravilloso que es que hayas hecho tantas postraciones, una gran alegría surgirá naturalmente, y eso aumentará tu mérito enormemente.

Si estás haciendo postraciones en un retiro a tiempo completo, lo mejor es que las hagas como parte de una práctica de *guru yoga* (véase más abajo), haciendo una pausa dentro de la práctica para realizar las postraciones ante los Treinta y cinco Budas, utilizando la práctica estándar, *Confesión de las caídas morales del bodhisattva a los Treinta y cinco Budas*.[7]

Otra práctica preliminar es Vajrasattva, que consiste en hacer cien mil mantras de Vajrasattva o más en situación de retiro mientras se está postrado. Se considera una de las formas más potentes para purificar el karma negativo. En la tradición Geluk no es habitual pedir el compromiso de hacer un retiro de Vajrasattva cuando se da un empoderamiento de Vajrasattva, pero el lama Yeshe, con sus medios hábiles y su compasión por nosotros, sus alumnos, tuvo la amabilidad de iniciar esta tradición dentro de nuestra organización. Desde entonces, muchos miles de personas se han beneficiado de ella.

Por lo general, las instrucciones preliminares de los retiros que figuran en los textos aconsejan comenzar y terminar el retiro en el mismo lugar («en el mismo asiento», dicen los textos), tanto si uno hace cien mil, como doscientas mil o como incluso cuatrocientas mil de esas prácticas preliminares. De ese modo hay muchos menos obstáculos. Sin embargo, en la práctica de Vajrasattva visualizas a Vajrasattva en la coronilla, lo que también significa que puedes hacer la práctica en diferentes lugares. No se trata de que sea un retiro estricto o laxo; es que así es como se hace con Vajrasattva. Por lo tanto, aunque es preferible hacer los cien mil mantras en el mismo lugar, puedes completarlos en otro sitio.

Existen diferentes versiones de la práctica de Vajrasattva, incluida una *sadhana* muy corta. Puedes utilizar la versión que prefieras.[8] Luego puedes completar cómodamente el número de mantras requerido. Por descontado, es preferible que los mantras sean muchos y de mucha calidad, pero si no puedes tener ambas cosas, mejor que sean de alta calidad, ya que el objetivo es purificar el karma negativo.

Guru Yoga

Las mentes de algunas personas se transforman muy fácilmente con solo hacer algunas de las prácticas preliminares, y empiezan a tener una gran devoción o una compasión o renuncia muy poderosas. Dependiendo de lo espesas que sean las ofuscaciones, hay quien necesita hacer muchas más prácticas preliminares para desarrollarse de verdad. A algunos les lleva mucho tiempo.

Así pues, hay que perseverar con una fuerte práctica de purificación y de recolección de méritos, y hay que esforzarse por desarrollar devoción al *guru*. Aunque al principio la mente sea muy obstinada y se niegue a sentir devoción alguna por el *guru*, la devoción llegará si continúas con las prácticas preliminares. Entonces, cuando medites o leas un texto del *dharma*, mientras te purifiques y los obstáculos disminuyan, de repente tu corazón se abrirá y la experiencia se manifestará.

Realizar una práctica de *guru yoga* dentro de las prácticas preliminares, como por ejemplo la práctica del *Guru Yoga* de lama Tsongkhapa o la *Guru Puja*, generalmente se combina con postraciones y una meditación *lamrim*. Para ello, empieza el día practicando *Guru Yoga* hasta el momento de la oración de confesión de las siete ramas. Tras el verso de confesión, haz las postraciones ante los Treinta y cinco Budas, completa el *guru yoga* y luego dedícalo.

Si estás haciendo la práctica del *Guru Yoga* del lama Tsongkhapa, tras las postraciones puedes completar la oración de las siete ramas y recitar *El fundamento de todas las buenas cualidades*, haciendo una breve meditación *lamrim* sobre cualquier tema al que hayas llegado. De este modo, con cada sesión harás la práctica del *guru yoga*, las postraciones y una breve meditación *lamrim*.

Si estás haciendo la práctica de la *Guru Puja*, las postraciones van después del verso 38. En un retiro completo, haciendo entre cuatro y seis sesiones al día, seguramente te llevará entre dos y tres meses completar cien mil postraciones.

«Llamando al guru desde la distancia»,[9] escrita por Pabongka Dechen Nyingpo, es una oración muy potente que combina la práctica del *guru yoga* y el *lamrim*. Dado que esta oración procede de la propia experiencia de Pabongka Rinpoche, es una manera maravillosa de hacer una meditación de revisión sobre los tres aspectos principales del camino y las dos etapas del tantra supremo.

Cuando recites la oración, visualiza a tu *guru* en tu coronilla o delante de ti como la encarnación de todos los *gurus*: el Buda, el *dharma* y la *san-*

gha. La esencia misma de la meditación es concentrarse en el *guru* como el *guru* absoluto, el *dharmakaya*, la mente sagrada de todos los budas, la sabiduría trascendental de la dicha y la vacuidad no dual.

> Sea cual sea la práctica del *guru yoga* que utilices, después de la última sesión del día di oraciones de dedicación extensa junto con mantras multiplicadores.

Las ofrendas de cuencos de agua

Cuando hagas ofrendas de cien mil cuencos de agua, para cada sesión puedes utilizar tantos cuencos como te sea práctico, digamos que cincuenta o cien, colocándolos esmeradamente en una mesa de ofrendas. Obviamente, es mejor que esta práctica la realices en tu casa o lugar de retiro, aunque podrías hacerla incluso en la playa. Puedes llenar toda la playa de cuencos, ¡pero puede que al día siguiente tengas que ir al psiquiatra!

Al igual que cuando montas tu altar a diario, cuando limpies los cuencos después de una sesión no te limites a pasar rápidamente la toalla como si fuera una limpieza simbólica. Hay que limpiar bien los cuencos para que queden secos por dentro. Y deben dejarse boca abajo para la siguiente sesión.

En primer lugar, se empieza con la práctica del *Guru Yoga* del *lama Tsongkhapa*, la *Guru Puja* o una práctica similar. Luego, cuando llegues a la parte de las ofrendas dentro de la práctica de las siete ramas, haz las ofrendas de los cuencos de agua. Los textos dicen que la ofrenda debe «realizarse de una forma bella», lo que significa que la línea de cuencos no debe estar torcida y que la ofrenda debe hacerse con la mente concentrada, no manchada por preocupaciones mundanas.

Cuando hayas terminado de ofrecer todos los cuencos, has de pensar que todo el espacio está lleno de ofrendas de néctar. Cuanto más puedas pensar esto, más mérito acumularás. Piensa que incluso una gotita diminuta de ese néctar genera dicha infinita, una dicha que no cabe en el cielo.

Después vacía y limpia los cuencos, a punto para la siguiente sesión. Cuando hayas vaciado el agua de los cuencos, no la tires al suelo sucio o donde se pueda pisar. Esto sirve también para cualquier cosa que se ofrece en un altar, como las flores. Debes tirar el agua en un jardín de flores o en un lugar limpio. Recuerda que se trata de una ofrenda a los Tres Raros Sublimes y que la han aceptado.

Hacer tsatsas

Las *tsatsas* son pequeñas imágenes de un buda o de un objeto sagrado hechas de arcilla o yeso a partir de un molde. También pueden hacerse de otros materiales. Se puede imprimir una imagen en papel o hacer una impresión del Buda en agua, pero eso es bidimensional y hay muchos menos átomos, así que una *tsatsa* tridimensional de arcilla o yeso es mucho mejor. En el *Sutra solicitado por el rey Sengyal*, el Buda dice que aquellos que fabrican objetos sagrados, como estupas, alcanzarán el nivel de un rey del reino de los dioses y la sublime concentración de los reinos de la forma y sin forma durante tantos eones como átomos tenga ese objeto sagrado. Aunque la *tsatsa* que estés haciendo sea diminuta, sigue estando formada por innumerables átomos, así que por cada átomo de esa *tsatsa* lograrás ese increíble resultado durante tantos eones.

Como con cualquier ofrenda, cuantas más *tsatsas* hagas, más mérito crearás. Y como las *tsatsas* son pequeñas y muy baratas de hacer, puedes dárselas a la gente con facilidad. Entonces, cualquiera que vea las *tsatsas* que has hecho y les haga ofrendas creará también mucho mérito. Quienes son devotos experimentan una fuerte purificación y acumulan grandes méritos, pero incluso cuando los animales y las personas sin comprensión ni fe en el Buda, el *dharma* y la *sangha* ven, tocan o dan vueltas a los objetos sagrados, obtienen todos los beneficios mencionados en los *sutras*.

Así es como, al hacer objetos sagrados y dárselos a otros, llevas a otros seres sintientes a la iluminación, aunque ellos no deseen aprender el *dharma*. Quien se postra ante un objeto sagrado, una *tsatsa*, genera una causa para la iluminación; quien se postra ante dos, crea dos causas para la iluminación. Si has hecho cien mil *tsatsas*, estás dando a la gente la oportunidad de generar cien mil causas para la iluminación. Por eso se anima a la gente que hace prácticas preparatorias a no hacer solo unas cuantas docenas o cientos de *tsatsas*, sino decenas de miles o incluso cientos de miles de ellas.

Alguien que recibe una de tus *tsatsas* obtiene un mérito increíble. Si eso es cierto, imagina cuánto mérito estás generando al hacerlo: trabajas duramente mientras el polvo de yeso se te mete por la nariz y por todas partes y deja toda la habitación blanca. ¡Y estás haciendo miles! Todo el mérito que otros acumulan es tu regalo para ellos. Es algo de lo que alegrarse y sentirse muy feliz (y por ende crear aún más mérito).

Tus amigos pueden colocar tus *tsatsas* en su casa, por ejemplo por las paredes, pero no deberían ponerlas en el lavabo. Así, cada vez que las miren, sentirán un gran respeto, porque son la forma del Buda y, por lo tanto, el mero hecho de mirarlas purifica la mente.

También puedes construir una estupa en el jardín y colocar las *tsatsas* dentro (aunque no pongas nunca *tsatsas* rotas en una estupa, ya que eso afecta a la mente de quienes la circunvalen). Esto es especialmente bueno para tus mascotas y para los pájaros e insectos del jardín. Puedes coger a tu perro o a tu gato y hacerlo pasear alrededor de la estupa, haciendo circunvalaciones.

Si estás haciendo cien mil *tsatsas* para tus prácticas preparatorias, debes recordar los beneficios antes de empezar a trabajar y también recordarlos de vez en cuando mientras trabajas. De este modo, a pesar del trabajo difícil y desordenado que estés haciendo, tu mente estará muy feliz.

La purificación de Damtsik Dorjé y la ofrenda de fuego de Dorjé Khandro

Damtsik Dorjé (Samayavajra) es una potente práctica de purificación,[10] sobre todo para purificar los votos *samaya* rotos, los votos tomados durante una iniciación y los karmas negativos generados en relación con tu *guru*. Damtsik Dorjé, que pertenece al mandala del tantra Guhyasamaja, es la esencia de la mente sagrada de todos los budas.

Además de realizar esta práctica como uno de los nueve preliminares, a menudo recomiendo hacerla a diario junto con la meditación de Vajrasattva para hacer la práctica de la confesión perfectamente con el remedio de los cuatro poderes oponentes: los poderes del objeto, del arrepentimiento, de la resolución y del remedio. Cuando los lamas del linaje *lamrim*, como Yongzin Yeshé Gyaltsen, hacían la *Guru Puja*, alternaban la práctica de Damtsik Dorjé un día y Vajrasattva al siguiente.

La última de las nueve prácticas preliminares es la ofrenda de fuego (*jinsek*) a Dorjé Khandro, que, según Yongzin Yeshé Gyaltsen, es una forma muy potente de purificar las ofuscaciones generales y los karmas negativos. Dorjé Khandro es Vajra Daka en sánscrito. *Dorjé* o *vajra* se refiere a la sabiduría trascendental de la dicha y la vacuidad no duales, que es el *dharmakaya*, el *guru* absoluto, y *khandro* o *daka*, que literalmente significa «ir en el espacio», se refiere no solo al espacio ordinario, sino al espacio de la vacuidad. Esta era la práctica del corazón del lama Tsongkhapa.

La esencia de la práctica consiste en ofrecer semillas de sésamo a un fuego mientras dices un mantra y visualizas que ofreces todas tus negatividades (las semillas) a la boca de Dorjé Khandro (el fuego). Puesto que se come tu karma negativo, también se le llama «el Devorador».

Como ocurre con otras *sadhanas*, la práctica consta de tres partes: los preliminares, la práctica propiamente dicha y la culminación. Para la práctica propiamente dicha, tras formar un montón de semillas de sésamo negro en forma de escorpión en una bandeja plana o un plato, siéntate delante de una chimenea[11] que tenga un recipiente al que arrojar las semillas. El recipiente ha de ser redondo y no estar roto. Se puede utilizar un recipiente específico para ello, una estatua de hierro de Dorjé Khandro con la boca abierta, dispuesta a recibir las semillas.

Habiendo hecho todos los preliminares y visualizado a Dorjé Khandro, disipa las interferencias, genera el fuego primero en el vacío y luego en la deidad, y después haz ofrendas a Dorjé Khandro colocando unas cuantas semillas de sésamo entre los dedos y arrojándolas al fuego mientras dices el mantra «OM VAJRA DAKA KHA KHA KHAHI KHAHISARVA PAPAM DAHANA BAKMI KURU SVAHA». Hazlo hasta que se te acaben las semillas. Entonces piensa que todas tus negatividades se han quemado por completo, que las ha devorado Dorjé Khandro. Hay versiones cortas y elaboradas de esta práctica que puedes realizar.[12]

Estructurar un retiro[13]

Para que tu retiro de *lamrim* sea exitoso, uno que estabilice tus experiencias, antes debes entrenar la mente estudiando el *lamrim* de principio a fin, y luego hacer las meditaciones sobre los diferentes temas. Tienes que familiarizarte con todos ellos.

Cuando estés familiarizado con todo el camino de principio a fin, puedes ir ocupándote de cada tema poco a poco, haciendo uno al día, o uno cada varios días, y pasando después al siguiente. Puedes empezar cada día desde donde lo dejaste al final del día anterior. Eso te dará la seguridad de que puedes alcanzar realizaciones si lo intentas.

Para un retiro de *lamrim*, recomiendo un programa diario como este:

- Toma los ocho preceptos Mahayana cada mañana.
- Haz una gran motivación al principio de cada sesión y vuelve a reflexionar sobre la motivación antes de comenzar el mantra.
- En la primera sesión del día, haz el *Lama Chöpa Jorchö* con una meditación sobre la devoción al *guru*.
- Al comienzo de las demás sesiones, haz una meditación de revisión sobre el *lamrim*, con una reflexión profunda sobre un tema en concreto. Ocúpate de todo el *lamrim* sesión tras sesión y después vuelve a empezar desde el principio.
- Comienza cada sesión con postraciones ante los Treinta y cinco Budas y los Ocho Budas de la Medicina junto con la oración de la Confesión General.[14]
- Al final del día, haz una dedicación extensa, por ejemplo con versos de las *Oraciones de dedicación extensa* y las *Oraciones de dedi-*

cación adicionales, así como de *El rey de las oraciones*, seguidas de las *Oraciones para multiplicar el mérito*.[15]

Cuando se hace un retiro de deidad, recomiendo incluir también una sesión de meditación *lamrim* cada día. Además, deberías hacer un poco de meditación de devoción al *guru* cada día, hasta que tengas una realización estable.

Este es un posible horario para un retiro de deidad:

4.30-5.00 h	Ocho preceptos Mahayana.
5.00-7.00 h	*Lama Chöpa Jorchö* empezando con postraciones ante los Treinta y cinco Budas.
8.00-9.30 h	*Sadhana* de la deidad del retiro y recitación de mantras empezando con postraciones ante los Treinta y cinco Budas.
10.00-11.00 h	Sesión de la deidad del retiro como arriba.
11.00-15.00 h	Comida y descanso.
15.00-16.30 h	Sesión de la deidad del retiro.
17.30-19.00 h	Sesión de la deidad del retiro.
20.00-21.00 h	Breve sesión de la deidad del retiro con oraciones de dedicación extensas u oraciones protectoras.

Entre sesiones

Es muy importante no perder el tiempo entre las sesiones de meditación, sino hacer todo lo posible para que sea tan significativo como tus meditaciones. En el descanso deberías intentar recordar la meditación que hayas hecho durante la sesión y relacionarla con las actividades que estés realizando. De ese modo podrás proteger mejor tu karma, al no permitir que surjan las tres mentes venenosas de la ira, el apego y la ignorancia.

Por ejemplo, si la meditación que has hecho era sobre la devoción al *guru*, en el descanso es bueno leer las biografías de los grandes yoguis como Naropa, Milarepa, el lama Atisha o el lama Tsongkhapa, cómo siguieron al *guru* y generaron realizaciones en sus mentes. De este modo, tras la pausa, cuando continúes la meditación, como tu mente no se habrá distraído, tu experiencia será más profunda, tu comprensión más clara y la devoción a tu *guru* más fuerte. Así pues, el descanso contribuye a la sesión y la sesión contribuye al descanso.

Del mismo modo, si durante la sesión estás entrenando tu mente en la *bodhichitta*, en el descanso deberías leer sobre los beneficios de la *bodhichitta* y sobre cómo meditar sobre ella. Esto no es solo una preparación para la meditación; de hecho, muchos geshés kadampa generaron realizaciones durante los descansos.

Mucha gente tiene la sensación de que la meditación es un trabajo duro y le sienta bien dejar que su mente se relaje durante el descanso. Es como si acabaran de salir de la cárcel. Pero en realidad es todo lo contrario. Al dejar que la mente no sometida tome el control durante el descanso, estás entregando tu libertad a tus engaños y dejando que tomen completamente el control.

No deberías pasar el descanso hablando o leyendo sobre cosas que no tengan nada que ver con el tema sobre el que has meditado. Evita libros o vídeos llenos de cualquier tipo de ideas falsas, que muestren escenas de violencia o de parejas en relaciones fuertes. Una conversación con alguien fácilmente podría desencadenar apego, celos o ira en lugar de renuncia y compasión. Antes de que te des cuenta, habrás perdido horas cotilleando, charlando sobre amigos, sobre las cosas que deseas, sobre sexo y sobre todos los temas que hacen que tu mente enloquezca aún más. En resumen, debes mantenerte alejado de todo lo que aumente cualquier engaño.

Cuando lees un libro que no es del *dharma* o ves un programa de televisión, no solo puede perturbar tu mente, sino que lo que leas o veas podría apoderarse de tus pensamientos cuando vuelvas a la sesión de meditación. Si eso ocurre, aunque estés sentado en el cojín de meditación, estarás a un millón de kilómetros de distancia, del todo incapaz de concentrarte. Tu mente es como uno de esos tornados que se ven en el sur de Estados Unidos, fuera de control, arremolinándose furiosamente, lanzando todo tipo de cosas al cielo. Recitas la oración, dices que vas a meditar para alcanzar la iluminación por el bien de todos los seres sintientes, pero tu voz bien podría estar saliendo de una grabadora.

Los textos dicen que un retiro completo implica tres actividades de descanso:

- Una dieta correcta ingerida en el momento adecuado.
- La cantidad correcta de sueño en el momento adecuado.
- Vigilar las tres puertas en todo momento.

Considero que la actividad más importante durante el descanso es tener siempre presentes las tres puertas: el cuerpo, la palabra y la mente, vigilar lo que haces, lo que dices y lo que piensas. Con gran diligencia, has de espiar tu mente para percatarte de cuándo va a surgir un pensamiento no virtuoso y hacer lo necesario para evitarlo. Al reconocer cualquier pensamiento no virtuoso, no solo eres capaz de detenerlo, sino también de transformarlo en virtud. A menos que hagas esto, puedes pasarte cada segundo que no estés en el cojín de meditación acumulando karma negativo. Puedes pasarte horas enteras atrapado en la ira o en el apego.

Si miras tu día de retiro, verás que pasas más tiempo fuera de la sesión formal de meditación que en ella, y eso significa que hay más tiempo para generar potencialmente no-virtud. Sin vigilancia constante cuesta mucho impedir que la mente no sometida contamine cualquier mérito positivo que se genere en la sesión. Por eso debes intentar «cerrar la puerta de los sentidos» entre sesiones, es decir, vigilar tu mente siempre que experimentes los objetos de los seis sentidos.[16] Debes ser sumamente consciente de todo lo que veas, oigas, saborees, etcétera, y de cómo reacciona tu mente ante ello, para asegurarte de que no pueda surgir ninguna mente negativa.

Entre las sesiones debes ser consciente de que todo procede de tu mente: lo que oyes procede de tu mente, lo que hueles procede de tu mente, lo que saboreas procede de tu mente, lo que piensas procede de tu mente. Practicar el mindfulness de este modo se convierte en un poderoso antídoto contra la ira y otros engaños, y te permite sentirte siempre en paz, libre de fluctuaciones emocionales como el entusiasmo o la depresión.

Además, debes vigilar tu mente para ver cuándo surge cualquier sensación de egoísmo y evitarla activamente. Entonces, todo cuanto hagas en el descanso se convierte en un antídoto contra la preocupación egoísta, todo se convierte en una práctica de *bodhichitta*, en trabajar en beneficio de los demás. Comer, caminar, sentarse, dormir…, todas las actividades se convierten en el mejor *dharma*.

TERCERA PARTE

Después de la meditación

CAPÍTULO 9

Lejos del cojín de meditación

Tomar lo esencial día y noche

Puesto que pasamos mucho más tiempo no meditando que haciéndolo, es crucial hacer que cada acción del cuerpo, la palabra y la mente que tenga lugar fuera de la sesión, mientras llevamos nuestra vida cotidiana, sea lo más significativa posible. No deberíamos levantarnos del cojín de meditación y perder inmediatamente la energía positiva de la meditación, pasar el resto del día como si la meditación y las actividades cotidianas fueran cosas totalmente separadas. Por el contrario, deberíamos mantener la conciencia en todo lo que hiciéramos, trasladar al resto del día cualquier sentimiento o experiencia generado durante la sesión de meditación. Por ejemplo, si nuestra meditación sobre el renacimiento humano perfecto ha acabado con un sentimiento fuerte de la gran suerte que tenemos, eso debería tiznar todo lo que hiciéramos durante el día.

En *Un himno de experiencia*, el lama Tsongkhapa dice:

> Este cuerpo de ocio, más precioso que una joya que concede deseos,
> solo se encuentra una vez. Aunque difícil de conseguir de nuevo,
> se acaba tan rápido como un relámpago en el cielo.
> Habiendo reflexionado así, comprendiendo que todas las actividades [mundanas
> son como la cáscara aventada,
> debes tomar su esencia día y noche.

Tú, el *guru* perfecto, practicaste de este modo.
Yo, que busco la liberación, también practicaré de este modo.[1]

Las actividades mundanas son como la cáscara que se lleva el viento cuando se trilla el grano: no tienen esencia alguna. Para obtener la esencia, el grano, hay que cribarlo. En Nepal, la gente pone el grano en bandejas de bambú y lo lanza al aire para que el viento separe el valioso grano de la inútil cáscara. Del mismo modo, hemos de tomar la esencia de esta vida día y noche evitando las actividades de la vida mundana que carecen de esencia.

Según Su Santidad el dalái lama, una buena manera de tomar la esencia es hacer una sesión de meditación por la mañana y luego, durante el resto del día, recordar en varias ocasiones la meditación y el sentimiento que evocó, e intentar volver mentalmente a esa experiencia.

Lo que hayamos meditado influirá en nuestra actitud. Por ejemplo, si hubiéramos meditado sobre la devoción al *guru* y generado cierta devoción a través de la meditación analítica y de la de fijación, el resto del día deberíamos tratar de recordar la conclusión, manteniendo la mente en la devoción generada por la mañana. Y eso es aplicable al sentimiento de impermanencia conseguido a través de la meditación sobre la impermanencia y la muerte o al sentimiento de compasión obtenido a través de esa meditación. Digamos que, habiendo desarrollado cierto sentimiento de compasión al meditar sobre el sufrimiento de los seres sintientes, ¿qué mejor cuando estamos ahí fuera entre los demás que observar que, a pesar de que muchos parecen felices, todos sufren de un modo u otro? Sea cual sea su situación, están atrapados en engaños e infelicidad. Al ver esto, la compasión surge de forma natural.

En otras ocasiones podemos entrenar la mente para mirar a los seres sintientes con bondad amorosa pensando en cómo cada uno de ellos ha sido la fuente de toda nuestra felicidad pasada, presente y futura, empezando por nuestra familia y acabando por todas las personas o animales que vemos por la calle. Así pues, aunque nos encontremos con alguien que sea opuesto a nosotros, que nos critique o nos haga daño, no nos enfadaremos, sino que lo miraremos con bondad y compasión.

Tras haber creado una motivación de *bodhichitta* y habérsela dedicado a todos los seres sintientes durante la sesión de meditación, el resto del día deberíamos intentar continuar con ese mindfulness, sintiendo que hemos recibido toda nuestra felicidad pasada y presente y que recibiremos toda nuestra felicidad futura de todos los seres, incluidas las abejas de las flores de nuestro jardín, los gusanos del suelo, las mascotas que vemos a nuestro alrededor y la gente con la que nos encontramos. Con este mindfulness, vemos a cada ser como el más valioso, el más amable, y el pensamiento de respetarlo y servirle surge de forma natural.

Llevando estas meditaciones fuera del cojín de meditación e incorporándolas a todo lo que hacemos en nuestro día a día aprendemos a tomar la esencia de nuestra preciosa vida humana. Viendo a los demás con compasión, bondad amorosa, paciencia, renuncia, sabiduría, etcétera, no solo beneficiamos enormemente a los demás, sino también a nosotros mismos.

Cuando estés con gente, vigila tus palabras; cuando estés solo, vigila tu mente

Durante la sesión de meditación solo podemos estar realmente concentrados y sin distracciones si somos capaces de conseguir que el resto de nuestra vida sea virtuosa. Resulta mucho más fácil concentrarse si durante el día podemos proteger de la negatividad las acciones de nuestro cuerpo, de nuestras palabras y de nuestra mente. Esto es tan importante en la vida diaria como en el retiro. Por eso los textos dicen que debemos practicar el mindfulness en todo momento, independientemente de lo que estemos haciendo.

El tiempo de meditación y el tiempo posterior a la meditación se complementan. La sesión de meditación nos ayuda a ser más conscientes durante el tiempo que no meditamos, y vivir nuestra vida con conciencia nos ayuda en nuestra sesión de meditación. Como aconseja Atisha en su *Guirnalda de joyas de los bodhisattva* (*bodhisattvamanyavali*):

> Cuando estés con mucha gente, vigila tus palabras.
> Cuando estés solo, vigila tu mente.[2]

La cuestión es esta: si estamos con gente, aunque evidentemente la motivación que tengamos es fundamental para que nuestra acción verbal o física sea perjudicial o útil, debemos estar especialmente atentos a lo que decimos, porque es más probable que hagamos daño a los demás con nuestras palabras que con nuestras acciones físicas. Incluso si surgen pensamientos negativos mientras estamos con alguien, deberíamos abstenernos de cualquier acción verbal no deseada para no herirle ni hacerle enfadar en modo alguno. Al reconocer que nuestra motivación es impura y que podría llevarnos a palabras que dañarían a los demás, nos disciplinamos para no decirlas.

Cuando estamos solos, en cambio, hemos de vigilar nuestra mente. En soledad no hay razón para hablar porque no hay nadie. Así pues, mientras que con gente el peligro son las palabras dañinas, cuando estamos solos el peligro son los pensamientos no virtuosos. A menos que vigilemos la mente constantemente, existe un gran peligro de que los pensamientos negativos que podamos tener aumenten y nos acostumbremos a ellos. Cuando eso ocurre, cada vez va costando más controlar la mente.

Lo que muchos meditadores hacen cuando están en un retiro es colocar por las cuatro paredes de su sala de meditación citas del *dharma* que enfatizan la necesidad de que la mente no se distraiga. De este modo, allá donde miren ven el *dharma* y es mucho menos probable que su mente se deslice hacia pensamientos negativos o se distraiga. Esto les ayuda mucho cuando pasan por momentos difíciles y les facilita continuar la práctica durante los descansos. Pase lo que pase, siempre son conscientes del *dharma*; todo se convierte en una especie de meditación para ellos.

Aunque no estemos haciendo un retiro, es bueno crear las condiciones en las que siempre seamos conscientes del *dharma*, de modo que cualquier cosa que veamos se convierta en una enseñanza. De ese modo podemos mantener la mente en paz, sin altibajos.

Ser un ilusionista de engaños

Cuesta llevar cualquier comprensión de la vacuidad que hayamos adquirido durante nuestra meditación a nuestra vida cotidiana, en la que por lo general seguimos viendo instintivamente todo como si realmente existiera. Para contrarrestar ese hábito, en lugar de dejar que la mente crea que las apariencias son reales, podemos practicar el mindfulness de ver las cosas como alucinaciones.

En *Los siete puntos del entrenamiento mental*, Geshé Chekawa Yeshé Dorjé[3] dice:

> Entrénate para ver todos los fenómenos como sueños.
> Examina la naturaleza de la conciencia no nacida.
> El remedio también se libera en su propio lugar.
> Coloca la mente en la base de todo, en el camino real.
> Mientras tanto, sé un ilusionista de engaños.[4]

Meditar sobre estas palabras increíblemente potentes produce una sensación de vacío. Tal vez aún estemos lejos de la etapa en la que podemos comprender la vacuidad, pero este es un entrenamiento que puede darnos una maravillosa muestra de ella. «Entrénate para ver todos los fenómenos como sueños» se refiere a la vacuidad de los fenómenos; «Examina la naturaleza de la conciencia no nacida» se refiere a la vacuidad de la mente; y «El remedio también se libera en su propio lugar» se refiere a la vacuidad de la persona. Así pues, en nuestra sesión de meditación meditamos sobre estos tres vacíos y fuera de la sesión nos convertimos en «el ilusionista de engaños». En otras palabras, practicamos el mindfulness de ver todo como un engaño, como un sueño.

En meditación hemos visto que todo —el yo, la acción, el objeto— parece real, no meramente etiquetado por la mente, si bien nada es real de ese modo. Aunque las cosas existen, no lo hacen de forma inherente, y la forma en que parecen existir es una alucinación. Por lo tanto, cuando salimos de nuestra meditación, debemos continuar con el mindfulness de ver cualquier cosa que parezca una alucinación. Vemos lo que es una alucinación como una alucinación; vemos lo que está vacío como vacío.

Para trasladar este pensamiento tan profundo a nuestra ajetreada vida, con una parte de la mente nos centramos en lo que estemos haciendo —trabajando, hablando, conduciendo el coche, lo que sea—, mientras que otra parte de la mente observa que lo que parece ser verdad es en realidad una mentira, que el mundo sólido que nos rodea es una alucinación. Por ejemplo, en lugar de ver que la comida que estamos comiendo existe de verdad, vemos cómo lo que aparece y cómo existe son completamente opuestos; esa comida que existe realmente es una absoluta alucinación. Somos el «ilusionista de engaños» al ver la naturaleza ilusoria de los objetos sólidos que nos rodean. El acarrear ese mindfulness durante el día en todo lo que experimentamos, aunque solo tengamos dudas sobre cómo existen las cosas, tiene el poder de destruir el *samsara* eliminando su raíz: la ignorancia. En *Las Cuatrocientas Stanzas*, Aryadeva dice, con respecto a la vacuidad:

> Incluso aquellos con pocos méritos
> no tienen dudas acerca de este *dharma.*
> Incluso aquellos que todavía tienen sus dudas
> harán jirones la existencia.[5]

Reconocer que lo que parece inherentemente existente no tiene tal existencia inherente no es tan difícil, incluso fuera de una sesión de meditación. El principal problema, sin embargo, es que cuesta mantener ese mindfulness. Cuando no pensamos conscientemente de ese modo, debido a la costumbre permitimos que nuestra mente caiga en su viejo pensamiento y se aferre a esas cosas como verdaderas.

Ese es el problema de fondo. Ese malentendido de ver a las personas y las cosas como realmente existentes se convierte en la base para que surjan todos esos otros pensamientos emocionales negativos: nos apegamos a las cosas «verdaderas» deseables, nos ponemos celosos de las personas «verdaderas» afortunadas, nos enfadamos con las personas «verdaderas» dañinas..., y eso motiva acciones kármicas verbales o físicas. Y entonces perpetuamos los océanos de sufrimiento samsárico.

Para contrarrestarlo, debemos invertir de algún modo nuestra forma de pensar y empezar a ver que las cosas no existen tal como parecen. Podemos hacerlo intentando permanecer conscientes de la naturaleza onírica de nuestra vida. Las cosas existen, pero solo como una mera imputación, así que aunque la frase precisa sería «como un sueño» y no «un sueño», creo que para acarrear efectivamente este pensamiento durante el día simplemente podemos practicar el mindfulness pensando: «Estoy soñando», «Estoy soñando que estoy meditando», «Estoy soñando que estoy caminando», «Estoy soñando que estoy comiendo». Aunque filosóficamente incorrecto, esto hace que nos habituemos mejor a esta nueva forma de ver el mundo, hasta que lentamente comenzamos a ver que la forma en que aparecen las cosas ante nosotros no es en absoluto verdadera. Existen, pero es como si no existieran.

Entrenarnos para ver los objetos «reales» como objetos oníricos es como el «no» del *Sutra del corazón de la sabiduría*, donde dice: «No hay ojo, no hay oído, no hay nariz, no hay lengua, no hay cuerpo, no hay mente». Ese «no» es como una bomba atómica que destruye la alucinación. Sin embargo, no lanzamos esa bomba sobre el ojo meramente etiquetado que existe, o el oído, la nariz, la lengua, la mente o el cuerpo meramente etiquetados que existen. Lanzamos la bomba, ese «no», sobre el objetivo, el objeto de ignorancia, el concepto de existencia verdadera. La lanzamos sobre el ojo que nos parece no estar meramente etiquetado por la mente. Ese ojo inherentemente existente es totalmente inexistente, totalmente vacío. Y lo mismo sucede con todos los demás fenómenos: no hay forma, no hay sonido, no hay olor, no hay sabor, y así sucesivamente.

Soñamos con un yo «real», pero no es más que un sueño. Soñamos con un amigo «real», pero no es más que un sueño. Soñamos con un enemigo «real», pero no es más que un sueño. No existe un yo real, ni un amigo real, ni un enemigo real. Al pensar «Estoy soñando», ponemos el sueño en el amigo «real», el amigo que realmente existe y que aparece ante nosotros. Como en un sueño, si reconocemos que estamos soñando, no sentimos deseo por un objeto onírico bello ni enfado por una persona onírica enfadada; sabiendo que no es más que un sueño, aunque sigamos viviendo dentro de la alucinación, no hay base para que surjan el apego o la ira.

Tras despertarnos por la mañana, cuando nos lavamos, meditamos, desayunamos y nos vamos corriendo a trabajar, deberíamos intentar ser conscientes de que no existe realmente eso de lavarse, comer, meditar o irse corriendo al trabajo. Aunque todo ello parezca existir, no existe como tal en absoluto.

Tal vez en lugar de pensar en nuestra vida como un sueño, podríamos plantearla como una película. Es como si estuviéramos viendo una película de nuestra vida, cómo se suceden las escenas, una tras otra, todas ellas en apariencia reales, y nos las creemos y nos aferramos a ellas. Pero todo eso no es más que una película, no existe en absoluto. Mientras conducimos, participamos en una reunión, damos clase en un colegio o cocinamos en casa, haciendo cualquier cosa, estamos viendo la película de nuestra vida.

Todo lo que vemos en la calle parece real: los coches, los autobuses y las motocicletas con hombres vestidos de cuero negro que hacen mucho ruido; pero siempre somos conscientes de que no existen de esa manera. Podemos practicar ver una reunión importante en el trabajo como si fuera una película, algo del todo irreal. Practicar el mindfulness de esta manera es muy agradable. Podemos estar trabajando increíblemente duro, pero al mismo tiempo, puesto que ya no estamos atados a la trampa de creer en la existencia concreta, disfrutamos de las mejores vacaciones, las de la ignorancia.

Fuera de meditar sobre la vacuidad, como aconseja el gran texto *Los siete puntos del entrenamiento mental*, ser un «ilusionista de engaños» es el mejor antídoto contra el *samsara*. Somos el mago, el ilusionista de engaños. A menudo, el mago se utiliza como analogía de la ignorancia. El mago utiliza un mantra para «engañar» la mente del público, de modo que, en lugar de ver un trozo de madera u otro objeto, ve cosas bonitas. El objeto no es real en absoluto, pero el público es engañado para que piense que es real. Aquí, como nosotros mismos somos el mago, no somos engañados como el público, sino que sabemos que lo que parece real no es más que un engaño. Aunque no seamos capaces de mantener esa conciencia continuamente, durante el día deberíamos intentar pensar de ese modo tanto como fuera posible.

UNA ESTRELLA, UNA VISIÓN DEFECTUOSA, LA LLAMA DE UNA LÁMPARA DE MANTEQUILLA

El Buda utilizó hábilmente diferentes analogías para ilustrar cómo deberíamos ver los fenómenos condicionados. Un verso del *Sutra del cortador del diamante* dice:

> Una estrella, una visión defectuosa, la llama de una lámpara de mantequilla,
> un engaño, una gota de rocío, una burbuja de agua,
> un sueño, un relámpago, una nube:
> mira todos los fenómenos causales así.[6]

La primera imagen es una estrella de día. Como el sol brilla demasiado, aunque la estrella esté ahí no podemos verla. Del mismo modo, aunque todo esté vacío de existencia inherente es demasiado sutil para verlo.

Ver todos los fenómenos condicionados —cosas que surgen debido a causas y condiciones— como no causados es comparable a una visión defectuosa, como cuando vemos un espejismo en el desierto. Si estuviéramos viajando por el desierto, podríamos ver agua y correr hacia ella, impulsados por nuestra gran sed, pero resultaría ser un espejismo. Así es como nos engañan las apariencias. Engañados por la apariencia de un objeto, cuando este nos decepciona nos sentimos consternados.

Un *bodhisattva* no se dejaría engañar si viera el espejismo. Cuando los arhats o los *bodhisattva* arya no están en equilibrio meditativo percibiendo directamente solo la vacuidad —cuando están en el descanso posterior a la meditación—, también tienen la alucinación de la apariencia inherentemente existente pero, a diferencia de nosotros, no creen que esa alucinación sea real. Es como mirar atrás después de haber atravesado un desierto caluroso y ver un espejismo, la apariencia de agua, pero sabiendo que es falso porque acabamos de estar allí. Como el *bodhisattva*, hemos de discernir la realidad de la fantasía para evitar errores y sufrimiento.

Entonces, debemos ver los fenómenos condicionados como la llama de una lámpara de mantequilla. Todas las cosas están bajo el control de causas y condiciones, y por lo tanto siempre cambian, siempre se deterioran, no solo día a día, hora a hora, minuto a minuto, segundo a segundo, sino incluso en el transcurso de un segundo. Las cosas cambian en un momento y pueden cesar en un momento, igual que una vela arde cada vez más bajo y puede apagarse en cualquier momento.

De modo parecido, igual que una gota de rocío que cuelga de una hoja puede caerse y perecer, igual que una burbuja de agua puede estallar en cualquier momento, el yo, los agregados de cuerpo y mente, las posesiones y la gente —los amigos, los enemigos y los desconocidos— pueden perecer en cualquier momento. Khensur Denma Locho Rinpoche[7] utilizó el ejemplo de una hermosa burbuja, con todos sus colores del arco iris, para mostrar que incluso lo bello es efímero. Al exagerar la belleza de algo, al considerarlo inherentemente bello y aferrarnos a ello, hacemos inevitable el sufrimiento. Bello o feo, cualquier objeto está bajo el control de causas y condiciones y puede perecer en cualquier momento. Esa es la verdad de la impermanencia.

Deberíamos ver los fenómenos condicionados como un sueño, como hemos discutido, y como un relámpago en una noche oscura que ilumina la escena por un instante y luego todo vuelve a oscurecerse. En ese breve instante vemos un árbol y una persona e inmediatamente los etiquetamos; quizá veamos el árbol como un refugio de la lluvia y a la persona como un posible enemigo. Aunque sea absurdo teniendo en cuenta que nos basamos en una aparición fugaz durante un relámpago, así es como funciona nuestra mente. En nuestra vida es así. Desde que nacemos hasta que morimos, vemos objetos y los etiquetamos, les asignamos el papel de «amigo», «enemigo» o «desconocido», sin más prueba que una apariencia fugaz. Si supiéramos el poco tiempo que nos queda, nos daríamos cuenta de lo absurda que es esta discriminación.

Por último, debemos considerar los fenómenos causales como una nube. Las nubes no solo cambian constantemente a medida que las observamos, sino que, además, debido al calor del sol, un momento están en el cielo y al siguiente se han desvanecido. Los fenómenos causales son así.

La realidad de cualquier fenómeno —una flor o un cuerpo bonitos, o lo que sea— es que está cambiando, deteriorándose a cada momento; no puede perdurar. Puesto que esta es la realidad, no hay nada a lo que aferrarse, nada por lo que enfadarse. Este concepto de permanencia, de que las cosas duran mucho tiempo, es otra forma de ignorancia. Las cosas parecen ser permanentes, y nos lo creemos, pero no es así en absoluto, incluida nuestra propia vida. Deberíamos trasladar esta verdad a nuestra vida cotidiana tanto como podamos.

CAPÍTULO 10

El *dharma* en cada acción

El *dharma* en nuestra vida cotidiana

Cómo comer y beber[1]

Con este renacimiento humano perfecto que tenemos podemos convertir todo lo que hacemos en *dharma*, incluso acciones como comer y dormir, con lo que haremos que nuestra vida tenga mucho sentido. No tiene por qué ser una actividad claramente relacionada con el *dharma* como la meditación; cualquier acción realizada puramente, con una motivación perfecta, nos beneficia a nosotros mismos y a los demás. Puesto que todos comemos y bebemos muchas veces al día, si podemos hacer que comer y beber sean acciones virtuosas, cada día crearemos mucho mérito. Tener la motivación correcta es crucial.

Hay maneras Hinayana y Mahayana de ofrecer comida. La manera Hinayana se expresa en una oración de Nagarjuna en la que dice que el propósito de comer alimentos no es tener un cuerpo bello o en forma, objetivos que vienen solo del apego, sino simplemente alimentarnos para practicar el *dharma*. Una oración habitual cuando se ofrece comida es la siguiente:

> Este alimento con cien sabores,
> que hace la boca agua y está bien hecho,
> lo ofrecemos con fe al Conquistador y a sus Hijos.

Que con él todos los emigrantes se vuelvan ricos
y disfruten del alimento de la concentración.

Viendo este alimento como medicina,
lo comemos sin apego ni odio,
no para tener un cuerpo envidiable, no por orgullo,
no para parecer fuertes, solo para alimentar el cuerpo.

Los alimentos deben comerse sin las tres mentes venenosas de la ignorancia, el apego y la ira. Con la motivación de buscar nuestra propia liberación del *samsara*, ofrecemos el alimento a los Tres Raros Sublimes y luego nos lo comemos. Esta es la manera Hinayana de comer alimentos.

La manera Mahayana *sutra* de comer alimentos es dedicar cada cucharada de comida y cada sorbo de bebida a todos los seres sintientes, incluidos los que viven en nuestro cuerpo. De este modo establecemos una conexión con todos los seres para que cuando, en vidas futuras, se conviertan en humanos, podamos revelarles el *dharma* y conducirles a la iluminación. Como esto se hace con una motivación de *bodhichitta*, se convierte en una causa para alcanzar la iluminación.

Como suelo recalcar, hemos de comprobar siempre nuestra motivación y asegurarnos de que sea lo más pura posible. Cualquier acción realizada con una motivación de apego no es virtuosa y solo produce sufrimiento. Mientras desayunamos deberíamos preguntarnos cuál es nuestra motivación. Si lo hacemos con apego, cada cucharada de comida que ingiramos será no virtuosa, cada sorbo de té o café que bebamos será no virtuoso, y solo producirá sufrimiento. Con una motivación no virtuosa, cuanto más té o café bebamos, cuanto más grande sea la taza que utilicemos, mayor será la negatividad. De forma parecida, cuanto más alimento comamos, cuanto más grande sea el plato, más karma negativo crearemos.

Por el contrario, cuando comemos o bebemos con una motivación positiva, cuanto más comamos y bebamos, más karma positivo crearemos. Esto es especialmente cierto si lo hacemos con una motivación de *bodhichitta* o con devoción al *guru*, en la que vemos al *guru* como inseparable de los budas. En ese caso, deberíamos usar tazas enormes para beber el café, como las que venden en las gasolineras de Estados Unidos diseñadas para camioneros. Si meditamos sobre la *bodhichitta* o con devoción al *guru* mientras bebemos nuestra enorme taza de café, estaremos creando continuamente méritos inconcebibles y haremos que nuestra vida sea muy beneficiosa y productiva.

La elección está del todo en nuestras manos, cada día, cada minuto, cada segundo: permanecer en el *samsara* o ponerle fin, crear las causas para los reinos inferiores o para la iluminación. Con cada sorbo que bebemos y cada bocado que comemos hacemos esa elección. Cuando comemos o bebemos algo únicamente para nuestra propia felicidad, ignoramos totalmente a los demás. Desorientados por una actitud egoísta, no vemos que cada bocado de comida o cada gota de bebida se produce gracias a la gran bondad de innumerables seres sintientes que han sufrido mucho para producirlos. Si realmente pudiéramos sentir esto, no habría manera de que continuáramos comiendo o bebiendo solo por nuestro propio placer. ¡Debemos sentirnos al menos un poco culpables! Y si lo pensamos más profundamente, debe surgir el pensamiento de tratar de retribuir su gran bondad.

Con ese pensamiento podemos reflexionar en lo siguiente: «Para recibir la iluminación por el bien de todos los seres sintientes, mis madres de vidas pasadas, ofrezco este alimento al Buda Guru Shakyamuni, así como lo ofrezco como caridad a todos los seres sintientes». Entonces, pensando que la comida pertenece al Buda y a todos los seres sintientes —que es suya, no nuestra—, recitamos tres veces el mantra «OM AH HUM» para bendecirla.[2] Mientras comemos o bebemos, podemos ser conscientes de ello y, al acabar, alegrarnos de verdad. ¡Qué fantástico! Si somos capaces de hacer eso, nuestra vida tendrá un gran sentido.

Como ya he dicho, cuanta más comida tengamos en el plato, mejor karma acumulamos, ¡siempre y cuando no nos dé dolor de barriga! La cantidad que deberíamos tomar está indicada en el Vinaya. Evidentemente, esto tiene menos relevancia si no vamos a hacer una sesión de meditación justo después de comer, pero los textos dicen que nunca debemos comer tanto como para perturbar nuestra meditación. Se sugiere que si normalmente con cuatro porciones llenaríamos el estómago, debemos comer solo tres y dejar una. Comer hasta estar del todo lleno no solo dificulta la meditación, sino que en general nos hace sentir incómodos. Se nota el cuerpo pesado y cansado y es fácil quedarse dormido. En ese caso, supongo, podemos hacer una sesión de dormir.

La manera Vajrayana de comer consiste en vernos a nosotros mismos, a nuestro *guru* y a la deidad como uno, y hacer de cada bocado de comida y de cada sorbo de bebida una ofrenda *tsok*, una ofrenda a ellos. Si lo hacemos, se convierte en un modo extraordinariamente poderoso para purificar todo el karma negativo, las impurezas y los votos *samaya* deteriorados y acumular grandes cantidades de mérito.

Como dice el gran yogui tibetano Milarepa: «Cada paso que doy se convierte en circunvalar a todos los seres sagrados; todo lo que como se convierte en una ofrenda *tsok*». Todo lo que hacía se convertía en un poderoso medio de purificar su mente y crear mérito y, por lo tanto, en un camino rápido hacia la iluminación. De un modo parecido, todo lo que hacemos —comer, caminar, lavarnos, etcétera— puede convertirse en un método muy potente para alcanzar rápidamente la iluminación, lo que hará que nuestra vida sea más significativa, más satisfactoria.

Cómo dormir y despertarse

Del mismo modo que existe la práctica de cómo comer y beber, también podemos hacer del ir a dormir una práctica de *dharma*. Cuando estemos a punto de acostarnos, pensemos: «Para iluminar a todos los seres sintientes, tengo que alcanzar la iluminación, por lo que voy a practicar el yoga del sueño». Entonces visualizamos al Buda Guru Shakyamuni en nuestra almohada, ante nosotros, sentado en un trono sobre un asiento de loto, sol y luna. Antes de meternos en la cama, mientras mantenemos esa visualización, podemos hacer tres postraciones y luego acostarnos.

La mejor posición para dormir es la postura del león que adoptaba el Buda cuando pasaba al *parinirvana*, tumbado sobre el lado derecho, estirado con las dos piernas rectas y los pies juntos, el brazo izquierdo a lo largo del costado y la mano derecha bajo la cabeza, con un dedo tapando la fosa nasal derecha. Teniendo en cuenta que en esta postura es como falleció el Buda, si nosotros también podemos tumbarnos en esa posición, dormiremos profundamente, libres de cualquier sueño temeroso causado por espíritus que podrían intentar hacernos daño durante la noche.

Una vez adoptada esta postura u otra que nos resulte cómoda, nos visualizamos con la cabeza recostada en el regazo del Buda mientras nos vamos durmiendo. El Buda nos protege por completo. De su corazón surge una luz blanca que nos purifica y nos llena de gran dicha. Mientras nos concentramos continuamente en eso, nos permitimos quedarnos dormidos. Así, independientemente de cuántas horas durmamos, todo se convierte en una acción virtuosa, sobre todo por la motivación que hemos tenido al principio.

Luego, al levantarnos por la mañana, recordando la visualización del Buda Guru Shakyamuni que hicimos al quedarnos dormidos, pensamos: «¡Qué afortunado soy de no haber muerto esta noche! ¡Qué suerte estar aún vivo hoy y tener otra oportunidad de crear karma positivo!». Con eso determinamos que cada acción de cuerpo, palabra y mente durante el día se realizará solo con una motivación pura de *bodhichitta*.

Ir de compras con renuncia, bodhichitta *y sabiduría*

Con la motivación correcta, la de la *bodhichitta*, podemos comprar, comer, trabajar, ir al cine, a fiestas...; podemos hacer cualquier cosa, sin peligro de que la actividad se convierta en no virtuosa. De hecho, cualquier cosa que hagamos en nuestra vida cotidiana puede ayudarnos a desarrollar los tres aspectos principales del camino: la renuncia, la *bodhichitta* y la visión correcta de la vacuidad.

En *La liberación en la palma de tu mano*, Pabongka Dechen Nyingpo explica que ir de compras es el ejemplo perfecto de codicia.[3] Si no lo examinamos, ir de compras parece bastante inofensivo, pero cuando realmente investigamos, podemos ver sus peligros. En cada tienda que visitamos vemos miles de artículos y los queremos todos, nuestra codicia se va haciendo cada vez más fuerte. Al llegar a la tienda no era tan grande; así pues ¿de dónde ha salido? Alimentamos nuestra codicia comprando montones de cosas y nos sentimos muy felices, pero cuando volvemos a casa y miramos la bolsa de la compra lo único que vemos es un enorme montón de karma negativo. De hecho, siempre ha estado ahí, esperando a madurar.

Podemos empezar a cambiar nuestra actitud utilizando cualquier cosa que hagamos como medio para desarrollar la renuncia en lugar de fortalecer el apego. Cuando compremos algo, en lugar de centrarnos en sus cualidades atractivas, que aumentan nuestro apego, nos fijaremos en lo que nos ha costado a nosotros y en lo que les ha costado a los demás en términos de trabajo y sufrimiento. Muchos seres han sacrificado muchísimo, a veces incluso sus vidas, solo para que nosotros podamos tener ese objeto. También podemos considerar el duro trabajo que supone ganar el dinero necesario para comprar todas las cosas que creemos necesitar.

Si miramos a nuestro alrededor, vemos que el centro comercial está lleno de otras personas que hacen lo mismo que nosotros. Se creen felices gastando todo su dinero, pero eso no es más que el sufrimiento del cambio. En lugar de ver los centros comerciales como tierras puras llenas de todo lo que queremos, podemos verlos como países fantasmas hambrientos de seres que compran y compran, incapaces de encontrar la más mínima satisfacción.

Mientras compramos, podemos recordar que todo lo que compramos es impermanente y que su naturaleza es de sufrimiento. Puede que nos proporcione algún placer, pero ese placer no durará. El *lamrim* está aquí, no solo en un sentido abstracto, sino aquí y ahora, en nuestra vida cotidiana. Necesitamos comprar, pero podemos hacerlo renunciando al *samsara*, no para perpetuarlo.

Al generar una motivación de *bodhichitta* podemos comprar alimentos para alargar nuestra vida y así ser más capaces de ayudar a los demás; podemos comprar ropa para protegernos y ser capaces de servir a los demás. Con un buen corazón, aunque puede que no reflexionemos sobre todos los seres sintientes mientras compramos, nuestras compras serán inmensamente beneficiosas. Puede que compremos comida o ropa para nosotros, pero si nuestra vida está dedicada a ayudar a los demás, nuestras compras son para ellos, de modo que comprar con *bodhichitta* crea solo karma positivo. También significa que nuestra factura de la compra se reduce mucho. En lugar de cientos de cosas que creíamos fundamentales, con una motivación de *bodhichitta* nos damos cuenta de que en realidad solo necesitamos unas pocas cosas.

También podemos comprar con la visión correcta, que es un modo perfecto de integrar la vacuidad en nuestra ajetreada vida. Entonces, aunque solo compremos las necesidades básicas, nos aseguraremos de que no surja el apego. Como hemos dicho antes, podemos ver la felicidad que nos ofrecen nuestros artículos de consumo como un sueño. Es como si alguien nos ofreciera mil millones de dólares falsos. Nos aferramos muchísimo cuando creemos que el dinero es auténtico, pero ese apego desaparece en cuanto nos percatamos de que nos han engañado y de que el dinero no vale nada. Comprar de este modo garantiza que nuestra mente no se verá perturbada. Vemos los mismos objetos, incluso puede que los compremos, pero son una enseñanza sobre los defectos del *samsara*, no una invitación a crear karma negativo.

Realizar cualquier acción cotidiana con la mente de la renuncia, la *bodhichitta* y la sabiduría significa que la acción ya no es mundana ni causa de futuro *samsara*, sino una acción del *dharma* y la causa de la liberación y la iluminación. Realmente no hay otra opción. Sin renuncia, *bodhichitta* y la visión correcta de la vacuidad nos quedamos con sus opuestos: la codicia, el egoísmo y la ignorancia.

El mindfulness *bodhichitta* en las actividades diarias

Podemos acompañar cada una de las acciones que hacemos con una práctica de mindfulness que dirija nuestra mente hacia la *bodhichitta*. Eso significa que todo lo que hagamos, sea lo que sea, esté motivado por el deseo de beneficiar a todos los seres sintientes.

Si realmente tenemos la intención de alcanzar la iluminación para beneficiar a todos y cada uno de los innumerables seres sintientes, hemos de acumular méritos y purificar las impurezas de todas las maneras que nos sea posible. El Buda ha explicado innumerables formas de hacerlo. Para aquellos de nosotros que aún no hayamos alcanzado la realización de la *bodhichitta*, nos ha dado instrucciones sobre cómo comportarnos en nuestras actividades diarias.

Con esta práctica de mindfulness *bodhichitta* hay una oración que podemos rezar mientras realizamos cualquier actividad para asegurarnos de permanecer siempre plenamente atentos. Tanto si relacionamos directamente la plegaria con todos los seres sintientes como si lo hacemos con nuestras propias realizaciones con el fin de ayudar mejor a los demás, la motivación principal es la *bodhichitta*.

Por ejemplo, nada más despertarnos por la mañana, podemos pensar: «Que todos los seres sintientes alcancen el cuerpo sagrado del Buda». Y cuando nos levantamos —al sentarnos en la cama, ponernos de pie, etcétera—, también pensamos: «Que todos los seres sintientes salgan de los grandes océanos de sufrimiento samsárico». Al salir de casa podemos pensar que estamos liberando a todos los seres sintientes de la prisión del *samsara*, atados por el karma y los engaños. Al abrir una puerta podemos pensar que estamos abriendo la puerta de la sabiduría para todos los seres sintientes, permitiéndoles ir más allá del *samsara*. Y al cerrar una puerta podemos pensar que estamos cerrando la puerta del *samsara* para todos los seres. Si nos dirigimos a algún lugar en particular, imaginamos que es una tierra pura, un lugar que podemos desarrollar mejor para beneficio de todos los seres sintientes.

Realizamos esta práctica con todas las actividades posibles, por muy mundanas que sean. Incluso podemos practicar este mindfulness *bodhichitta* cuando vamos al baño. Cuando lavamos la ropa podemos imaginar que estamos lavando con el agua de la *bodhichitta* las manchas que nublan nuestra mente y las mentes de todos los seres. La suciedad que fregamos de las ollas y los platos son las impurezas, las nuestras o las de todos los seres sintientes. Al limpiar la casa, la aspiradora o la escoba son las realizaciones que intentamos alcanzar, y la suciedad son los conceptos erróneos que hemos de eliminar. Podemos imaginar que el cuchillo con el que cortamos las verduras es la *bodhichitta* cortando el pensamiento egoísta, o puede ser la vacuidad cortando la ignorancia. De nuevo, podemos relacionarlo con nosotros mismos o con todos los demás seres sintientes.

Al entrar a un centro de *dharma* o a un lugar sagrado, como cuando estamos de peregrinaje, o incluso a donde solemos meditar en casa, deberíamos imaginar que estamos conduciendo a todos los seres sintientes a la ciudad de la liberación. En cuanto veamos cualquier objeto sagrado, como una estupa o un *thangka*, podemos rezar para que todos los seres sintientes alcancen rápidamente la iluminación. Y cuando conocemos a nuestro *guru* podemos rezar para que todos los seres sintientes también puedan conocer pronto a un *guru* perfectamente cualificado que les conduzca a la iluminación. De ese modo, cada pequeña cosa que hacemos se convierte en una causa de iluminación.[4]

CAPÍTULO 11

La transformación del pensamiento

Disfrutar de los problemas

Tendremos que enfrentarnos a problemas hasta que hayamos superado todo el *samsara*. Las enfermedades, otros seres y las situaciones y circunstancias adversas seguirán haciéndonos daño. Mientras nuestra mente esté condicionada para identificar tales experiencias como problemas, cada vez habrá más cosas que nos parezcan problemas. A menos que aprendamos a controlar la mente, la cuestión más insignificante podrá abrumarnos y nos alterará enseguida.

Hasta ahora, nuestra respuesta habitual ante un problema ha sido la infelicidad e incluso la ira. A lo largo de incontables vidas, nuestra mente ha sido condicionada para responder de ese modo. Pero igual que hemos entrenado bien nuestra mente en la ira, sintiendo aversión por cualquier problema, podemos volver a entrenarla para ver cualquier problema que surja como beneficioso. Esta práctica se llama *transformación del pensamiento Mahayana* o *entrenamiento mental* (*lojong*).[1] En lugar de ver un problema como algo dañino y repulsivo, podemos verlo como una oportunidad para desarrollar nuestra mente en el camino. Así podremos permanecer tranquilos y felices cuando nos enfrentemos a un problema.

Por muchos problemas que tengamos, no tiene ningún sentido que nos perturben o irriten. Como explica Shantideva en *Guía para el modo de vida del bodhisattva*:

Si hay solución,
¿de qué sirve el descontento?
Si no hay solución,
¿de qué sirve igualmente?

Pase lo que pase, no tiene sentido estar enfadado o deprimido. Además, siempre hay una razón para sentir que ese problema podría ser, en última instancia, algo muy beneficioso. Depende de nuestro punto de vista. Por ejemplo, nadie elegiría recibir un corte con un cuchillo; es doloroso y aterrador. Pero si nos muerde una serpiente venenosa y alguien puede hacernos un corte de inmediato y sacarnos el veneno, entonces agradecemos el corte. Sigue siendo igual de doloroso, pero no lo vemos como un problema en absoluto.

Al aplicar las técnicas Mahayana de transformación del pensamiento, nos entrenamos para identificar todos los problemas como beneficiosos y aprendemos no solo a afrontarlos sin aversión, sino a darles la bienvenida. Entrenados en la transformación del pensamiento, reconocemos como buenos, de inmediato y sin esfuerzo, cualquier condición miserable o cualquier obstáculo que nos encontremos. La idea de que te gusten los problemas surge de forma natural, como la idea de que te guste el helado o la música. Cuando oímos nuestra canción favorita, nos sentimos felices, sin necesidad de plantearnos los motivos de ello. Del mismo modo, cuando nos encontramos con una situación indeseable, nos sentimos felices y la reconocemos espontáneamente como buena. Los problemas parecen agradables, tan ligeros y suaves como el algodón.

Aceptar los problemas en lugar de rechazarlos puede marcar una gran diferencia en nuestra experiencia, no solo ayudándonos a dejar de preocuparnos y temer, sino también a convertir nuestra acción en *dharma*. La naturaleza del *samsara* es el sufrimiento, de modo que naturalmente experimentaremos problemas. (¡Pues claro que tenemos problemas! ¡Es el *samsara*!). Ver que esto es inevitable nos ayuda a desarrollar el primero de los tres aspectos principales del camino, la renuncia.

Si podemos afrontar nuestro problema con ligereza, sin desesperar, tendremos espacio para considerar a los demás y ver que también están sufriendo, y así nuestro problema fomentará la compasión, la bondad amorosa y la actitud de *bodhichitta*.

También podemos utilizar el problema como un medio para desarrollar la sabiduría viendo que no se trata de una situación inherente, sino que está causada por la aparición de diversas condiciones. La confluencia de esas condiciones ha causado el problema y hará que termine, cosa que cuesta ver cuando nos invade la desesperación. De este modo, los problemas se convierten en la mejor enseñanza posible sobre los tres aspectos principales del camino.

Cuando creemos que la felicidad proviene de objetos externos y perseguimos los placeres de los sentidos, el mundo se convierte en un lugar decepcionante. Estamos destinados a sentir decepción. En la actualidad, somos como los turistas que se detienen en Katmandú de camino a su excursión al Himalaya. A menudo se quedan horrorizados. Los hoteles están sucios, destartalados y carecen de instalaciones. La comida es terrible y les provoca diarrea. La gente es inculta, no sabe una palabra de inglés y no son nada de fiar. Las calles de Katmandú están sucísimas y hay vacas y mendigos por todas partes; pisar excrementos de vaca es un problema constante. Muchas personas vienen para pasar un mes de vacaciones y se marchan al cabo de una semana por lo horrible que es, desesperados por volver a su cómoda existencia.

Por otro lado, los habitantes de las aldeas locales ven Katmandú como un lugar maravilloso, con grandes carreteras llenas de vida y comida deliciosa. Y muchos estudiantes occidentales y asiáticos que vienen a meditar encuentran un ambiente muy especial. El Himalaya es una experiencia espiritual maravillosa para ellos. Para cada uno de ellos, la experiencia de Katmandú es producto de su propia mente.

Esto es cierto para todo. No hay experiencia inherente, sino cómo la interpretamos. Por lo tanto, igual que podemos interpretar un acontecimiento como malo y como fuente de sufrimiento, también podemos interpretarlo como bueno, beneficioso, incluso como placentero. Cuando vemos cómo creamos así nuestra realidad, entendemos que tenemos la capacidad de vivir cada situación como positiva, porque cada situación nos da la oportunidad de progresar hacia la iluminación. Esa es la esencia de la transformación del pensamiento.

Apartar la mente del egoísmo

Una forma de transformar nuestra mente es darnos cuenta de que hay muchísimos seres sintientes que se enfrentan a los mismos problemas que nosotros, y muchísimos más que se enfrentan a problemas mucho mayores. Podríamos estar enterrados bajo una montaña de terribles problemas, pero no hay nada por lo que deprimirse: solo somos una persona y las demás son muchísimas. Podríamos ser divinamente felices, pero no hay nada por lo que emocionarse: solo somos una persona y los demás son innumerables. Al igual que nosotros, todo el mundo quiere ser feliz y evitar el sufrimiento. Nosotros y todos los demás somos iguales en esto, pero por número, porque los demás son infinitos, son infinitamente más importantes que este único ser.

Por lo tanto, deberíamos pensar: «Ya que tengo que pasar por este problema, ¿por qué no hacerlo beneficioso para todos los seres sintientes? Qué maravilloso sería poder cargar todo su sufrimiento y sus causas sobre mí y experimentar mi problema en nombre de ellos para que pudieran librarse de sufrir». Este pensamiento de gran compasión, desear librar del sufrimiento y de sus causas a todos los seres sintientes, es la primera parte de la importante meditación de tomar y dar, o *tonglen*, en la que tomamos sobre nosotros todos los sufrimientos y las ofuscaciones, así como las causas, de los problemas de otros seres. Volveremos sobre esto más adelante.

De este modo, sea cual sea el problema al que nos enfrentemos —una enfermedad que amenace nuestra vida, un pleito o lo que sea—, experimentar el problema en sí mismo se convierte en un método muy potente de purificación y de acumulación de mérito infinito, ya que lo experimentamos en nombre de todos los seres sintientes. Dado que el número de seres sintientes es infinito, el mérito que acumulamos también lo es.

Si entendemos que todos los problemas provienen de nuestro egoísmo, podemos utilizarlos para destruirlo. Ante cualquier problema que experimentemos —recibir críticas, fracasar en los negocios, ser abandonado por nuestra pareja, perder un millón de dólares—, recordemos inmediatamente que se trata de un regalo de nuestra actitud de egoísmo. En el pasado, debido al egoísmo, hicimos daño a otros y ahora experimentamos el resultado de aquellas acciones negativas. Solo con reconocer que estos problemas son el resultado de nuestra actitud egoísta podemos hacer algo al respecto. Eso solo ya nos hace sentir al instante menos molestos, menos deprimidos.

La base de la transformación del pensamiento es tomar el problema que nos ha provocado nuestro egoísmo y devolvérselo, utilizarlo como un arma para destruir esa actitud que nos ha estado dañando desde renacimientos inmemoriales hasta ahora, y que continuará haciéndolo hasta que nos deshagamos de ella. Al destruir el egoísmo de ese modo estaremos destruyendo la causa de nuestros problemas.

La rueda de las armas afiladas golpea eficazmente el corazón del enemigo, de Dharmarakshita, un erudito indio del siglo IX, combina enseñanzas sobre la transformación del pensamiento con el *lamrim*, especialmente el karma, para mostrar claramente el origen de todos nuestros problemas. En él se explica que, puesto que todos los problemas provienen de nuestro egoísmo, es a él al que debemos culpar. Dice, por ejemplo:

> Cuando mi mente cae presa del sufrimiento,
> es el arma del mal karma que se vuelve contra mí
> por haber causado turbulencias en el corazón de los demás;
> en adelante cargaré todo el sufrimiento sobre mí.
>
> Cuando me atormentan el hambre y la sed extremas,
> es el arma del mal karma que se vuelve contra mí
> por haber participado en engaños, robos y actos mezquinos;
> en adelante cargaré con todo el hambre y la sed sobre mí.[2]

Cuando culpemos a fuentes externas, siempre habrá problemas; cuando culpemos a nuestro egoísmo, nuestros problemas se disiparán. Además, deberíamos entrenarnos para utilizar cada problema para destruir nuestro egoísmo.

En *Los siete puntos del entrenamiento mental*, el gran geshé kadampa Chekawa dice:

> Cuando el mundo y sus habitantes hiervan de negatividad,
> transforma las condiciones adversas en el camino de la iluminación.
> Destierra todas las culpas hasta llegar a la fuente única.
> Contempla la gran bondad de todos los seres.[3]

«Destierra todas las culpas hasta llegar a la fuente única» significa que echemos toda la culpa a una sola cosa, nuestro propio egoísmo. Puesto que todo lo indeseable proviene de él, independientemente del problema que experimentemos, lo más importante que hemos de hacer es culpar solo a esa cosa, a nuestro egoísmo. Al hacerlo, la situación que antes parecía un gran problema dejará de serlo al instante. Incluso sin hablar de esto como una vía hacia la iluminación, es crucial para la paz mental en la vida cotidiana.

El siguiente verso es «Contempla la gran bondad de todos los seres». Esto significa que debemos meditar sobre la bondad de todos los seres sintientes, incluso de nuestros enemigos. Al meditar sobre la bondad de los demás surgen de forma natural la bondad amorosa y la compasión.

Estos dos versos, que encarnan la transformación fundamental del pensamiento, se resumen en la maravillosa oración de Nagarjuna:

> Cualquier sufrimiento que experimenten los seres transmigratorios,
> que madure en mí.
> Cualquier felicidad y virtud que yo acumule,
> que madure en los demás.[4]

Ocho estrofas para transformar el pensamiento

Para escribir *Los siete puntos del entrenamiento mental*, geshé Chekawa se inspiró en otro geshé kadampa, Langri Thangpa, que escribió el texto por excelencia de transformación del pensamiento, *Ocho estrofas para transformar el pensamiento*. Chekawa dijo que su admiración por los kadampas surgió por primera vez al escuchar estas ocho estrofas, y que cada vez que se enfrentaba a un problema, le resultaban muy beneficiosos.[5]

Las dos prácticas principales que hacen falta para vivir una vida con sentido son la *bodhichitta* y la vacuidad. Las *Ocho estrofas* nos muestran cómo utilizarlas para transformar cualquier problema en el camino hacia la iluminación.

La primera estrofa dice:

> Decidido a obtener el mayor beneficio posible
> de todos los seres sintientes,
> que son más preciosos que una joya que concede deseos,
> los valoro profundamente en todo momento.[6]

Es muy importante comprender este verso porque es la base de todas las demás prácticas Mahayana. La joya que concede deseos es algo increíblemente excepcional, mucho más que un diamante, un zafiro o cualquier otra joya. Alguien que ha acumulado una gran cantidad de mérito puede obtener una joya que concede deseos y, gracias a su poder, conseguir sin esfuerzo cualquier necesidad mundana que pida, tanto para sí mismo como para los demás: riqueza, coches, televisores, pisos de lujo o cualquier otra cosa. Sucede así, sin más. Pero no puede conceder un renacimiento superior como humano o como dios. No puede purificar el karma negativo, causa del renacimiento en los reinos inferiores. Solo mediante la práctica y el desarrollo de la moralidad pura, la generosidad y otras cualidades incomparables podemos lograr un renacimiento humano perfecto y seguir adelante para alcanzar la iluminación.

Por lo tanto, dado que estas cualidades provienen únicamente del trabajo por los demás, los seres sintientes son mucho más valiosos que una joya que concede deseos. Servir a los seres sintientes con nuestro cuerpo, nuestras palabras y nuestra mente, intentando liberarlos de sus problemas y conducirlos a la felicidad y a la iluminación plena, es la práctica definitiva.

La segunda estrofa dice:

> Esté donde esté y con quien esté,
> siempre me considero el más bajo de todos
> y desde el fondo de mi corazón
> valoro profundamente a los demás.

La esencia de la actitud de la *bodhichitta*, de preocuparse únicamente por los demás más que por nosotros mismos, es la transformación total del pensamiento. Le damos un giro de ciento ochenta grados a nuestra mente, y pasamos de ver a los demás como si estuvieran ahí solo para nuestro propio beneficio a convertirnos en sus servidores voluntarios.

Son muchas las maneras en que podemos crear karma negativo al discriminar a los demás, como ver el color de su piel, su casta, su nivel de educación o su posición como inferiores o despreciables. Muchos problemas ocurren porque la gente de una categoría odia a los de otra y se juzgan y discriminan por ser diferentes.

En el gobierno, en las empresas, en las universidades e incluso en las escuelas, la gente discute por las posiciones. Por ejemplo, una persona que ocupe una posición baja y desee un ascenso puede sentir celos de alguien que ocupe un puesto más alto, con mayor estatus y sueldo. Observa y escucha, intentando aprovechar cualquier error para beneficiarse y ascender. Puede exagerar o mentir con el fin de hacer que echen a la otra persona.

Tal vez consigan ese ascenso, pero entonces surgirá el problema del orgullo, de sentirse superior a quienes están por debajo de él. Tiene el dinero y el estatus que anhelaba, pero continúa sintiéndose insatisfecho. Y con orgullo y arrogancia pueden crear fácilmente un karma negativo muy pesado.

Sentirse superior a los demás es un gran problema de este mundo. Los ricos a menudo se sienten superiores a los pobres, los instruidos a los no instruidos, los de casta superior a los de casta inferior, los blancos a los negros (y a veces los negros a los blancos). La gente puede incluso sentirse orgullosa de cantar mejor que los demás.

¿Cómo se pueden superar estos prejuicios? Langri Thangpa dice que deberíamos considerarnos siempre lo más bajo de todo, ver a los demás —ya sean maestros, amigos, enemigos, desconocidos o cualquier otro ser sintiente— como superiores a nosotros. Pensar que somos inferiores a los demás en conocimiento o en cualquier otra cualidad significa que no los discriminamos. En lugar de sentirnos orgullosos o arrogantes, nos sentimos humildes.

«Desde el fondo de mi corazón» significa que no se trata solo de ser diplomático; no se trata solo de aparentar, de decir las palabras pensando lo contrario, sino de sentirnos realmente inferiores a los demás y respetarlos mucho por ello. Al ver lo amables y valiosos que son, los valoramos profundamente y nos alegramos de ser sus sirvientes.

La tercera estrofa dice:

> En todas las acciones, examino mi continuo mental
> y en cuanto surge un engaño,
> puesto que me pone en peligro a mí mismo y a los demás,
> me enfrento a él enérgicamente y lo aparto.

Puesto que no hemos eliminado las semillas del engaño, sentimos apego siempre que encontramos un objeto deseable y aversión siempre que encontramos uno indeseable. Aunque intelectualmente seamos capaces de comprender las desventajas del apego y la aversión, a menos que vigilemos en todo momento, esos sentimientos engañosos pueden surgir sin previo aviso y provocar que actuemos de forma negativa.

El mindfulness y la conciencia son las herramientas más importantes que podemos tener para vigilar nuestra mente y asegurarnos de no crear nunca no-virtud. Tenemos que vigilar siempre lo que surge en la mente, y cuando sea un pensamiento no virtuoso, ser conscientes de ello al instante para darnos la oportunidad de apartarlo. Debemos estar alerta en todo momento; Langri Thangpa dice «en cuanto surge un engaño», independientemente de la actividad que estemos realizando. Las actividades básicas que realizamos cada día —como comer, caminar, sentarnos, dormir, etcétera— pueden parecer tan automáticas que no impliquen ningún pensamiento consciente, pero pueden ser el detonante de pensamientos no virtuosos.

Necesitamos mindfulness y conciencia, como un guardia que está a la puerta de una casa, alerta en todo momento, vigilando por si un ladrón intenta colarse a hurtadillas y robar nuestros objetos de valor. Nuestros engaños, como el apego y la ira, llevan con nosotros desde tiempos inmemoriales y solo nos han deparado sufrimiento. Al entender esto, hacemos todo lo posible por destruirlos o al menos evitarlos.

La ira es la aflicción más dañina, y debemos hacer todo lo posible por eliminarla. Shantideva explica uno de los métodos más eficaces para hacerlo en *Guía para el modo de vida del bodhisattva*:

> Si olvido el palo, que es la causa más cercana del dolor,
> y siento ira hacia el que empuña el palo,
> entonces sería mejor odiar el odio,
> ya que es el odio lo que mueve al quien blande el palo.[7]

Si alguien nos pega con un palo, nos enfadamos con la persona, no con el palo. Pero no hay razón para enfadarse con ella. Del mismo modo que el palo es inocente porque está controlado por la persona, la persona lo es también porque está controlada por sus engaños, por su ira. Y así, si hemos de enfadarnos, deberíamos hacerlo con la ira. Al ver que la persona no tenía elección, lo único que podemos hacer es practicar la paciencia y la compasión.

En la cuarta estrofa de *Ocho estrofas*, Langri Thangpa nos dice que no solo veamos a esa persona como inocente, sino como un tesoro:

> Siempre que veo a seres sintientes de naturaleza malvada
> y están abrumados por acciones negativas y pesados sufrimientos,
> valoro profundamente a esos seres excepcionales,
> como si hubiera encontrado un tesoro precioso.

«Seres de naturaleza malvada» se refiere a personas que están abrumadas por el karma negativo y el sufrimiento, que tienen un fuerte apego, ignorancia y demás, lo que les hace ser increíblemente egoístas, impacientes o enfadarse muchísimo. Aunque hubieran cometido uno de los cinco pesados karmas negativos sin interrupción, deberíamos sentirnos muy afortunados por haberlos conocido y apreciarlos sobremanera.

No deberíamos sentir repulsión por nadie, sino apreciar a todos los seres, incluso a alguien con una enfermedad horrible, como la lepra, como en la historia de la anciana que quería que la llevaran al otro lado del río. Fue rechazada por el gran yogui Ngakpo Chöpawa; pero cuando su discípulo Getsul Tsimbulwa, movido por la compasión y en absoluto repelido por su horrible lepra, la llevó al otro lado del río, la anciana se transformó en la deidad iluminada Dorjé Phakmo[8] y, sin que él tuviera que morir, lo llevó en aquel cuerpo a la tierra pura de Vajrayogini.[9] Pese a tener delante a Dorjé Phakmo, él había sido incapaz de reconocerla debido a sus ofuscaciones, hasta que su increíble compasión las purificó.

También está la historia de Angulimala, que vivió en la India en tiempos del Buda. El *guru* de Angulimala le dijo que matara a mil personas y que le diera un *mala* hecho con un dedo de cada una de ellas. Cuando estaba a punto de matar a la milésima persona, su propia madre, apareció el Buda y le dijo que se acercara a él. Aunque el Buda caminaba muy despacio, Angulimala fue incapaz de alcanzarle debido al poder psíquico del Buda. De ese modo, el Buda fue capaz de someterlo completamente. Odiado y temido por todos debido a su maldad, tras ser ordenado por el Buda, Angulimala se volvió muy humilde y paciente y fue respetado por todo el mundo.

Hay personas que han cometido acciones negativas tan graves que repugnan a todo el mundo. Nadie quiere estar cerca de ellas. Dado que nuestro entrenamiento consiste en apreciar a todos los seres independientemente de quiénes sean o de lo que hayan hecho, nos entrenamos para ver a esos seres como un tesoro. Solo podemos alcanzar la iluminación y luego beneficiar a innumerables otros cuando sentimos un amor y una compasión profundos por todos los seres, y eso incluye a esos objetos de la repulsión y el odio de los demás. Aunque haya innumerables seres sintientes, es con esos en concreto con quienes podemos progresar más rápido.

También podemos ver que, debido a su gran sufrimiento, esos seres necesitan nuestra ayuda, así que, aunque todos los demás los rechacen, nosotros debemos hacer lo que podamos. No obstante, hay que ser realistas. Si podemos hacernos amigos suyos y convencerlos para que sean más amables y menos agresivos, deberíamos hacerlo, pero es posible que no se dejen persuadir solo mediante palabras. Podemos intentar ser amables con ellos, quizá darles algún pequeño obsequio o comida, y así intentar alejarles de hacer acciones negativas.

Si nada de eso es posible, al menos podemos hacer *tonglen* sinceramente por ellos, asumiendo su tremendo sufrimiento y dándoles mentalmente todo lo bueno, imaginando que su mente se orienta hacia la iluminación. Si podemos hacer eso, en realidad estamos haciendo la práctica más sincera por esa persona, una práctica en absoluto manchada por el egoísmo.

Si nos entrenamos para ver a los afligidos por un gran sufrimiento o a los abrumados por grandes negatividades como extremadamente preciosos, más preciosos que el oro o los diamantes, progresamos hacia la iluminación increíblemente rápido.

La quinta estrofa dice:

> Cuando, por envidia, los demás me maltratan
> con abusos, insultos o cosas por el estilo,
> acepto la derrota
> y les ofrezco la victoria.

Esta práctica, que todos debemos realizar, también puede verse en el cristianismo. Era el consejo de san Francisco, que siempre pedía a sus discípulos que le criticaran porque no le gustaban los elogios. (Sin embargo, nunca encontraban nada por lo que criticarle). San Francisco era un gran *bodhisattva* y tenía mucho en común con los grandes meditadores tibetanos, los geshés kadampa. Me parece importante saber que este consejo no es solo cosa del budismo, de lo contrario la gente podría pensar que estamos un poco locos.

Puede ser natural enfadarse cuando alguien nos critica o abusa de nosotros, pero deberíamos comprender que, al destruir nuestro orgullo, esa persona nos está haciendo un gran favor. El orgullo, la arrogancia, la ira, etcétera, son grandes faltas que bloquean nuestro progreso espiritual.

Por lo general, la gente no ofrece la victoria a los demás, sino que hace lo contrario: intenta derrotarlos para obtener la victoria ellos. Vivimos en una sociedad muy competitiva, sobre todo en Occidente. Normalmente, a la gente le gusta ganar. Empresarios, deportistas, estudiantes, jugadores de apuestas…, la gente se emociona ante la idea de derrotar a otro.

Sin embargo, esta práctica es del todo diferente. En ella vemos que ganar, provocar la derrota de los demás, es una victoria para nuestro egoísmo. Cuando nuestro egoísmo gana, en la próxima vida o en miles de vidas en el futuro, tendremos que experimentar el resultado similar a la causa y asumir una pérdida mientras otro gana. En cambio, cuando asumimos la derrota y ofrecemos la victoria a los demás, justo lo contrario del pensamiento normal, somos nosotros quienes ganamos, ya que derrotamos a la mente competitiva, a nuestro egoísmo, que solo intenta dañarnos y destruir nuestra felicidad. Al apreciar a los seres sintientes y ofrecerles la victoria, no solo les ayudamos a ellos, sino que también creamos la causa para experimentar el éxito durante miles y millones de vidas.

Los únicos adversarios contra los que deberíamos competir son nuestros engaños, en especial contra el rey de los engaños, nuestro egoísmo. Esa es la mejor competición. Cuanto más capaces seamos de liberarnos de nuestro egoísmo, más capaces seremos de abrir nuestro corazón a todos los seres sintientes amables y preciosos que son la fuente de toda nuestra felicidad pasada, presente y futura. No solo consideramos a los demás superiores, como en la segunda estofa, sino que también les ofrecemos la victoria. Aceptar la derrota no es una derrota en absoluto; ofrecer la victoria a los demás es la verdadera victoria.

La sexta estrofa dice:

> Cuando alguien a quien he beneficiado
> y en quien tengo grandes esperanzas
> me hace un daño tremendo
> lo considero mi amigo virtuoso.

Cuando Atisha estaba en el Tíbet, tenía un sirviente llamado Atara que tenía muy mal genio y siempre hacía enfadar a la gente. Cuando le preguntaron por qué lo mantenía a su servicio, Atisha explicó que lo hacía para practicar la paciencia, ya que sin paciencia no se podía llegar a ser un gran yogui. Pensar de este modo es muy útil.

Del mismo modo que no se pueden desarrollar la generosidad y la compasión sin una persona necesitada, no se puede desarrollar la paciencia sin una persona enfadada. En lugar de ver a alguien que nos hace daño como la causa de nuestro sufrimiento, podemos verlo como el medio para nuestra transformación. Sin perfeccionar la paciencia no se puede alcanzar la iluminación, y tener paciencia es imposible sin alguien que la ponga a prueba intentando hacernos daño de alguna manera. Con este modo de pensamiento, devolver ira con ira parece un sinsentido absoluto.[10]

Langri Thangpa nos muestra que nuestro mejor amigo es alguien que no solo nos ha hecho daño abiertamente, alguien en quien hemos depositado grandes esperanzas y confianza y que nos ha traicionado. Normalmente sería la persona con la que estaríamos más enfadados, pero eso no está bien, ya que puede enseñarnos muchísimo, de modo que, en ese sentido, es nuestro mayor maestro. Geshé Chen Ngawa dice que debemos reconocer nuestra paciencia y a la persona que nos hace daño como discípulo y *guru*; así de fuerte es la relación.[11] De este modo, podemos ver a la persona que nos ha devuelto con daño la ayuda y confianza que le habíamos proporcionado como la encarnación de nuestro *guru*, manifestada como esa persona dañina para que desarrollemos la paciencia.

Eso no quiere decir que esa persona tuviera la motivación de llevarnos a la iluminación o que fuera tan sabia y compasiva como los *bodhisattva*. Por su parte, podría ser malvada y egoísta, hacerlo todo en beneficio propio y estar encantada de hacernos daño a nosotros o a cualquier otra persona. Pero por nuestra parte, dado que es la mayor ayuda que podemos tener en nuestra búsqueda de la iluminación, deberíamos respetarla como nuestro maestro más sublime.

La séptima estrofa dice:

> En resumen, tanto directa como indirectamente,
> ofrezco toda la felicidad y el beneficio a todas mis madres.
> Tomo secretamente sobre mí
> todos sus daños y sufrimientos.

Podemos beneficiar a los demás de dos maneras: directamente, ofreciéndoles una ayuda sustancial, e indirectamente, visualizando que les quitamos el sufrimiento y les damos toda nuestra felicidad y méritos, en una práctica como el *tonglen*.

La octava estrofa dice:

> Además, no ensucio todas esas prácticas con las manchas
> de las supersticiones de las ocho preocupaciones mundanas,
> y, al saber que todos los fenómenos son ilusorios,
> sin confiar en ellos, me libero de las ataduras.

Como hemos visto, las ocho preocupaciones mundanas son ansiar posesiones materiales, la felicidad y la comodidad, una buena reputación, las alabanzas y sentir aversión por nuestros opuestos.

Estas ocho mentes hacen que nuestro estado de ánimo fluctúe mucho. Estamos animados cuando las cosas van bien y decaídos cuando no, animados cuando nos hacen regalos y decaídos cuando se olvidan de nosotros, animados cuando nos halagan o tenemos buena reputación y decaídos cuando nos critican o tenemos mala reputación. Puesto que siempre estamos persiguiendo cosas deseables e intentando evitar las indeseables, nuestra vida es como una montaña rusa, siempre arriba y abajo. ¿No es así para la mayoría de nosotros?

La mayoría de las personas del mundo no consiguen ninguna satisfacción porque intentan alcanzar la felicidad a través de cosas externas. Naturalmente, sufrimos cuando tenemos que experimentar las cuatro cosas indeseables, pero obtenerlas solo aumenta nuestro apego y, por tanto, también implica sufrimiento. Por otro lado, asegurarnos de que nuestra práctica esté libre de esas preocupaciones mundanas, como nos exhorta a hacer Langri Thangpa, aporta gran felicidad y satisfacción interiores. Cuando podemos liberarnos de esos ocho *dharmas* mundanos, somos yoguis, practicantes puros, y tenemos una gran satisfacción y felicidad interiores.

Además, nos dice que comprendamos que todas las cosas «son ilusorias». Todas las cosas —el yo, la acción, el objeto, todos los fenómenos— existen. Existen en mero nombre, meramente designadas sobre una base válida. Sin embargo, el modo en que existen es tan sutil que es como si no existieran. Son como ilusiones y, como hemos visto, debemos entrenarnos para verlas como tales.

Las dos herramientas principales que necesitamos para vivir una vida con sentido son la *bodhichitta* y la comprensión de la vacuidad. A medida que avancemos, sin duda encontraremos problemas, y en ese sentido Langri Thangpa, en las *Ocho estrofas*, nos ha dado un medio profundo para tratar con ellos, transformándolos en el camino hacia la iluminación, superando nuestro egoísmo y aprendiendo a apreciar a los demás.

El *tonglen*

El *tonglen* es una meditación especial que podemos realizar como parte de la técnica de la *bodhichitta* de igualar e intercambiar el yo con los demás. En el *tonglen* renunciamos a nuestra actitud egoísta y en su lugar apreciamos a los demás visualizando que tomamos todos los sufrimientos de todos los seres sintientes en forma de humo negro y les damos todas nuestras posesiones, cualidades positivas y méritos en forma de luz blanca. Esta meditación tan especial es parte fundamental del desarrollo de nuestra *bodhichitta*, en la que trabajamos una gran compasión al tomar y una gran bondad amorosa al dar.

Podemos hacerlo de forma general o de forma más específica, tomando de los demás el mismo tipo de problema que tenemos nosotros. Digamos que tenemos cáncer. Podemos imaginar que quitamos el cáncer a todas las personas que lo padecen. Visualizar el sufrimiento de los demás vertiéndose sobre nosotros, la primera parte de la meditación, no nos causa más sufrimiento. Por el contrario, lo visualizamos vertiéndose sobre nuestro egoísmo, que imaginamos como una densa bola negra en nuestro corazón, y destruyéndolo por completo. No importa cuál sea el problema que tengamos, no importa lo grave que sea; ya que de todos modos hemos de experimentarlo, podemos hacer que sea beneficioso.

Muchas personas se han curado practicando el *tonglen*. A un estudiante chino de Singapur que tenía sida, su *guru* le dio esta meditación especial, Rato Rinpoche. Tras solo cuatros días, al hacerse un chequeo los médicos del hospital no encontraron rastro de la dolencia.

Esta meditación no es solo para enfermedades. Se puede utilizar con cualquier problema de pareja, ansiedad, depresión, incluso deseos suicidas. De hecho, es la mejor meditación para la depresión porque, al generar un corazón amoroso, la mente se eleva. El sentido de la vida es servir a los demás, ya sea a uno o a muchos, por lo que esta práctica proporciona una gran felicidad. Y lo que es más importante, el *tonglen* nos ayuda a desarrollar la bondad amorosa, la compasión y la *bodhichitta*, que son las causas principales de la iluminación completa.

El *tonglen* no es solo algo para hacer en una sesión de meditación sentados. Se puede hacer mientras caminamos, tumbados en la playa, viajando o en casa. Se puede hacer incluso mientras nos estamos muriendo; de hecho, es la mejor meditación, la mejor preparación, para afrontar la muerte. Hay técnicas de meditación especiales para transferir la conciencia a una tierra pura en el momento de la muerte, pero la meditación *tonglen* es la más fiable. Aunque nos estemos muriendo, en lugar de estar aterrorizados, estamos increíblemente felices. Nuestra muerte se convierte en la muerte más beneficiosa posible porque la experimentamos con una gran compasión por todos los seres sintientes.

La práctica

Para realizar la práctica de tomar y dar, empieza por tomar. Primero genera compasión pensando en que los seres vivos experimentan sufrimiento constantemente, pese a no desearlo, porque ignoran sus causas o son incapaces de abandonarlas aunque las conozcan. Piensa: «Qué maravilloso sería que todos los seres vivos pudieran liberarse de todo sufrimiento y de las causas del sufrimiento». Luego genera gran compasión pensando: «Yo mismo los liberaré de todo su sufrimiento y de sus causas».

Seguidamente, relaciona la meditación con tu respiración. Al inspirar, imagina que absorbes todo el sufrimiento y las causas de sufrimiento de otros seres vivos a través de tus fosas nasales en forma de humo negro. Si tienes una enfermedad o algún otro problema, concéntrate primero en todos los demás seres que tienen el mismo problema y luego piensa en todos los demás problemas que experimentan los seres vivos, así como en sus causas.

Al inhalar lentamente el humo negro, libera inmediatamente de su sufrimiento a todos los innumerables seres vivos. El humo negro entra por las fosas nasales, es absorbido por la mente egoísta, visualizada como una densa bola negra en tu chakra del corazón, y la destruye por completo.

En este punto, haz la parte de dar. Genera bondad amorosa pensando que, aunque los seres vivos desean la felicidad, carecen de ella porque ignoran sus causas o son incapaces de crearlas. Aunque alcancen algo de felicidad temporal, aún carecen de la felicidad definitiva de la iluminación plena. Piensa: «Qué maravilloso sería si todos los seres vivos tuvieran felicidad y las causas de la felicidad». Entonces, genera una gran bondad amorosa pensando: «Yo mismo les llevaré la felicidad y sus causas».

Visualiza tu cuerpo como una joya capaz de conceder todos los deseos de los seres vivos. Luego, al espirar, da todo cuanto tienes a todos los seres vivos en forma de luz blanca pura. Entrega todo tu buen karma de los tres tiempos —el pasado, el presente y el futuro—, así como toda la felicidad resultante hasta la iluminación; entrega tus posesiones, a tu familia, a tus amigos y tu cuerpo, todo ello visualizado como joyas que conceden deseos. Haz también ofrendas a todos los seres iluminados.

Todos los seres vivos reciben todo lo que desean, incluidas todas las realizaciones del camino a la iluminación. Quienes quieren un amigo encuentran un buen amigo; quienes quieren un trabajo encuentran un trabajo satisfactorio; quienes quieren un médico encuentran un médico cualificado; quienes quieren medicinas encuentran medicinas excelentes; quienes quieren un *guru* encuentran un *guru* perfecto. Para aquellos que padecen enfermedades incurables, tú te conviertes en la medicina que los cura.

Al visualizar esta amplia práctica de generosidad, creas la causa de tu propia riqueza y éxito en esta vida y en vidas futuras, lo que significa que puedes beneficiar aún más a los demás. Aparte de estos beneficios temporales, recibirás el beneficio final de la iluminación.

Una vez que todos se hayan iluminado de este modo, regocíjate pensando: «Qué maravilloso es que haya iluminado a todos y cada uno de los seres vivientes».

Hay versiones mucho más extensas de esta meditación, en las que se visualiza por separado a los seres de cada reino y se toma su sufrimiento concreto y se les da lo que más necesitan.[12]

Meditar es transformar la mente

Aprender a meditar nos abre una puerta, nos libera de la cárcel de conceptos erróneos que nos atrapa en este momento. Nos abre la puerta a la liberación, lo que significa no solo liberarnos de los sufrimientos temporales que plagan nuestra vida, sino también de todo el *samsara*, lo que nos libera completamente. En especial, abre la puerta a la *bodhichitta*, el buen corazón supremo. Y esa puerta nos conduce directos a la iluminación plena, donde somos capaces de guiar perfectamente a todos y cada uno de los seres sintientes hacia la liberación y la iluminación. Cuando empezamos a meditar para generar compasión por todos los seres vivos, la puerta que se abre trae beneficios ilimitados como el cielo.

Cualquier meditación que hagamos debería traer paz y calma a nuestra vida, permitirnos el espacio para transformar nuestra mente de la no virtud a la virtud. Puesto que la meditación es el antídoto contra las emociones negativas y perturbadoras, es la medicina que necesitamos. Transforma la mente de los estados dolorosos del apego y la ira y trae la satisfacción del renunciamiento. Despeja los turbios conceptos erróneos que están en la raíz de todos nuestros problemas y disipa nuestra ignorancia y permite que crezca la sabiduría. Sobre todo, nos permite desarrollar nuestro buen corazón, superar nuestras tendencias egoístas y transformarlas en aprecio hacia los demás, el corazón de la *bodhichitta.*

Cualquier cosa que hagamos que transforme la mente de engañada e ignorante a clara y sabia, de estar atrapada en el egoísmo a apreciar a los demás, es meditación. Meditar es transformar la mente. Eso es lo que debemos practicar. Eso es lo que da sentido a nuestra vida.

APÉNDICES

APÉNDICE 1

La meditación sobre la continuidad de la conciencia[1]

El propósito de esta meditación es ver que cada momento de conciencia debe ser el resultado del momento anterior, y por eso es imposible plantear un primer momento, uno que no tenga una causa anterior. Esto significa que la conciencia no tiene principio; no comenzó mágicamente con el primer momento de esta vida.

Para ello, hay que empezar por entender que si bien hay muchas condiciones que influyen en el tipo de mente que experimentas, la causa principal de cualquier momento mental debe ser el momento mental inmediatamente anterior. Es necesario investigar esto y llegar a comprender este punto crucial.

Este momento de conciencia que estás experimentando en este preciso instante debe de haber tenido una causa. Probablemente estén ocurriendo muchas cosas en esta breve fracción de segundo mental. Quizá esté operando una conciencia visual o auditiva, quizá haya una emoción sobre lo que ves, y quizá alguna conceptualización al pensar en el objeto. Casi todas esas cosas son factores mentales que adornan la conciencia básica. Todas son condiciones; ninguna es la causa primordial de la mente principal. La causa principal de ese momento de conciencia ha de ser un momento de conciencia similar. Ese es uno de los aspectos fundamentales del karma, que el resultado debe concordar con la causa.

Así, la mente fluye en un flujo continuo de causas y efectos momentáneos.

Cuando aceptas esto, puedes empezar a llevar ese tren de causas y efectos de un lado a otro. El momento de conciencia que estás experimentando en este momento debe de haber tenido una causa, y esa causa debe de haber sido el momento de conciencia inmediatamente anterior. Compruébalo y asegúrate de que es cierto. Estate seguro de ello en tu mente.

Ese momento de conciencia inmediatamente anterior, la causa de este momento de conciencia, también tuvo una causa, que debió de ser el momento de conciencia anterior. De ese modo, retrocede al anterior y al anterior. La conciencia de esta noche está unida a la conciencia de esta mañana por un flujo continuo de causas y efectos.

La conciencia que has experimentado en el momento de despertarte esta mañana debía de tener una causa. ¿Cuál era? Debió de ser la conciencia que tuviste durante el último momento de tu estado de sueño, que fue causada por el momento anterior de sueño, y así sucesivamente, hasta el primer momento del sueño de anoche y el último momento de estar despierto ayer.

La conciencia de ayer fue causada por la conciencia del día anterior, que fue causada por la de la semana pasada, que fue causada por la del año pasado. La conciencia del año pasado fue causada por la conciencia que tenías de adolescente, que fue causada por la conciencia que tenías de niño. Que fue causada por la conciencia que tenías de bebé.

Vuelve a la primera conciencia que tuviste de bebé, en el momento en que saliste del vientre de tu madre. ¿Cuál fue la causa? Tuvo que ser el último momento de la conciencia que tuviste como feto, que fue causado por la conciencia del momento anterior a ese.

Retrocede un poco más. ¿Cuál fue la causa del primer momento de conciencia de esta vida? Bueno, esa es la pregunta interesante. O bien no la hubo, y por lo tanto no existe el karma, o la hubo. Eso significa que tuvo que ser un momento previo de conciencia en la misma continuidad.

Eso significa que la conciencia ya debía de existir y que existía antes de que esta vida empezara. De lo contrario, sin la continuidad previa de ese primer momento de conciencia, es imposible que la conciencia llegara a existir. Por lo tanto, la causa de la mente del primer momento de esta vida, el momento en que tu conciencia se unió con el esperma y el óvulo de tus padres, debió de ser el último momento de la mente del ser del estado intermedio. La conciencia del ser del estado intermedio proviene de la conciencia de la vida anterior, y de la vida anterior a esa y de la anterior a esa. La línea de vidas anteriores que la mente ha experimentado de esta manera no tiene fin.

También se puede tomar la cadena de causas y efectos en el otro sentido. Uniendo con el óvulo fecundado, el primer momento de conciencia de esta vida es la causa del segundo, que es la causa del tercero, y así sucesivamente. El último momento de conciencia como feto es la causa del primer momento de conciencia como bebé, hasta la conciencia de esta mañana y hasta la conciencia de este momento.

La conciencia de este momento debe de tener un resultado, y es la conciencia que viene inmediatamente después, la conciencia del momento siguiente. La conciencia de ese momento dará lugar a la siguiente, y esa a la siguiente, y así sucesivamente.

De esta manera, puedes ver un flujo continuo de conciencia, desde vidas inmemoriales hasta el primer momento de esta vida, hasta ahora y hacia el futuro, siendo cada momento de conciencia el resultado del momento anterior de conciencia y la causa del siguiente momento de conciencia.

Este momento de conciencia conducirá a la conciencia que experimentes en el último momento de esta vida, el momento antes de que mueras. ¿Qué ocurre entonces? ¿Se apaga la mente sin más, como una vela que se extingue? La conciencia, la mente, no puede dejar de existir sin más. No puede haber una causa sin un resultado. De modo que debe haber otro momento de conciencia, la conciencia del primer momento del estado intermedio que conduce a la próxima vida.

APÉNDICE 2

La meditación de la respiración de las nueve rondas[1]

El objetivo principal de cualquier meditación respiratoria es mantener la mente centrada y positiva y no dejar que se deslice hacia pensamientos no virtuosos que dificultarían la concentración. Si puedes hacerlo simplemente concentrándote en la respiración, excelente, pero también está la práctica de meditación de la respiración de las nueve rondas, que es algo más enérgica y, por lo tanto, es una muy buena manera de asegurar que tu meditación se mantenga virtuosa.

Durante las tres primeras rondas, tápate la fosa nasal izquierda con el dedo índice de la mano derecha e inspira por la fosa nasal derecha. Después tápate la fosa nasal derecha y espira por la izquierda. Haz esto durante tres respiraciones.[2]

Durante las tres rondas siguientes, tápate la fosa nasal derecha e inspira por la izquierda y tápate la fosa izquierda y espira por la derecha. Haz esto durante tres respiraciones.

Luego, en las tres últimas rondas, inspira por ambas fosas nasales y espira también por ambas. Haz esto durante tres respiraciones.

Esta es una serie de la meditación de la respiración de nueve rondas. Para que este tipo de meditación sea más beneficiosa, también es bueno acompañarla de una visualización en lugar de concentrarse solo en la respiración, como hace tanta gente.

Primero observa tu mente para ver si hay algún tipo de apego, ira o ignorancia, si tu mente es virtuosa, no virtuosa o neutra. Luego cultiva la motivación: «Con el fin de alcanzar la iluminación por el bien de todos los seres sintientes, voy a hacer la meditación de la respiración purificadora».

Ahora haz las tres primeras rondas. Tápate la fosa nasal izquierda con el dedo índice de la mano derecha e inspira lentamente por la fosa nasal derecha, visualizando la luz blanca procedente de todos los budas y *bodhisattva* que viven en todas direcciones. La esencia de la luz blanca es el poder perfecto, el conocimiento perfecto y la compasión perfecta de todos los budas, así como el poder, el conocimiento y la compasión de los *bodhisattva*. Mientras inspiras, piensa: «Estoy recibiendo la luz que es la esencia de estas cualidades». Cada átomo de tu cuerpo, de la cabeza a los pies, se llena de esa luz blanca. A medida que se extiende por todo el cuerpo, te sientes completamente dichoso. Piensa: «Ahora he recibido el poder, el conocimiento y la compasión perfectos de todos los budas y *bodhisattva*». Intenta sentir una gran felicidad por haberlos recibido.

A continuación, tápate la fosa nasal derecha con el dedo índice de la mano derecha y exhala por la izquierda. Mientras lo haces, visualiza que todo tu karma negativo y tus engaños, en forma de humo negro, salen de ti con la exhalación. Piensa que el humo negro se ha ido más allá del océano Atlántico y ha desaparecido por completo. Igual que cuando un valle oscurecido por una espesa niebla se despeja y da paso a un día soleado, todo el humo negro desaparece y te hace sentir muy feliz, muy ligero. Si te sientes feliz, es buena señal de que la visualización está funcionando. Haz esto durante tres respiraciones.

En las tres rondas siguientes, invierte el proceso. Esta vez tápate la fosa nasal derecha e inspira por la izquierda, mientras haces la misma visualización de tomar la luz blanca. Luego tápate la fosa nasal izquierda y espira por la derecha, visualizando todo el humo negro saliendo de ti. Haz esto durante tres respiraciones.

Finalmente, durante tres rondas, respira por ambas fosas nasales visualizando la luz blanca que llena todo tu cuerpo con la inspiración y el humo negro saliendo con la espiración. Haz esto durante tres respiraciones.

Una alternativa es visualizar solo la luz blanca entrando en ti durante las tres primeras rondas y el humo negro saliendo durante las tres segundas rondas; las tres terceras rondas se mantienen iguales.

Si tu mente está tan perturbada que incluso esta meditación tiene poco efecto, puedes intentar hacerla con más fuerza, tapándote una fosa nasal mientras soplas con fuerza por la otra, aunque haga un poco de ruido. Poner un poco de energía en ello de esta manera facilita la concentración. Si estás solo, por supuesto, no hay problema, pero has de ir con cuidado si estás meditando con otras personas. Y no lo hagas con tanta fuerza que se te ponga la cara roja y se te marquen las venas. Tras hacerlo durante una serie de nueve rondas, puedes volver a respirar suave y con calma. De este modo, incluso cinco minutos de meditación de la respiración pueden ser extremadamente eficaces.

APÉNDICE 3

Una meditación sobre el renacimiento humano perfecto[1]

Una forma habitual de meditar sobre el renacimiento humano perfecto es repasar las ocho libertades y las diez riquezas individualmente, reflexionando en profundidad sobre cada una de ellas y tratando de ver por qué eres tan afortunado de tener esas dieciocho cualidades.

Si tu meditación es en un retiro o como práctica diaria y te estás dedicando puramente a temas de *lamrim*, entonces puedes hacer una libertad o una fortuna cada día o cada sesión, o centrarte en una libertad o una fortuna durante unos cuantos días hasta que tengas un fuerte sentimiento hacia ella. Por el contrario, puedes hacer una meditación de revisión sobre una serie de libertades o sobre todas ellas para conseguir una visión de conjunto. El objetivo es comprender cada tema con la mayor profundidad posible para que realmente signifique algo muy profundo para ti.

Meditar sobre cada una de las dieciocho cualidades puede hacerse conjuntamente con la práctica de una deidad. Por ejemplo, si estás practicando Chenrezig, cuando llegue el momento de recitar el mantra, pasado un rato puedes introducir este tema y meditar sobre él como parte del desarrollo de la compasión. Su Santidad el dalái lama dice que, cuando ya no puedas concentrarte en visualizarte a ti mismo como la deidad, hacer una meditación *lamrim* evita que surja la superstición.

Al repasar cada una de las libertades y fortunas, te das cuenta de que otros seres carecen de esas cualidades vitales y desarrollas de forma natural una gran compasión por ellos. También tomas conciencia de que esa cualidad te permite practicar el sagrado *dharma* y así puedes ayudar de verdad a esos seres. Después de recordarlos a cada uno de ellos, concluye diciendo: «Este cuerpo humano es extremadamente valioso. Debo alcanzar la *bodhichitta* sin perder tiempo».

El método para hacer que esa experiencia de tu renacimiento humano perfecto sea más profunda es pasar de la meditación analítica sobre esa cualidad a una meditación de fijación. Es de esperar que mientras analizas el tema llegue un momento en el que tengas un fuerte sentimiento sobre él. En lugar de continuar con la siguiente parte del análisis, haz una meditación de fijación sobre ese punto pensando una y otra vez: «Esto es muy valioso, esto es muy valioso, esto es muy valioso...». Puedes recitar: «Esto es muy valioso» una y otra vez o recitar un mantra, como el de Chenrezig, mientras haces una meditación de fijación sobre lo valioso que es tu renacimiento humano perfecto. Si haces una meditación analítica seguida de un poco de meditación de fijación, tu comprensión de lo valioso que es tu renacimiento humano perfecto se volverá más fuerte y estable.

No debes tener prisa. Esto no es comida rápida para engullir, sino una comida maravillosa para disfrutar lentamente. La meditación requiere tiempo para ver cada punto con claridad, para ver lo que falta y lo que hay que desarrollar más. Saborea cada punto e intenta comprenderlo del todo.

El propósito de meditar sobre cada libertad y cada fortuna por separado es convencerse de que no hay posibilidad de practicar el *dharma* en ningún otro reino que no sea el humano y de que, incluso como humano, no hay posibilidad de practicar el *dharma* a menos de que te libres de vivir en un país profano, de tener puntos de vista erróneos, etcétera. Y así concluyes que la única posibilidad de practicar el *dharma* es tener exactamente el conjunto de condiciones que tienes en este preciso instante.

Puedes hacer que cada meditación sea tan elaborada o tan simple como quieras. La verdad es que depende de lo que sea más efectivo para tu mente y, por supuesto, del tiempo que tengas disponible.

La meditación sobre cada libertad y cada fortuna sigue el mismo formato:

- Reflexiona sobre el sufrimiento y la falta de libertad de ese ser o situación.
- Reflexiona sobre el hecho de que estás libre de ese sufrimiento o situación y alégrate de ello.
- Reflexiona sobre el hecho de que esa libertad te permite alcanzar los tres grandes propósitos.
- Decide no malgastar ni un momento de este renacimiento humano perfecto.

Para las fortunas, más que la fortuna de estar libre de una situación desfavorable, siéntete afortunado por tener una cualidad maravillosa. Relaciónate con cada libertad y fortuna de esta manera y luego considera lo significativa que es y lo difícil que será volver a encontrarla. Reflexiona también sobre el hecho de que la situación que tienes ahora no durará. La vida no solo es muy breve, sino que puede detenerse en cualquier momento, incluso hoy. Podría detenerse incluso durante esta sesión de meditación. Cuando consideras cada libertad y cada fortuna de este modo, te das cuenta de lo increíblemente valiosas que son estas dieciocho cualidades.

Si entrenas tu mente de esta manera, incluso en los descansos, surgirá sin esfuerzo el pensamiento de que esta vida es extremadamente valiosa, igual que los pensamientos de hambre o de apego surgen sin esfuerzo, y automáticamente dejarás de actuar sin sentido.

Meditar sobre las ocho libertades

La libertad de no haber nacido como un ser infernal

Para la primera meditación, piensa en el sufrimiento de los reinos infernales sobre los que has leído. Repasa los distintos infiernos con cierto detalle.

Piensa que la chispa de una cerilla o una varita de incienso que te tocan la piel durante un segundo te resulta insoportable. En ese momento no piensas en el *dharma* en absoluto, ni tienes compasión por los demás, ni comprensión, solo un deseo ciego de librarte del dolor. Piensa que si hubieras nacido en cualquiera de los infiernos candentes, el sufrimiento sería millones de veces peor, no solo por su intensidad, sino porque estaría por todo tu cuerpo y duraría eones. Si fueras un ser que sufre de esa manera, por supuesto que no podrías practicar el *dharma*.

Piensa en cómo sería estar atrapado en una casa de hierro que se consumiera por un fuego más caliente que el fuego del fin de este sistema mundial. Imagínate atrapado en un caldero de hierro lleno de agua hirviendo. Piensa en el terror. No hay forma de que puedas tener ningún pensamiento racional; tu mente estaría abrumada por el sufrimiento.

Del mismo modo, pasa por los infiernos fríos y por los infiernos circundantes y los ocasionales.

Entonces date cuenta de cómo, aunque la inmensa mayoría de los seres sintientes estén en esta situación, tú no lo estás. Además, tienes un renacimiento humano perfecto, el más excepcional de todos. Piensa: «Qué increíblemente afortunado soy». Reflexiona sobre la causa de haber nacido en los reinos infernales, el odio y la ignorancia, y decide que nunca, ni por un segundo, crearás esas causas.

Piensa que tener esta libertad de no ser un ser infernal te da la libertad para practicar el *dharma* y alcanzar las tres formas en las que un renacimiento humano perfecto es significativo (un renacimiento afortunado, la liberación y la iluminación, y ser significativo en cada momento de esta vida). Piensa especialmente en cómo alcanzar la iluminación por el bien de todos los seres sintientes. Pero esta vida tan significativa puede terminar en cualquier momento. La muerte es definitiva y no se sabe cuándo llega.

Concluye la meditación decidiendo no desperdiciar ni un segundo de este renacimiento humano perfecto, sino utilizar cada segundo para hacer realidad el gran potencial de esta vida desarrollando la *bodhichitta* y alcanzando la iluminación.

La libertad de no haber nacido como un fantasma hambriento

Como en cada meditación posterior, comienza la meditación pensando: «Aunque no haya nacido como un ser infernal, he nacido como un fantasma hambriento en incontables ocasiones». Reflexiona sobre la libertad de no haber nacido como un fantasma hambriento pensando en lo que has aprendido sobre las condiciones de los fantasmas hambrientos. Piensa en los tipos de fantasmas hambrientos y en que sus principales sufrimientos son un hambre y una sed terribles, en que deben pasar cientos de años sin conseguir ni una pizca de comida, ni siquiera un trocito de saliva seca, ni una gota de agua pútrida.

Reflexiona sobre que esperas tener siempre suficiente comida y bebida, es más, siempre esperas que sea deliciosa y nutritiva. No podrías pasar ni dos días sin comer. Recuerda alguna ocasión en la que hayas pasado mucha hambre (si es que alguna vez te ha sucedido) y en cómo te obsesionaste con la comida. Si te estuvieras muriendo de hambre, ¿podrías pensar en otra cosa que no fuera comida? ¿Serías capaz de pensar en el *dharma*? Estoy seguro de que la respuesta es no; el *dharma* sería lo último en lo que pensarías. Piensa en ello y verás que una necesidad tan básica como esa aleja todos los demás pensamientos.

Piensa en que el sufrimiento de un fantasma hambriento es miles de millones de veces peor que la peor hambre que puedas imaginar, y en que la posibilidad de que encuentre comida es prácticamente nula. Visualiza a los fantasmas hambrientos vagando por el mundo, locos de desesperación. Por supuesto no pueden practicar la moralidad ni la generosidad. Matarían por un trozo de comida. Qué terrible es eso.

Entonces piensa que, aunque hay muchos más fantasmas hambrientos que animales o humanos, tú no eres uno de ellos. Tienes suficiente para comer y beber y tienes el lujo de no tener que pasarte todo el tiempo pensando y tratando de conseguir tu sustento. Eso es un lujo incluso entre los humanos. Además, tienes un renacimiento humano perfecto, el más excepcional de todos. Piensa: «Qué increíblemente afortunado soy». Reflexiona sobre las causas de nacer como un fantasma hambriento, como el apego y la ignorancia, y decide que nunca, ni por un segundo, crearás esas causas.

Piensa que no ser un fantasma hambriento te da la libertad de practicar el *dharma* y alcanzar las tres formas en las que un renacimiento humano perfecto es significativo.

Pero esta vida altamente significativa puede detenerse en cualquier momento. Decide no malgastar nunca ni un segundo de este renacimiento humano perfecto, sino utilizar cada segundo para hacer realidad el gran potencial de esta vida desarrollando la *bodichitta* y alcanzando la iluminación.

La libertad de no haber nacido como un animal

En esta meditación sobre la libertad de no haber nacido como un animal, como en las otras, empieza pensando: «Aunque no haya nacido como un ser infernal ni como un fantasma hambriento, he nacido siendo un ser del reino animal en innumerables ocasiones». Reflexiona sobre la situación de los seres del reino animal que puedes ver en este mundo: animales, pájaros, peces e insectos. Aunque algunos, como los animales domésticos, están mimados, la gran mayoría tiene que afrontar tremendos sufrimientos cada día. Para ellos nunca hay un momento de paz o felicidad. Tómate tu tiempo para repasar los distintos tipos de seres animales y reflexiona sobre las circunstancias a las que se enfrentan cada día y sobre cómo sus vidas están dominadas por el sufrimiento y el miedo.

Piensa en cómo sería si nacieras animal, aunque fuera tu propia mascota. Dominado por la estupidez, no tendrías capacidad para entender nada salvo las órdenes más rudimentarias de tu dueño. Aunque tu dueño te explicara el *dharma* durante cien años seguidos, seguiría sin haber esperanza; no tendrías la oportunidad de acumular ni una pizca de buen karma. Y aquí estamos, hablando del más favorecido de todos los animales. Piensa en cualquier animal salvaje o de granja. Reconstruye su vida y verás lo atrapado que está en el sufrimiento.

Naciste humano, no animal, y además tienes un renacimiento humano perfecto con las ocho libertades y las diez fortunas. Piensa: «Qué increíblemente afortunado soy». Reflexiona sobre las causas de nacer en el reino animal, como la ignorancia y la estupidez, y decide que nunca, ni por un segundo, crearás esas causas.

Reflexiona sobre lo increíblemente valiosa que es esta vida, lo altamente significativa que es en cada momento, a diferencia de la del pobre animal, y decide que nunca malgastarás ni un segundo de ella.

Decide hacer todo lo posible para alcanzar la realización de la *bodhichitta* y la iluminación.

La libertad de no haber nacido como un dios de larga vida

Piensa: «Aunque no haya nacido como un ser infernal, fantasma hambriento o animal en incontables ocasiones, he nacido como un dios de larga vida en innumerables ocasiones». Luego reflexiona sobre los diversos tipos de dioses del reino del deseo, el reino de la forma y el reino sin forma. Piensa en la indulgencia abrumadora del placer sensorial que es la vida de los dioses del reino del deseo y el estado de ensoñación que es la vida de los dioses de los reinos de la forma y de lo informe.

Piensa en un tiempo en que estuvieras bajo el control del apego, y el deseo ocupara toda tu mente… por una posesión, por un amigo, por el éxito en los estudios o en los negocios. ¿Había espacio para algo más como la compasión? Del mismo modo que los dioses de larga vida no tienen oportunidad de practicar el *dharma*, tampoco la tienen los seres humanos cuando los controla el pensamiento de los ocho *dharmas* mundanos.

Piensa que, aunque todavía no hayas superado el apego, puedes ver sus grandes desventajas y por eso tienes la opción de no seguirlo. Piensa: «Qué increíblemente afortunado soy». Reflexiona sobre las causas de nacer como un dios, como el apego y la ignorancia, y decide que nunca, ni siquiera por un segundo, crearás esas causas.

Considera que no haber nacido dios te da libertad para practicar el *dharma* y alcanzar las tres formas en que un renacimiento humano perfecto es significativo, lo que hace que cada momento de este renacimiento humano perfecto sea altamente significativo.

Decide no malgastar ni un segundo de este renacimiento humano perfecto, sino utilizarlo para hacer realidad la *bodhichitta* y alcanzar la iluminación.

La libertad de no haber nacido donde no ha descendido ningún Buda

Piensa: «Aunque no haya nacido en los tres reinos inferiores o como un dios de larga vida, aunque haya nacido como un ser humano, he nacido en innumerables ocasiones durante períodos en los que no había buda ni enseñanzas de un buda». En este período, las enseñanzas del Buda existen. A pesar de que el Buda Shakyamuni falleció, el linaje de sus enseñanzas todavía perdura en maestros consagrados, y la transmisión de su sagrado *dharma* sigue siendo pura y concentrada.

Imagina que esto no fuera así. Hay ciertos períodos en los que no existe el *dharma*, en los que han desaparecido las enseñanzas del Buda y el futuro Buda aún no ha aparecido. Aunque nazcas como un ser humano, a veces, debido al karma, naces en esos períodos oscuros en los que no existe el *dharma*. Imagina un mundo en el que no brilla la luz del *dharma*, un mundo envuelto en la oscuridad de la ignorancia. Si nacieras en esa época, no tendrías apenas posibilidades de comprender lo que es la virtud, y mucho menos de crearla.

Piensa: «Qué increíblemente afortunado soy de haber nacido en una época en la que ha descendido un buda». Reflexiona sobre que estamos llegando al final del período de las enseñanzas del Buda y pronto entraremos en otro período oscuro. Así pues, date cuenta de la urgencia de hacer todo lo posible ahora por hacer realidad el *dharma* en tu corazón cuanto antes.

Piensa que la muerte puede sobrevenir en cualquier momento y que no hay ninguna seguridad de lo que hay más allá de ella. ¿Seguirás teniendo esta oportunidad tan preciosa en la próxima vida? Los seres infernales, no; los fantasmas hambrientos, tampoco; ni los animales, ni los dioses, ni los bárbaros ni los herejes,[2] ni siquiera viviendo en un mundo que tenga las enseñanzas del Buda. Tú sí, por ahora.

Decide pasar cada momento desarrollando la *bodhichitta* con el fin de alcanzar la iluminación por el bien de todos los seres sintientes.

La libertad de no haber nacido como un bárbaro

Piensa: «Aunque no haya nacido en los tres reinos inferiores ni como un dios de larga vida, aunque haya nacido como un ser humano durante un período en el que descendió un buda, he nacido como un bárbaro en incontables ocasiones». Piensa en los lugares donde la gente vive absolutamente sin el *dharma*, donde la religión es suprimida o vista como superstición. Tales personas son «bárbaros», aquellos no civilizados por el toque del *dharma*. No hay comprensión del *dharma* ni deseo de practicarlo. Piensa en que las personas que viven bajo esos engaños siempre están buscando la felicidad en los lugares equivocados, a través del apego a los placeres mundanos.

Piensa en que, si tú estuvieras en esa situación, serías completamente incapaz de crear las causas de la felicidad y estarías atrapado en el sufrimiento para siempre. Sería terrible. Pero tú no eres así, tú tienes la libertad que te permite comprender y valorar el *dharma*.

Piensa: «Qué increíblemente afortunado soy». Reflexiona sobre las causas de nacer como un bárbaro, como el apego y la ignorancia, y decide no crear nunca esas causas. Estando libre de este estado, eres capaz de practicar el *dharma* y alcanzar los tres grandes propósitos de un renacimiento humano perfecto.

Concluye la meditación decidiendo utilizar cada segundo para desarrollar la *bodhichitta* y alcanzar la iluminación.

La libertad de no haber nacido como un necio

Piensa: «Aunque no haya nacido en los tres reinos inferiores ni como un dios de larga vida, aunque haya nacido como un ser humano durante un período en el que descendió un buda, y aunque no haya nacido como un bárbaro, aun así he nacido en incontables ocasiones como alguien que, por algún problema mental o físico, es incapaz de comprender o comunicarse en absoluto». Incluso si a una persona así se le explicara el *dharma*, ni siquiera podría entender las palabras, mucho menos su significado profundo. Qué horrible encontrarse en esa situación.

Piensa: «Qué increíblemente afortunado soy de poder comprender y practicar el *dharma*». Reflexiona sobre la causa de haber nacido con un razonamiento defectuoso, la ignorancia, y decide que nunca, ni por un segundo, crearás esa causa.

Piensa que tener esa libertad significa que puedes lograr los tres grandes propósitos de un renacimiento humano perfecto y así hacer que cada segundo que tengas sea extremadamente significativo.

Decide que nunca malgastarás ni un momento de este renacimiento humano perfecto, sino que lo utilizarás para alcanzar la *bodhichitta* y la iluminación.

La libertad de no haber nacido como un hereje

Piensa: «Aunque no haya nacido en los tres reinos inferiores, ni como un dios de larga vida, aunque no haya nacido como un ser humano durante un período en el que no había descendido ningún buda, ni bárbaro, ni necio, he nacido como un hereje en incontables ocasiones». Reflexiona que ser un hereje significa tener puntos de vista equivocados: la creencia errónea de que el karma, la reencarnación y conceptos por el estilo no existen. Imagina lo que sería estar atrapado en esos puntos de vista erróneos. No hay causa y efecto; no hay vida después de esta; el Buda nunca existió y, por lo tanto, sus enseñanzas son falsas. Sin una idea de la verdad definitiva, la naturaleza de la realidad, ¿qué puede impedir que una persona así caiga en el nihilismo? No solo no habría forma de practicar el *dharma*, sino que habría pocas posibilidades de hacer algo que valiera la pena.

No estás atrapado en puntos de vista erróneos. Piensa: «Qué increíblemente afortunado soy». Reflexiona sobre la causa principal de nacer como un hereje, la ignorancia, y decide que nunca crearás esa causa. Piensa en lo altamente significativo que es este renacimiento humano perfecto, con la libertad de no sostener puntos de vista erróneos, pero que puede terminar en cualquier momento. No hay manera de saber si en tu próxima vida serás un hereje o no.

Decide hacer todo lo posible para tener otro precioso cuerpo humano. Ten la firme convicción de utilizar cada momento que te quede en esta vida para desarrollar la *bodhichitta* y alcanzar la iluminación.

Al final de esta meditación o de esta serie de meditaciones, piensa en las ocho libertades que tienes y regocíjate de lo asombrosa que es esta preciosa oportunidad. En cualquier momento podrías crear las causas para nacer como un ser infernal, fantasma hambriento, animal o dios de larga vida. En cualquier momento podrías crear las causas para nacer siendo otro ser humano, pero en un país profano o con puntos de vista equivocados, o tener problemas mentales tan graves que comprender algo fuera imposible. En cualquier momento podrías crear las causas para nacer en un lugar donde las enseñanzas del Buda no existan.

Qué asombroso es que, en lugar de haber nacido en cualquiera de esos ocho estados, lo hicieras con estas increíbles libertades. Sin embargo, sé consciente de lo fácil que es crear las causas de esos estados desafortunados y decide no hacerlo nunca, sino solo crear las causas de otro renacimiento humano perfecto.

Meditar sobre las diez fortunas

Las meditaciones sobre las diez fortunas pueden hacerse del mismo modo que las meditaciones sobre las ocho libertades, aunque aquí no se reflexiona sobre liberarse de un estado negativo, sino sobre las ventajas de tener uno positivo. Hay cinco fortunas personales y cinco fortunas relacionadas con los demás.

Para la primera fortuna, piensa: «Durante incontables vidas he nacido como algo distinto a un ser humano, pero esta vez tengo la gran fortuna de haber nacido como un ser humano. Eso me da la gran oportunidad de practicar el *dharma*». Y medita de este modo sobre los puntos que has estudiado.

Piensa: «Durante innumerables vidas he nacido como un ser humano, pero no en un país religioso, pero esta vez tengo la maravillosa fortuna de nacer como un ser humano en un país religioso. Eso me da la gran oportunidad de practicar el *dharma*». Y medita de este modo sobre los puntos que has estudiado.

Piensa: «Durante innumerables vidas he nacido como un ser humano en un país religioso, pero sin órganos perfectos que me permitieran practicar el *dharma*, mientras que ahora tengo la maravillosa fortuna de haber nacido como un ser humano en un país religioso, con órganos perfectos. Eso me da la gran oportunidad de practicar el *dharma*». Y medita de este modo sobre los puntos que has estudiado.

Piensa: «Durante innumerables vidas he nacido como un ser humano en un país religioso con órganos perfectos, pero agobiado sin descanso por los cinco pesados karmas negativos, lo que bloqueaba cualquier posibilidad de tener un buen renacimiento, mientras que ahora tengo la maravillosa fortuna de haber nacido como un ser humano libre de los cinco pesados karmas negativos sin interrupción. Eso me da la gran oportunidad de practicar el *dharma*». Y medita de este modo sobre los puntos que has estudiado.

Piensa: «Durante innumerables vidas he nacido como un ser humano, pero he carecido de devoción a las enseñanzas, mientras que ahora tengo la maravillosa fortuna de haber nacido como un ser humano con una fuerte devoción a las enseñanzas. Eso me da la gran oportunidad de practicar el *dharma*». Y medita de este modo sobre los puntos que has estudiado.

Piensa: «Durante incontables vidas he nacido como un ser humano, pero no en un lugar donde hubiera descendido un buda, mientras que ahora tengo la maravillosa fortuna de haber nacido como un ser humano en un lugar donde ha descendido un buda. Eso me da la gran oportunidad de practicar el *dharma*». Y medita de este modo sobre los puntos que has estudiado.

Piensa: «Durante incontables vidas he nacido como un ser humano donde había descendido un buda, pero no donde se habían revelado las enseñanzas, mientras que ahora tengo la maravillosa fortuna de haber nacido como un ser humano en un lugar donde ha descendido un buda y se han revelado las enseñanzas. Eso me da la gran oportunidad de practicar el *dharma*». Y medita de este modo sobre los puntos que has estudiado.

Piensa: «Durante innumerables vidas he nacido como un ser humano donde se habían revelado las enseñanzas, aunque faltaban algunas, como el Sutrayana y el Vajrayana, mientras que ahora tengo la maravillosa fortuna de haber nacido como un ser humano en un lugar donde ha descendido un buda y existen las enseñanzas completas. Eso me da la gran oportunidad de practicar el *dharma*». Y medita de esta manera sobre los puntos que has estudiado.

Piensa: «Durante innumerables vidas he nacido como un ser humano donde existen todas las enseñanzas, pero no les he tenido devoción, mientras que ahora tengo la maravillosa fortuna de haber nacido como un ser humano en un lugar donde existen las enseñanzas completas, y les tengo devoción. Eso me da la gran oportunidad de practicar el *dharma*». Y medita de este modo sobre los puntos que has estudiado.

Piensa: «Durante innumerables vidas he nacido como un ser humano donde existen todas las enseñanzas y he sentido devoción por ellas, pero no se han dado las condiciones necesarias para practicar el *dharma*, como por ejemplo tener un *guru* compasivo que me guíe, mientras que ahora tengo la maravillosa fortuna de haber nacido como un ser humano donde existen las enseñanzas completas, y no solo siento devoción hacia ellas, sino que se dan todas las condiciones necesarias. Eso me da la gran oportunidad de practicar el *dharma*». Y medita de esta manera sobre los puntos que has estudiado.

Intenta de verdad sentir lo valiosa que es cada libertad y cada fortuna y utiliza ese sentimiento para motivar tu práctica del *dharma*. Cuanto más valioso sientas que es tu renacimiento, más feliz te sentirás. Imagina lo encantado que estaría un mendigo que se encontrara un diamante en la basura: ese grado de alegría deberías sentir. En esta vida ordinaria y mundana llena de trabajo y problemas, de repente has descubierto esa joya de valor incalculable. Cuando eso ocurre y tu práctica del *dharma* se convierte en una alegría incesante, es señal de que estás sacando el máximo partido a tu renacimiento humano perfecto.

NOTAS

1. FAMILIARIZARSE CON LA VIRTUD

1. En sánscrito, *duhkha.*

2. A lo largo de los años, el lama Zopa ha preferido utilizar el término sánscrito *shamatha* en lugar del tibetano *shiné* o la expresión en inglés *calm abiding* («calma mental»). En este libro mantendremos este uso.

3. Lawudo es una pequeña zona de la región nepalí de Solu Khumbu, cerca de Namche Bazaar, donde el lama Lawudo —el lama Zopa fue su anterior reencarnación— meditó durante más de veinte años. En la actualidad allí hay un centro de retiros de la FPMT.

4. El primer panchen lama (1570-1662) compuso la *Guru Puja* y *Path to Bliss Leading to Omniscience*, un famoso texto *lamrim*. Fue tutor del Quinto dalái lama.

5. Citado en Zopa, 2012a, pág. 113.

6. Citado en Paltrul, 2010, pág. 125.

7. Cap. 5, v. 17; Gómez, pendiente de publicación.

8. Cap. 5, v. 18; Gómez, pendiente de publicación.

9. Citado en Zopa, 2012b, pág. 119.

10. Potowa Rinchen Sel (1031-1105) fue uno de los tres grandes discípulos de Dromtönpa. Fue una figura importante dentro de la tradición Kadam, la orden fundada por Atisha que fue precursora de la tradición Geluk.

11. Dromtön Gyalwai Jungné (1005-1064) fue un gran maestro kadampa y uno de los tres principales discípulos de Atisha. Para su biografía, véase Jinpa, 2008, págs. 575-576.

12. *Dhammapada*, véase pág. 183. Extraído de la FPMT, 2021a, pág. 79.

13. De las cuatro tradiciones principales del budismo tibetano —las otras son

Nyingma, Sakya y Kagyü—, la escuela Geluk es la más reciente, ya que fue fundada a principios del siglo XV por el lama Tsongkhapa.

14. V. 1. Citado en Sonam, 1997b, pág. 17.

15. Jé Tsongkhapa (1357-1419) fue el fundador de la tradición Geluk del budismo tibetano y el revitalizador de muchos linajes de *sutra* y tantra, así como de la tradición monástica del Tíbet.

16. Disponible como Comité de traducción de Lamrim Chenmo, 2000-2004, 1:109-110.

17. Según la tradición Mahayana, Hinayana (vehículo pequeño o menor) y Mahayana (vehículo grande) son las dos divisiones generales del budismo. También pueden denominarse Pratimokshayana (vehículo de liberación individual) y Bodhisattvayana (vehículo del *bodhisattva*).

18. Las seis perfecciones son la generosidad, la moralidad, la paciencia, la perseverancia, la concentración y la sabiduría. Los cuatro medios para atraer discípulos al *dharma* son dar, hablar con amabilidad, enseñar al nivel del alumno y practicar lo que enseñamos.

19. Rinpoche se refiere a menudo al Buda histórico como Buda Guru Shakyamuni, y coloca *Guru* antes de su nombre para recordarnos la inseparabilidad entre nuestro propio *guru* y el Buda.

20. Cap. 6, v. 14 (parte); Gómez, pendiente de publicación.

21. Monasterio cercano a Boudhanath, en el valle de Katmandú, fundado por el lama Zopa y el lama Yeshe en 1969, que cada año celebra cursos de meditación de un mes de duración, que atraen a cientos de estudiantes.

2. TIPOS DE MEDITACIÓN

1. La enseñanza sobre las cuatro nobles verdades fue la primera enseñanza del Buda, el primer giro de la rueda del *dharma*. Son la verdad del sufrimiento, la verdad del origen del sufrimiento, la verdad del cese del sufrimiento y la verdad del camino que conduce al cese del sufrimiento. Además, dentro del *Sutra de las cuatro nobles verdades* que comprende esta enseñanza, el Buda expuso el noble camino óctuple, la práctica por excelencia del Hinayana, que en el Mahayana se incorpora a los tres entrenamientos superiores de la ética, la concentración y la sabiduría. El noble camino óctuple es punto de vista correcto y pensamiento correcto (sabiduría); palabra correcta, acción correcta y medio de vida correcto (ética); y esfuerzo correcto, mindfulness correcto y concentración correcta (concentración). Véase Tsering, 2005, págs. 121-139.

2. Puchungwa Shöna Gyaltsen (1031-1106) fue el fundador del linaje Kadam de las instrucciones fundamentales.

3. Chen Ngawa Tsultrim Bar (1038-1103) fue uno de los principales discípulos de Dromtönpa y el fundador del linaje de instrucciones Kadam.

4. Una *sadhana* (*drupthab*), literalmente «método de realización», es un manual de meditación tántrica: instrucciones paso a paso relacionadas con una deidad meditativa concreta.

5. Su Santidad Zong Rinpoche (1905-1984) fue un gran lama Geluk con un conocimiento impecable de los rituales, el arte y la ciencia del budismo tibetano.

6. Un *thangka* es la imagen de una deidad, generalmente pintada y enmarcada en un brocado.

7. En la visualización tántrica, una sílaba raíz es una sílaba sánscrita que surge de la vacuidad y de la cual surge a su vez la deidad meditativa.

8. Esta práctica está disponible en el sitio web de la FPMT: <https://shop.fpmt.org/A-Daily-Meditation-on-Shakyamuni-Buddha-eBook-PDF_p_3548.html>. Para otra descripción de cómo visualizar al Buda Shakyamuni, véase también Chöden, 2020, págs. 58-61.

9. Dentro del reino de los deseos hay tres renacimientos afortunados (humano, semidiós y dios) y tres renacimientos sufrientes (animal, fantasma hambriento y ser infernal). El principal sufrimiento de los fantasmas hambrientos es el hambre y la sed insoportables, que duran miles de años.

10. Los chakras (*tsankhor*) son ruedas de energía situadas a lo largo del canal central. Los chakras principales son corona, garganta, corazón, plexo solar y sacro (el órgano sexual). En meditaciones avanzadas, como en el tantra del yoga supremo, la mente se concentra en uno de esos chakras y, en la etapa de finalización, entra y permanece allí. Los canales (*nadi*, *tsa*) son componentes del cuerpo psíquico sutil a través de los cuales los vientos y gotas de energía fluyen por todo el cuerpo. Hay 72.000 canales en total, los principales de los cuales son el canal central (*avadhuti*, *tsa uma*), que discurre justo delante de la columna vertebral y está flanqueado por los canales derecho (*rasana*, *roma*) e izquierdo (*lalana*, *kyangma*).

3. OBJETOS DE LA MEDITACIÓN

1. Rinpoche utiliza el término *naturaleza convencional* para distinguirla de la naturaleza última de la mente, de su vacuidad, por lo que aquí se refiere a la mente tal como la observa una conciencia convencional que no analiza lo principal.

2. *Supersticiones*, en el sentido en que Rinpoche utiliza aquí el término, es la idea muy amplia de todas las mentes engañadas que impiden ver la realidad. Aunque podemos llamarlas simplemente *engaños*, *supersticiones*, tiene ese sentido añadido de confusión y desconcierto.

3. Los cuatro puntos fundamentales del análisis son (1) reconocer el objeto que hay que refutar, (2) determinar la impregnación precisa de lo que es posible, (3) determinar que el yo y los agregados no son inherentemente lo mismo y (4) determinar que el yo no puede existir separado de los agregados. Véase Zopa, 2020c, págs. 128-132.

4. De los cuatro fundamentos del mindfulness —el cuerpo, las sensaciones, la mente y los fenómenos—, el Buda cita seis maneras de reflexionar sobre el cuerpo: reflexionar sobre la respiración, sobre las posturas, sobre las acciones, sobre los constituyentes (sangre, bilis, etcétera), sobre los elementos y sobre la repugnancia del cuerpo. Existe una correlación muy clara entre cada mindfulness, la idea equivocada y la noble verdad que implica: el mindfulness al cuerpo, que lleva a darse cuenta del error de ver un cuerpo sucio como limpio (la verdad del sufrimiento); el mindfulness a los sentimientos, que lleva a ver, por ejemplo, lo que es insatisfactorio como placentero (la causa); el mindfulness a la mente, que lleva a ver lo impermanente como permanente (el cese), y el mindfulness a los fenómenos, como ver lo desinteresado como si tuviera ego (el camino). Véase Gyatso y Chodron, 2014, págs. 116-126.

5. Sobre enseñanzas extensas sobre los ocho *dharmas* mundanos, véase la obra de Rinpoche *How to Practice Dharma* [Cómo practicar el dharma], Zopa, 2012b.

4. LAS SEIS PRÁCTICAS PRELIMINARES

1. Estas son las seis prácticas que Rinpoche suele explicar, pero hay otros modos de enumerarlas. Por ejemplo, en *Steps on the Path to Enlightenment* [Pasos del camino a la iluminación], vol. 1, Geshé Sopa explica la quinta como la oración de las siete ramas y la sexta como ofrecer un mandala, mientras que no hace referencia a solicitar la presencia de los lamas del linaje (Sopa, 2004, págs. 165-211).

2. Para descubrir cómo crear un espacio de meditación, véase el apéndice 1, «Prepararse para la práctica», en Zopa, 2022, págs. 173-185.

3. Vairochana es una de las cinco familias budistas, que representan las cinco clases de mente iluminada. De color blanco, representa la sabiduría del espejo y la purificación del agregado de la forma.

4. Geshé Ben Gungyal era ladrón antes de renunciar a la vida de criminal y convertirse en practicante de kadampa y seguidor de Atisha. Más historias de Ben Gungyal en Pabongka, 2006, pág. 117, págs. 268-269 y pág. 419.

5. Un mudra (*chakgya*), literalmente «marca» o «señal», es un gesto simbólico de la mano dotado de un poder similar al de un mantra.

6. Véase LC9-LC14 (es decir, los versos 9-14 del Lama Chöpa, que se denominan *LC* para distinguirlos de la práctica de Jorchö que se incluye) de la FPMT, 2011, págs. 14-16. *Lama Chöpa* es el tibetano para el sánscrito *Guru Puja*.

7. Vajradhara (Dorjé Chang) es la forma mediante la que el Buda Shakyamuni reveló las enseñanzas tántricas secretas.

8. Estos son los principales seres que visualizamos en un campo de mérito elaborado. Los *gurus* directos son nuestros propios *gurus*, mientras que los del linaje son los lamas del linaje concreto de esa práctica. Los *yidams* (*ishtadevata*), literalmente «ligados a la mente», son nuestras principales deidades meditativas, como Chenrezig o Tara; los *dakas* (*khandro*) —la oración de Jorchö los llama «héroes»— y las *dakinis* (*khandroma*) son seres masculinos y femeninos respectivamente que ayudan a despertar la energía dichosa en los practicantes tántricos cualificados. Los protectores o protectores del *dharma* (*dharmapala*, *chökyong*) son aquellos seres iluminados o no iluminados que protegen el *dharma* y a sus practicantes. En el campo de mérito siempre están iluminados.

9. A veces, en las oraciones breves se invierten las ramas quinta y sexta para lograr eufonía, como en «Por favor, quédate hasta el fin de la existencia cíclica / y gira la rueda del *dharma* para los seres vivos».

10. Los cuatro aspectos del karma son (1) el karma es determinado: una causa determinada provocará un resultado determinado; (2) el karma es expansible: una causa pequeña puede provocar un gran resultado; (3) una vez creado, el karma nunca se pierde; y (4) a la inversa, sin crear la causa no se puede experimentar el resultado.

11. La oración de refugio y de la *bodhichitta*, en su forma más simple, es esta: «Tomo refugio hasta que me ilumine. En el Buda, el dharma y la Asamblea Suprema. Por mis méritos de generosidad y demás, que me convierta en un buda para beneficiar a todos los seres transmigratorios». Los cuatro inconmensurables (bondad amorosa, compasión, alegría comprensiva y ecuanimidad) se expresan en una oración como esta: «Que todos los seres sintientes tengan felicidad y las causas de la felicidad. Que todos los seres sintientes estén libres de sufrimiento y de lo que lo provoca. Que todos los seres sintientes no se vean nunca separados de la felicidad que no conoce sufrimiento. Que todos los seres sintientes se mantengan ecuánimes, libres de apego y odio hacia los seres tanto cercanos como distantes». Ambas están tomadas de la FPMT, 2021a, pág. 73.

12. Tomada de la FPMT, 2021a, pág. 76. La cursiva es mía.

13. Los diez puntos son los cuatro puntos cardinales —norte, sur, este y oeste—, los cuatro puntos intermedios y el cenit y el nadir.

14. Esta y las estrofas siguientes están extraídas de la FPMT, 2021a, págs. 237-239.

15. Un buda en el aspecto *sambhogakaya* muestra treinta y dos marcas mayores y ochenta ejemplificaciones menores, que en conjunto se conocen como las marcas de un gran ser (*mahapurushalakshana*; *kyebu chenpö tsen*). No todos los textos coinciden plenamente en cuáles son, pero el texto más citado que las enumera en el budismo ti-

betano parece ser *Golden Garland of Eloquence* [Guirnalda dorada de la elocuencia] (*Lekshé sertreng*) de Tsongkhapa. Véase también *Las 32 marcas mayores del cuerpo físico de un buda*, de Alexander Berzin, en <https://studybuddhism.com/es/estudios-avanzados/lam-rim/refugio/las-32-marcas-mayores-del-cuerpo-fisico-de-un-buda>. Consultado el 28/05/2023.

16. Extraído de Quarcoo, 2021, pág. 256.

17. El término *gompa*, que se refiere a la principal sala de meditación o templo de un monasterio tibetano, ha sido adoptado por muchos centros budistas tibetanos occidentales como nombre de su sala de meditación/enseñanza. Es un término que el Lama Zopa utiliza habitualmente.

18. Véase Pabongka, 2006, pág. 191.

19. Un *mala* (*trengwa*) es un rosario para contar mantras, por lo general de 108 cuentas.

20. Las ochenta y cuatro mil enseñanzas que Buda impartió en vida se clasifican en tres «giros». El primer giro de la rueda del *dharma* fueron las cuatro nobles verdades impartidas en Sarnath y fue el primer discurso de Buda; el segundo giro se refiere a las enseñanzas *prajnaparamita* (sabiduría) impartidas en Rajgir; y el tercer giro se refiere a las enseñanzas sobre la naturaleza de la mente (naturaleza búdica) y aborda las aparentes contradicciones entre los dos primeros giros.

21. El nirvana final que alcanza un buda. Es el estado que alcanzó el Buda histórico en Kushinagar hace 2.500 años.

22. «Herejía», *lokta* en tibetano, en este contexto significa tener puntos de vista erróneos, rechazar la existencia de lo que existe, como el karma y la reencarnación, y creer en lo que no existe, como que el yo realmente existe. No existe ninguna palabra exacta y adecuada en español, y este es el término que usa siempre el lama Zopa.

23. La ofrenda del mandala a veces se incluye en la oración de las siete ramas pero en la tradición del lama Tsongkhapa es independiente. Geshé Sopa dice que la última práctica preparatoria es tanto el mandala como la petición al campo de mérito (Sopa, 2004, 1:209).

24. Extraído de la FPMT, 2021a, pág. 28.

25. Para ver todas las ofrendas, véase la oración de ofrenda del mandala en la FPMT, 2021a, págs. 87-89. Para ver una explicación amplia de esta práctica, véase <https://fpmt.org/media/streaming/teachings-of-lama-zopa-rinpoche/lama-zopa-rinpoche-teachings-in-taiwan-2016/>.

26. Los puedes encontrar en la FPMT, 2020a, pág. 124.

27. Originalmente de *Heruka Lama Chöpa*, extraído de la FPMT, 2020a, pág. 124.

28. Nuestra convención es utilizar minúsculas cuando hablamos del *guru* como un ser concreto, pero en mayúsculas cuando se trata de un objeto de refugio. Es lo mismo que hablar de «un buda» y sin embargo de «el Buda».

29. Las apariencias blanca, roja y oscura son las apariencias finales del proceso de la muerte, que se imitan en la práctica tántrica de llevar la muerte ordinaria al camino del *dharmakaya*.

30. Los votos *samaya* son compromisos que adquiere un discípulo en una iniciación para mantener los votos tántricos de por vida o para realizar determinadas prácticas relacionadas con la deidad, como la recitación diaria de la *sadhana*.

31. Los linajes Kadam son el linaje Kadam Lamrimpa, el linaje Kadam Shungpawa (tratados de autoridad), el linaje Kadam Men Ngagpa (enseñanzas orales) y el linaje Kadam Sarma (Geluk).

32. Extraído de la FPMT, 2020a, pág. 139.

33. Cap. 1, v. 5; Gómez, pendiente de publicación.

5. ESTABLECER UNA PRÁCTICA

1. Cap. 4, v. 21; Gómez, pendiente de publicación.

2. Una *tsatsa* es una pequeña imagen en bajorrelieve de una deidad que se hace apretando arcilla o yeso en un molde.

3. El mantra de cien sílabas de Vajrasattva es «OM VAJRASATTVA SAMAYA MANUPALAYA / VAJRASATTVA TVENOPATISHTHA / DRIDHO ME BHAVA / SUTOSHYO ME BHAVA / SUPOSHYO ME BHAVA / ANURAKTO ME BHAVA / SARVA SIDDHIM ME PRAYACCHA / SARVA KARMA SU CHAME / CHITTAM SHRIYAM KURU HUM / HA HA HA HO / BHAGAVAN SARVA TATHAGATA / VAJRA MAME MUNCHA / VAJRA BHAVA MAHA SAMAYA SATTVA AH HUM PHAT». El mantra corto de Vajrasattva es «OM VAJRASATTVA HUM».

4. Los cinco karmas negativos graves sin interrupción (*panchanantarya*; *tsamé nga*) son matar a nuestra madre o a nuestro padre de esta vida, matar a un arhat, extraer maliciosamente sangre de un buda y causar desunión dentro de la *sangha*. Los cinco karmas negativos casi graves sin interrupción (*anantarya sabhagah*; *nyeba tsamémä nga*) son matar a un *bodhisattva*, matar a un ser arya que aún no es arhat, deshonrar a nuestra madre o a una mujer arhat mediante conducta sexual inapropiada, robar bienes de la *sangha* y destruir una estupa.

5. Existen diferentes maneras de enumerar los cuatro poderes oponentes y, por tanto, de llevar a cabo la práctica real. El lama Tsongkhapa, en *Lamrim Chenmo*, los enumera como arrepentimiento, remedio —confiar en los *sutras*, la vacuidad, recitar nombres, etcétera—, resolución y remedio. (Geshé Sopa, en *Steps on the Path to Enlightenment* [Pasos del camino hacia la iluminación], sigue este esquema). Pabongka Rinpoche, en *La liberación en la palma de tu mano*, los enumera como refugio (la base), arrepentimiento (rechazo), resolución (restricción) y remedio. El lama Zopa Rinpoche los ha ordenado de formas diferentes a lo largo de los años, pero la mayoría de las veces ha utilizado el orden de Pabongka. También ha utilizado otros nombres,

como el poder de poner la culpa o la confesión para el arrepentimiento y el poder del objeto sagrado para el refugio. Para una práctica muy breve utilizando Vajrasattva y los cuatro poderes oponentes, véase Zopa, 2020a.

6. Dumplings fritos o al vapor, por lo general rellenos de carne, que constituyen una de las comidas preferidas de los tibetanos.

7. Citado en Zopa, 2009, pág. 90.

8. Extraído de la FPMT, 2021a, pág. 111.

9. Kunga Gyaltsen (1182-1251), llamado Sakya Pandita, fue un maestro de la tradición Sakya que difundió el budismo tibetano en Mongolia y la China.

10. Citado en Zopa, 2009, pág. 239.

11. Para la *Guru Puja*, véase Gyältsen y Lhundrub, 2016; para el *Guru Yoga* del lama Tsongkhapa, véase la FPMT, 2021. Tanto la *Guru Puja* como el *Guru Yoga* de seis sesiones son solo para quienes hayan realizado una iniciación al tantra del yoga supremo.

12. *Migtsema* (*Alabanza y petición al lama Tsongkhapa*) es una oración corta de cuatro, cinco o nueve versos en la que se alaba al lama Tsongkhapa como Avalokiteshvara, Vajrapani y Manjushri. (*Migtsema* es una abreviatura del primer verso). Se suele recitar al comienzo o al final de las enseñanzas o de las sesiones de oración de la tradición Geluk. *Tsok* (*ganachakra*), literalmente «reunión» (de materia o de discípulos), suele ser una sección de una *puja* en la que se hacen ofrendas.

13. Véase la FPMT, 2021a, págs. 237-246.

6. DESARROLLAR EL *SHAMATHA*

1. Otro término que suele utilizarse es *samadhi or ting ngé dzin*, que en sánscrito proviene de la misma raíz y se refiere a la mente focalizada centrada en un objeto concreto. Dado que Rinpoche rara vez ha mencionado este término, por simplicidad no lo hemos utilizado.

2. Extraído de la FPMT, 2021a, pág. 129.

3. Chöden Rinpoche dice: «Si encogemos mentalmente el cuerpo sagrado del lama Thupwang [Buda Shakyamuni] y lo tomamos como nuestro apoyo objetivo, surgirá un factor firme de estabilidad mental que nos permitirá reducir el tamaño del lama Thupwang a la anchura de un dedo. Si esa anchura de un simple dedo queda demasiado alta ante nosotros, aparecerá la agitación; si queda demasiado baja, surgirá la laxitud. Así pues, imagínalo ante ti a la altura del ombligo y medita». Chöden, 2020, pág. 59.

4. Atisha, 1997, v. 41.

5. V. 14. La FPMT, 2021a, pág. 121.

6. Aquí Rinpoche utiliza uno de los comentarios sobre el Hayagriva más secreto para explicar los retiros en general.

7. Geshé Lamrimpa (1922-¿1997?), Ngawang Phuntsok, fue un lama muy instruido del monasterio de Drepung que se quedó en el Tíbet tras la invasión en lugar de exiliarse.

8. Los cuatro elementos son la tierra (los elementos sólidos como la carne, los huesos, etcétera), el agua (los elementos líquidos como la sangre, la bilis, etcétera), el fuego (el calor que se genera en el cuerpo) y el aire (el elemento del viento).

9. Cap. 8, v. 2; Gómez, pendiente de publicación.

10. Extraído de la FPMT, 2021a, pág. 115.

11. *Stages of Meditation*, de Su Santidad el dalái lama, contiene el texto base de Kamalashila, así como el comentario de Su Santidad sobre él.

12. Véase Pabongka, 2006, págs. 599-612. Véase también Chöden, 2020, págs. 55-58, y Gyatso y Chodron, 2014, págs. 106-108.

13. Se han de evitar las acciones generales para no generar karma negativo. Hay tres de cuerpo (matar, robar y conducta sexual inapropiada); cuatro de discurso (mentir, hablar con dureza, calumniar y chismorrear); y tres de mente (la codicia, la mala voluntad y los puntos de vista erróneos).

14. Véase Pabongka, 2006, págs. 602-603.

15. También conocido como Khachen Yeshé Gyaltsen, Yongzin Yeshé Gyaltsen (1713-1793) fue un tutor del Noveno dalái lama. Compuso un comentario sobre el texto de Mahamudra de Chökyi Gyaltsen, titulado «La lámpara del camino claro y excelente del linaje de la tradición oral».

16. Yogui y maestro espiritual indio del siglo XI que viajó mucho durante su vida y llevó las enseñanzas budistas indias a la China y el Tíbet. Todas las escuelas de budismo tibetano lo veneran.

17. Práctica tantra del yoga supremo en la que la conciencia es expulsada a la fuerza del cuerpo hacia una tierra pura justo antes del momento de la muerte.

18. A lo largo de los años, Rinpoche utilizó varios términos para estas etapas, así que por coherencia he aplicado los términos usados en Gyatso y Chodron, 2019, págs. 198-201. Para una explicación excepcionalmente clara de estas nueve etapas, véase la obra de Su Eminencia Chöden Rinpoche *Mastering Meditation* (Chöden, 2020, págs. 81-88).

19. Citado (en forma de tabla) en Gyatso y Chodron, 2019, pág. 197.

20. Tenzin Gache, en su introducción a *Mastering Meditation*, de Chöden Rinpoche (2020, pág. 8), dice: «La flexibilidad física es un fenómeno físico real, ya que los canales de energía sutil del cuerpo son de naturaleza física, pero existen en un nivel más refinado que la materia burda que experimentamos con nuestros órganos sensoriales. Después surge la dicha de la flexibilidad física, la correspondiente sensación

corporal. [...] Pronto se experimenta también la correspondiente flexibilidad mental, y al principio ese gozo es tan fuerte que perturba temporalmente la estabilidad mental».

21. Cap. 9, v. 1; Gómez, pendiente de publicación.
22. Cap. 8; v. 4; Gómez, pendiente de publicación.
23. Extraído de la FPMT, 2021a, pág. 113.
24. Cap. 8, v. 129-130; Gómez, pendiente de publicación.
25. Cap. 8, v. 131; Gómez, pendiente de publicación.
26. Extraído de la FPMT, 2021a, pág. 114.

7. MEDITAR SOBRE EL *LAMRIM*

1. No he podido averiguar si Rinpoche se refiere al libro de la LTWA *Esencia del néctar*, traducción del texto de Yeshé Tsöndrü, o al texto *lamrim* en verso, que se encuentra en *The Essential Nectar*, de Geshé Rabten (Rabten, 2014), págs. 173-243. *The Essential Nectar* es a su vez el comentario de Geshé Rabten sobre el texto de Yeshé Tsöndrü. Recomiendo ambos textos encarecidamente.

2. Citado en Tsongkhapa, 2000, 1:147. El *sutra* completo está disponible como *Great Nirvana Sutra* en <www.nirvanasutra.net>. Consultado el 15/05/2021.

3. Para la meditación, véase McDonald, 1984, págs. 69-79.

4. Los tres tipos de sufrimiento son: (1) el sufrimiento del dolor (o sufrimiento del sufrimiento), (2) el sufrimiento del cambio y (3) el sufrimiento compuesto omnipresente. Los seis tipos de sufrimiento son: (1) nada es seguro en el *samsara*, (2) nada es satisfactorio en el *samsara*, (3) tenemos que abandonar este cuerpo samsárico una y otra vez, (4) tenemos que renacer una y otra vez, (5) viajamos eternamente entre lo superior y lo inferior y (6) experimentamos el dolor y la muerte solos. Los ocho tipos de sufrimiento son: (1) el nacimiento, (2) el envejecimiento, (3) la enfermedad y (4) la muerte, (5) enfrentarse a lo desagradable, (6) separarse de lo agradable, (7) no obtener lo que deseamos y (8) tener agregados equivocados.

5. Los siete puntos de causa y efecto y la igualación e intercambio del yo con los demás son dos métodos principales que utiliza el budismo tibetano para desarrollar la *bodhichitta*. Para explicaciones sobre el tema, véase Zopa, 2019, págs. 117-216.

8. LOS RETIROS

1. Citado en Zopa, 2012a, págs. 71-72, donde se dan versiones alternativas del verso.

2. Esto está extraído de *Abiding in the Retreat*, de Rinpoche, que tiene un extenso comentario sobre el *nyungné* (Zopa, 2017).

3. Gelongma Palmo (Bhikshuni Lakshmi) fue una princesa india, hija del rey de Oddiyana, que se curó de la lepra y alcanzó la iluminación a través de la práctica del *nyungné*. Para conocer su historia, véase Zopa, 2017, págs. 23-27.

4. *Nyung* significa literalmente «ayuno», pero Rinpoche prefiere traducirlo como «retiro» para no enfatizar tanto en ese aspecto físico de la práctica.

5. Ölkha Chölung es la ermita fundada por Tsongkhapa en 1393 en las laderas del monte Odé Gungyal, en el sur del Tíbet. Según la biografía de Tsongkhapa del doctor Alexander Berzin, debido a que Manjushri le aconsejó hacer un retiro muy largo, Tsongkhapa hizo allí un retiro de cuatro años con ocho discípulos cercanos, en el que hizo treinta y cinco series de cien mil postraciones, una por cada uno de los Treinta y cinco Budas, y dieciocho series de cien mil ofrendas de mandalas, con muchas autoiniciaciones Yamantaka. Véase *Study Buddhism: The Life of Tsongkhapa* en <https://studybudhism.com/es/budismo-tibetano/maestros-espirituales/tsongkhapa/la-vida-de-tsongkhapa>. Consultado el 28/04/2021.

6. Pabongka, 2006, págs. 173-175.

7. Para la práctica de la postración ante los Treinta y cinco Budas, véase Zopa, 2022, págs. 152-155, o la FPMT, 2011.

8. Para una breve meditación de Vajrasattva, véase Zopa, 2022, págs. 130-134, o Zopa, 2020a.

9. El título completo es *Llamando al guru desde la distancia: un llanto atormentado, sacando a la luz rápidamente las bendiciones del guru, los tres kayas inseparables*. Para ver el texto completo y abreviado, véase la FPMT, 2021a, págs. 99-110.

10. Para la *sadhana*, véase la FPMT, 1999. Ten en cuenta que para esta práctica debes haber recibido una iniciación al yoga tantra supremo.

11. Rinpoche ha especificado a veces que debe ser una chimenea blanca como las que se utilizan en las *pujas* de fuego apaciguador.

12. Véase Zopa, Zangpo y Donyo, 2010 para la *sadhana* y el comentario.

13. Esta sección procede de Zopa, 2011, págs. 131-138. Al final de la sección, Rinpoche dice: «Cada vez más en todo el mundo, me gustaría que los retiros se hicieran de esta manera. No se trata solo de hacer los mantras. Se trata de purificarse y acumular el mayor mérito posible. Practicar así es la solución para todo».

14. FPMT, 2021a, págs. 38-55. Véase también FPMT, 2011.

15. Las oraciones de dedicación estándar y extensas pueden encontrarse en la FPMT, 2021a, págs. 191-214; *El rey de las oraciones* está en las págs. 237-246; y las *Oraciones para multiplicar el mérito* están en las págs. 233-234.

16. A los cinco sentidos tradicionales de ver, oír, oler, saborear y tocar, el budismo añade el sentido mental de la conciencia. La categoría de las seis mentes o conciencias

principales es un aspecto importante de la psicología budista, en la que la mente se divide en mentes principales y factores mentales.

9. LEJOS DEL COJÍN DE MEDITACIÓN

1. Extraído de la FPMT, 2021a, pág. 126.
2. Lhakdor, 2020 (conclusión de la sesión XXIV).
3. Chekawa Yeshé Dorjé (1101-1175) fue un gran maestro kadampa que, inspirado por las *Ocho estrofas para entrenar la mente* de Geshé Langri Thangpa, estudió la transformación del pensamiento y más tarde compuso *Los siete puntos del entrenamiento mental.*
4. Citado en Jinpa, 2006, pág. 83.
5. Cap. 8, v. 5. Citado en Pabongka, 2006, pág. 623.
6. Extraído de la FPMT, 2021a, pág. 79, donde se extracta.
7. Khensur Denma Locho Rinpoche (1928-2014) fue uno de los *gurus* de Rinpoche. Tras huir del Tíbet en 1959, se convirtió en un maestro influyente y viajó muchas veces a Occidente. Fue abad del monasterio Namgyal del dalái lama de 1986 a 1991.

10. EL *DHARMA* EN CADA ACCIÓN

1. Adaptado de Zopa, 2003, disponible en el lama Yeshe Wisdom Archive como descarga.
2. Rinpoche ha hecho muchas referencias a formas de ofrecer alimentos. En otra ocasión sugirió lo siguiente: «Mientras recitas «OM AH HUM», puedes visualizar a todos los budas y *bodhisattvas* bendiciendo la comida con las cualidades de sus sagrados cuerpo, palabras y mente. Entonces, todas esas cualidades son absorbidas por la comida. Después visualiza cada grano o cada parte de la comida como un zumbido azul». (De «Bendecir alimentos en una fábrica», lama Yeshe Wisdom Archive. Consultado el 06/01/2023).
3. Véase Pabongka, 2006, pág. 449.
4. Esta práctica de mindfulness puede encontrarse en *Cultivating Mindfulness of Bodhicitta in Daily Activities* [Cultivar el mindfulness bodhicitta en las actividades diarias], del lama Zopa Rinpoche, en <https://shop.fpmt.org/Cultivating-Mindfulness-de-Bodhicitta-in-Daily-Activities-eBook-PDF_p_2695.html>.

11. LA TRANSFORMACIÓN DEL PENSAMIENTO

1. Las enseñanzas exhaustivas sobre la transformación del pensamiento pueden verse en Zopa, 2001a.
2. Jinpa, 2006, pág. 134, vs. 10-11. También disponible en Ngawang Dhargyey, 2002.
3. Jinpa, 2006, pág. 83.
4. Extraído de la FPMT, 2021a, pág. 176.
5. Véase «A Commentary on Eight Verses on Mind Training» [Comentario sobre *Ocho estrofas para entrenar la mente*], en Jinpa, 2006, pág. 277.
6. Zopa, traducción, 2019.
7. Cap. 6, v. 41; Gómez, pendiente de publicación.
8. Dorjé Phakmo (Vajravarahi) es una deidad meditativa femenina, esposa de Heruka.
9. Vajrayogini (Dorjé Naljorma) es una deidad meditativa femenina de la clase madre del tantra del yoga supremo, a veces consorte de Heruka.
10. Rinpoche explora ampliamente esta idea, especialmente en el capítulo sobre la bondad del enemigo, en Zopa, 2020b, págs. 93-104.
11. Véase «Las cuatro formas de controlar la ira según Geshé Chen Ngawa», en Zopa, 2020b, pág. 63.
12. Para una meditación ampliada, véase Zopa, 2001b, págs. 123-134.

APÉNDICE 1. LA MEDITACIÓN SOBRE LA CONTINUIDAD DE LA CONCIENCIA

1. Esta meditación es una amalgama de enseñanzas impartidas en el Retiro del Sutra del Corazón, abril de 1997; el vigésimo noveno curso de Kopan, noviembre de 1996; y el duodécimo curso de Kopan, noviembre de 1979.

APÉNDICE 2. LA MEDITACIÓN DE LA RESPIRACIÓN DE LAS NUEVE RONDAS

1. Esta meditación está extraída de una impartida por Rinpoche en un curso de *lamrim* en el Instituto Chenrezig, Queensland, Australia, junio de 1976.
2. Hay variaciones sobre la manera de tapar las fosas nasales. Este parece ser el método que más ha utilizado Rinpoche, que concuerda con el método descrito en el comentario de Chöden Rinpoche sobre el texto de Mahamudra la *Carretera de los*

conquistadores, de Losang Chökyi Gyaltsen, donde explica las prácticas preparatorias. Véase Chöden, 2020, pág. 189.

APÉNDICE 3. UNA MEDITACIÓN SOBRE EL RENACIMIENTO HUMANO PERFECTO

1. Esta meditación está extraída de la que aparece en Zopa, 2013, págs. 176-192.
2. El lama Zopa ha utilizado sistemáticamente *bárbaro*, *necio* y *hereje*. Estos términos son comúnmente utilizados en textos como la *Carta a un amigo* de Nagarjuna (véase Pabongka, 2006, pág. 271). Como no hay términos sencillos en nuestra lengua que abarquen lo que significan estas palabras, aquí los hemos mantenido. *Bárbaro* se refiere a alguien que vive en un lugar donde no hay forma de conocer el *dharma*; *necio* se refiere a alguien que tiene una incapacidad mental tan grave que no puede comunicarse ni entender la comunicación (y por tanto no tiene acceso al *dharma*); y *hereje* es alguien con herejía, *lokta* en tibetano, que significa tener puntos de vista erróneos, rechazar la existencia de lo que existe (como el karma y la reencarnación), y creer en lo que no existe (como el yo realmente existente).

GLOSARIO

aflicciones. Véase *engaño*.

agregados (*skandha*). Constituyentes psicofísicos que conforman un ser sintiente: forma, sentimiento, discriminación, factores de composición y conciencia. Los seres de los reinos del deseo y de la forma tienen los cinco agregados, mientras que los seres del reino sin forma ya no tienen el agregado forma. Los agregados se consideran «contaminados» porque han surgido debido al karma y a los engaños.

amigo virtuoso. Véase *guru*.

análisis de cuatro puntos. También conocido como los *cuatro puntos fundamentales del análisis*. Una de las principales técnicas para meditar en la vacuidad. Consisten en determinar el objeto que hay que negar, determinar que un yo que existe de forma inherente ha de ser idéntico a los agregados o estar separado de ellos, determinar que un yo que existe de forma inherente no puede ser idéntico a los agregados y determinar que un yo que existe de forma inherente no puede estar separado de los agregados.

apego. Pensamiento perturbador que exagera las cualidades positivas de un objeto y desea poseerlo; es uno de los seis engaños raíz.

arhat (*drachompa*). Literalmente, «destructor de enemigos». Una persona que ha destruido a su enemigo interno, los engaños, y ha alcanzado la liberación de la existencia cíclica.

arya (*phakpa*). Literalmente, «noble». Aquel que ha comprendido la sabiduría de la vacuidad.

Asanga, Arya (hacia 300-370). Maestro indio que recibió directamente del Buda Maitreya el método o linaje de las enseñanzas del Buda Shakyamuni. Se dice que fundó la escuela Chittamatra de filosofía budista.

Atisha Dipamkara Shrijnana (982-1054). Célebre maestro indio que fue al Tíbet en 1042 para ayudar en el renacimiento del budismo y estableció la tradición Kadam. Su texto *The Lamp for the Path to Enlightenment* (*Bodhipathapradīpa*; *Jangchup lam gyi drönma*) fue el primer texto *lamrim*.

Avalokiteshvara. Véase *Chenrezig*.

bhagavan (*chomdendé*). Epíteto para un buda; aquel que ha destruido (*chom*) todas las impurezas, posee todas las cualidades (*den*) y ha trascendido el mundo (*dä*).

bodhichitta (*jangchup sem*). Conciencia principal que combina los dos factores de desear liberar a todos los seres del sufrimiento y desear alcanzar la iluminación para lograrlo.

bodhisattva (*jangchup sempa*). Persona que posee la *bodhichitta*.

Bondad amorosa (*maitri*; *yiong jampa*). En el contexto de los siete puntos de causa y efecto, deseo de que todos los seres tengan felicidad y sus causas, con la dimensión añadida de *yiong* («bello» o «afectuoso»); a menudo se traduce como «bondad amorosa afectuosa». El lama Zopa Rinpoche sugiere que se trata de la «bondad amorosa de ver a los demás en la belleza».

Buda, el. El Buda histórico. Véase *Buda Shakyamuni*.

buda, un (*sangyé*). Ser plenamente iluminado. Aquel que ha eliminado por completo (*sang*) todas las ofuscaciones que velan la mente y ha desarrollado plenamente (*gye*) todas las buenas cualidades hasta la perfección. Véase también *iluminación*.

Buda de la Medicina (*Buddha Bhaiṣajya-guru*; *Sangyé Menla*). Buda que juró como *bodhisattva* ser capaz de liberar por completo a todos los seres de sus enfermedades.

Buda Guru Shakyamuni. El Buda histórico. El lama Zopa Rinpoche suele añadir «Guru» para recordarnos la inseparabilidad del *guru* y el Buda.

Buda Shakyamuni (563-483 a. C.). Cuarto de los mil budas fundadores de esta era. Nació como príncipe del clan Shakya en el norte de la India, enseñó los caminos del *sutra* y el *tantra* hacia la liberación y la iluminación; fundador de lo que llegó a conocerse como *budismo*. (De *buddha*, «plenamente despierto»).

calma duradera. Véase *shamatha*.

camino gradual. Véase *lamrim*.

camino gradual de los tres seres capaces. También conocido como los tres niveles de práctica, se trata de los tres niveles del ser capaz (inferior, medio y superior), basados en las motivaciones de intentar alcanzar un renacimiento futuro mejor, la liberación y la iluminación, respectivamente. Véase también *ser capaz superior*; *ser capaz medio*, *ser capaz inferior*.

campo de mérito (*punyakshetra*; *tsokshing*). Seres santos reales o visualizados con los que se acumula mérito al buscar refugio en ellos y hacerles ofrendas, etcétera.

canal (*nadi*; *tsa*). Constituyente del cuerpo psíquico sutil a través del cual fluyen vientos y gotas de energía por todo el cuerpo. Hay 72.000 canales en total, de los cuales los principales son el canal central (*avadhuti*; *tsa uma*), que discurre justo por delante de la columna vertebral, flanqueado por el canal derecho (*rasana*; *roma*) y el canal izquierdo (*lalana*; *Tib*: *kyangma*).

Canon Pali. También llamado *Tripitaka* o *Tres cestas*, son las enseñanzas del Buda escritas poco después de su parinirvana, en lengua pali, de ahí su nombre. Se refiere a los textos utilizados dentro del Hinayana. Los textos posteriores, escritos en sánscrito, conforman el canon Mahayana.

chakra (*tsankhor*). Rueda energética situada a lo largo del canal central. Los chakras principales son el de la coronilla, la garganta, el corazón, el ombligo y el lugar secreto (órganos sexuales). En meditaciones avanzadas, como la del tantra del yoga supremo, la mente se concentra en uno de estos chakras y, en la etapa de culminación, entra y se queda allí. Véase también *canal*.

Chekawa Yeshé Dorjé, Geshé (1101-1175). Geshé kadampa que fue inspirado por las *Ocho estrofas para transformar el pensamiento*, de Geshé Langri Thangpa, y más tarde compuso el famoso texto de transformación del pensamiento *Los siete puntos del entrenamiento mental*.

Chen Ngawa Tsültrim Bar, Geshé (1033-1103). Maestro kadampa y uno de los tres discípulos principales de Dromtönpa. Los otros dos fueron Geshé Potowa y Phu-chungwa Shönu Gyaltsen.

Chenrezig (*Avalokiteshvara*). Buda de la compasión. Deidad meditativa que encarna la compasión de todos los budas. Se dice que los dalái lamas son emanaciones de esta deidad.

cinco caminos. Vías por las que los seres progresan hacia la liberación y la iluminación: el camino del mérito, el camino de la preparación, el camino de la visión correcta, el camino de la meditación y el camino del no más aprendizaje.

cinco karmas negativos casi graves sin interrupción (*anantarya sabhagah*; *nyeba tsamé nga*). Similares a los cinco karmas negativos graves sin interrupción, ya que son causa de renacer en el infierno inmediatamente después de la muerte, estos son: matar a un *bodhisattva*, matar a un ser arya que aún no es arhat, deshonrar a nuestra madre o a una mujer arhat mediante conducta sexual inapropiada, robar bienes de la *sangha* y destruir una estupa.

cinco karmas negativos graves sin interrupción (*panchanantarya*; *tsamé nga*). Cinco acciones tan graves que son la causa de renacer en el infierno inmediatamente después de la muerte. Son matar a tu padre o a tu madre, matar a un arhat, extraer maliciosamente sangre de un buda y causar desunión dentro de la *sangha*.

cinco obstáculos para el shamatha. La pereza, el olvido del objeto, el embotamiento y el pensamiento disperso (también llamados *excitación* y *laxitud*), no aplicar el antídoto adecuado y aplicar un antídoto cuando no es necesario. Son combatidos por los ocho antídotos. Véase también *ocho antídotos*.

compasión (*karuna*; *nyingjé*). Deseo de que los demás se liberen del sufrimiento.

concentración focalizada. Véase *shamatha*.

conciencia (*samprajanya*; *sheshin*). También llamada *introspección*, la conciencia es el factor mental que es consciente de lo que hace el resto de la mente. Es un elemento clave, junto con el mindfulness, para mantener la mente en el objeto de concentración. Véase también *mindfulness*.

contaminación. Véase *engaño*.

cuatro aspectos del karma. Las cuatro maneras en que madurará el karma, sea en esta vida o en una futura. Son el resultado de la maduración, el resultado poseído; se experimenta el resultado similar a la causa y se crea el resultado similar a la causa.

cuatro atenciones. Los cuatro grados de estabilidad desarrollados a medida que el practicante avanza hacia el *shamatha*. Son la concentración firme, que se da en las dos primeras etapas del *shamatha*; la concentración interrumpida, que ocurre en las cinco etapas siguientes; la concentración ininterrumpida, que se da en la octava etapa; la concentración espontánea, que ocurre en la novena etapa. Véase también *seis poderes*; *nueve etapas del shamatha*.

cuatro formas de atraer a los discípulos al dharma. Segundo de dos conjuntos de prácticas del *bodhisattva* (el otro son las seis perfecciones): dar, decir palabras amables, enseñar al nivel del alumno y practicar lo que se enseña.

cuatro fundamentos del mindfulness. Práctica Theravadin fundamental; son el mindfulness al cuerpo, a los sentimientos, a la mente y a los fenómenos.

cuatro inconmensurables (*apramana*). También conocidos como los *cuatro pensamientos inconmensurables* o las *cuatro actitudes sublimes* (*brahmavihara*), se trata de estos cuatro estados mentales o aspiraciones: la bondad amorosa (*maitri*; *jampa*), la compasión (*karuna*; *nyingjé*), la alegría comprensiva (*mudita*; *gawa*) y la ecuanimidad (*upeksha*; *tang nyom*).

cuatro maras. Los cuatro obstáculos externos e internos al progreso espiritual. Se trata del mara del Señor de la Muerte, el mara de los engaños, el mara de los agregados (contaminados) y el mara del hijo de un deva, la personificación del deseo y la tentación.

cuatro poderes oponentes (*nyenpo topshi*). Cuatro prácticas utilizadas para purificar las huellas no virtuosas en el flujo mental. Son el poder del objeto, refugiarse en los Tres Raros Sublimes y generar *bodhichitta*; el poder del arrepentimiento, sentir arrepentimiento profundo por la negatividad cometida; el poder de la resolución, decidir no repetir esa negatividad; y el poder del remedio, una práctica como Vajrasattva que actúa eficazmente como antídoto contra la negatividad.

cuatro tipos de tantra. División del tantra en *kriya* (acción), *charya* (ejecución), yoga y tantra del yoga supremo (*anuttara yoga tantra*; a veces también llamado *maha-anuttara yoga tantra*).

daka (*khandro*). Dakini masculina.

dakini (*khandroma*). Literalmente, «mujer que va por el cielo». Ser femenino que ayuda a despertar la energía dichosa en un practicante tántrico cualificado.

dalái lama (nacido en 1935). Gyalwa Tenzin Gyatso. Venerado líder espiritual del pueblo tibetano e incansable trabajador por la paz mundial; galardonado con el Premio Nobel de la Paz en 1989; *guru* del lama Zopa Rinpoche.

deidad (*ishtadevata*; *yidam*). Emanación de la mente iluminada utilizada como objeto de meditación en las prácticas tántricas.

devoción al guru. Práctica *sutra* o tantra de ver al *guru* como un buda y dedicarse a él con el pensamiento y la acción.

dharma (*chö*). Segunda joya de refugio. Literalmente, «lo que mantiene o protege (del sufrimiento)» y, por tanto, trae la felicidad y conduce hacia la liberación y la iluminación. En el budismo, el *dharma* absoluto consiste en las realizaciones alcanzadas a lo largo del camino hacia la liberación y la iluminación, y el *dharma* convencional se considera tanto las enseñanzas del Buda como las acciones virtuosas.

dharmachakra. Literalmente, «rueda del *dharma*», símbolo de las enseñanzas del Buda, a menudo con ocho radios que representan el noble camino óctuple.

dharmakaya (*chöku*). La realidad definitiva de la mente iluminada de un buda, que es nonata, vacía de existencia verdadera, libre de pensamiento conceptual, naturalmente radiante, más allá de la dualidad y espaciosa como el cielo. Una de las tres encarnaciones de un buda. *Dharmakaya* puede dividirse en el cuerpo de la sabiduría (*jnanakaya*; *yeshé nyiku*) (la mente omnisciente y dichosa de un buda) y el cuerpo de la naturaleza (*svabhavikakaya*; *ngowo nyiku*) (la vacuidad de la mente del buda). Véase también *rupakaya*.

diez bhumis (*terrenos o etapas*) (*dashabhumi*; *sachu*). Las diez etapas que atraviesa un *bodhisattva* una vez que alcanza el camino de la visión correcta: el primer nivel es durante el camino de la visión correcta, del segundo al séptimo son durante el camino de la meditación, y del octavo al décimo son durante el camino del no más aprendizaje.

diez puntos. Los cuatro puntos cardinales —norte, sur, este y oeste—, los cuatro puntos intermedios, y el cenit y el nadir.

diez riquezas. Junto con las ocho libertades, las características que definen el renacimiento humano perfecto: haber nacido como un ser humano; en un país del *dharma* y con facultades mentales y físicas perfectas; no haber cometido ninguno de los cinco pesados karmas negativos sin interrupción; tener fe en las enseñanzas del Buda; vivir en una época en la que haya descendido un buda, las enseñanzas hayan sido reveladas, las enseñanzas completas todavía existan, y todavía haya seguidores de las enseñanzas; y tener las condiciones necesarias para practicar el *dharma*, como la bondad hacia los demás. Véase también *ocho libertades*.

dios (*deva*). Ser que habita en un estado muy cómodo y placentero en los reinos de los dioses del deseo, la forma o la sin forma.

dios de larga vida. Véase *dios*.

dorjé (*vajra*). Véase *vajra*.

Dorjé Phagmo (*Vajravarahi*). Deidad meditativa femenina; consorte de Heruka.

Dromtönpa (*Dromtön Gyalwai Jungné*) (1005-1064). Maestro kadampa y uno de los tres discípulos principales de Atisha.

ecuanimidad. Ausencia de la discriminación habitual de los seres sintientes en amigo, enemigo o desconocido, que deriva de la comprensión de que todos los seres sintientes son iguales en tanto que desean la felicidad y no desean el sufrimiento y de que desde tiempos inmemoriales todos los seres lo han sido todo los unos para los otros. Mente imparcial que sirve de base para desarrollar gran amor, gran compasión y la *bodhichitta*.

egoísmo. Actitud centrada en uno mismo que consiste en considerar que la felicidad propia es más importante que la de los demás.

El gran tratado de los estadios en el camino hacia la iluminación (*Lamrim Chenmo*). Obra más importante del lama Tsongkhapa, comentario sobre *Lámpara en el camino*, Atisha, texto fundamental del *lamrim*.

embotamiento (*laya*; *jingwa*). También llamado *laxitud* o *aletargamiento*, el embotamiento es un factor mental que provoca que el objeto de meditación carezca de claridad e intensidad. El embotamiento burdo es una mente apagada y pesada que mantiene el objeto de meditación con poca claridad. El embotamiento sutil es una mente estable que mantiene el objeto de meditación con claridad, pero sin intensidad. El embotamiento y el pensamiento disperso son los dos obstáculos principales para el *shamatha*. Véase también *pensamiento disperso por apego*; *letargo*; *pensamiento disperso*.

engaño (*klesha*; *nyönmong*). También llamado *aflicción*, *emoción destructiva*, *pensamiento perturbador*. Ofuscación que cubre la naturaleza esencialmente pura de la mente y que causa sufrimiento e insatisfacción; el engaño principal es la ignorancia, de la que se derivan todos los demás. Véase también *tres venenos*.

entrenamiento mental (*lojong*). Véase *transformación del pensamiento*.

eón (*kalpa*). Período mundial de tiempo inconcebiblemente largo. La vida del universo se divide en cuatro grandes eones, que a su vez se dividen en veinte eones menores.

espíritus. Seres que no suelen ser visibles para la gente corriente; pueden pertenecer a los reinos de los fantasmas hambrientos o de los dioses, y pueden ser tanto benéficos como dañinos.

estado intermedio (*antarabhava*; *bardo*). Estado entre la muerte y el renacimiento.

estupa (*chörten*). Estructura en forma de cúpula, que a menudo contiene reliquias budistas, que representa la mente iluminada; las estupas varían en tamaño, desde enormes a unos pocos centímetros de altura.

etapa de culminación (*dzok rim*). Segunda de las dos etapas del tantra del yoga supremo, durante la cual se adquiere control sobre el cuerpo vajra mediante prácticas como el fuego interno. Véase también *etapa de generación*.

etapa de generación (*kye rim*). Primera de las dos etapas del tantra del yoga supremo, durante la cual se cultiva la apariencia clara y el orgullo divino de la deidad meditativa elegida. Véase también *etapa de culminación.*

existencia cíclica. Véase *samsara.*

existencia inherente (*o intrínseca*). Aquello de lo que los fenómenos están vacíos; objeto de negación o refutación. Para la ignorancia, los fenómenos parecen existir de forma independiente, inherente.

fantasma hambriento (*preta*). El reino del fantasma hambriento es uno de los tres reinos inferiores de la existencia cíclica, donde el sufrimiento principal es el hambre y la sed. Véase también *samsara.*

Ganden Lha Gyama. Las *Cien deidades de la tierra de la alegría*, práctica de *Guru Yoga* del lama Tsongkhapa que se realiza a diario en los monasterios Geluk. Véase también *guru yoga.*

Geluk. Una de las cuatro tradiciones principales del budismo tibetano. Las otras son Nyingma, Kagyü y Sakya. Fue fundada por el lama Tsongkhapa a principios del siglo XV y ha sido difundida por grandes maestros como los sucesivos dalái lamas y panchen lamas.

Gen. Literalmente, «anciano». Título de respeto.

geshé. Literalmente, «amigo espiritual». Título conferido a quienes han completado estudios y exámenes exhaustivos en las universidades monásticas Geluk.

geshé kadampa. Practicante del linaje kadam. Los *geshés* kadampa son conocidos por su práctica de la transformación del pensamiento.

gran compasión (*mahakaruna*; *nyingjé chenpo*). Compasión que incluye no solo el deseo de que todos los seres sintientes se liberen del sufrimiento y de sus causas, sino también la determinación sincera de lograrlo por uno mismo. Véase también *compasión inconmensurable.*

Guía para el modo de vida del bodhisattva (*Bodhicharyavatara*; *Jangchup sempé chöpala jukpa*). Texto inspirador escrito por el maestro indio del siglo VIII Shantideva.

guru (*lama*). Guía espiritual o maestro. El que muestra a un discípulo el camino hacia la liberación y la iluminación. Literalmente, «pesado»: pesado por el conocimiento del *dharma.* En el tantra, el maestro se considera inseparable de la deidad meditativa y de los Tres Raros Sublimes.

guru yoga. Práctica tántrica fundamental por la que tu *guru* es visto como idéntico a los budas, a tu deidad meditativa personal y a la naturaleza esencial de tu propia mente.

Gyaltsap Jé (1364-1432). Gyaltsab Dharma Rinchen fue uno de los dos discípulos principales del lama Tsongkhapa, junto con Khedrup Jé. Tras la muerte del lama Tsongkhapa se convirtió en su sucesor como abad del monasterio de Ganden.

herejía (*mithyadrishti*; *lokta*). También llamada *puntos de vista equivocados*, es uno de los cinco puntos de vista afligidos que forman parte de las aflicciones raíz. Se trata de una inteligencia que rechaza la existencia de algo que existe, como el karma, la reencarnación, los Tres Raros Sublimes, etcétera, y atribuye existencia a lo que no existe, como la existencia inherente. También consiste en sostener opiniones incorrectas sobre el *guru*.

Heruka. Deidad meditativa masculina de la clase del tantra madre (que enfatiza alcanzar la luz clara) del tantra del yoga supremo.

Hinayana. Literalmente, «vehículo pequeño o menor». Una de las dos divisiones generales del budismo; la otra es el Mahayana. También puede denominarse Pratimokshayana (vehículo de liberación individual) por comparación con el Bodhisattvayana (vehículo del *bodhisattva*). La motivación de los practicantes del Hinayana es principalmente su intenso deseo de liberarse del *samsara*. Se identifican dos tipos de practicantes: los oyentes (*shravaka*) y los realizadores solitarios (*pratyekabuddha*). Véase también *Mahayana*; *liberación individual*.

huella (*bakchak*). Semilla o potencial que dejan en la mente las acciones o negativas del cuerpo, la palabra y la mente.

ignorancia (*avidya*; *marikpa*). Literalmente, «no ver» lo que existe o la forma en que existen las cosas. Hay básicamente dos tipos: ignorancia del karma e ignorancia de la verdad definitiva. Engaño básico del que surgen todos los demás. Primero de los doce eslabones del origen dependiente.

iluminación (*bodhi*; *jangchup*). Despertar pleno; budeidad; omnisciencia. Objetivo último de un budista Mahayana, que se alcanza cuando se han eliminado de la mente todas las limitaciones y el potencial positivo se ha realizado completa y perfectamente. Este estado se caracteriza por infinitas compasión, sabiduría y habilidad.

impermanencia (*anitya*; *mitakpa*). Niveles burdo y sutil de la transitoriedad de los fenómenos. El burdo son los cambios observables en las cosas y los acontecimientos y el sutil es la desintegración paso a paso que se produce en cuanto empiezan a existir.

impermanencia y muerte. Una de las prácticas iniciales del camino del ser capaz inferior que muestra la fragilidad de esta preciosa vida y que no se debe desperdiciar ni un instante de ella.

infierno (*narak*). Reino samsárico con mayor sufrimiento. Existen ocho infiernos calientes, ocho infiernos fríos y cuatro infiernos vecinos. (Algunos textos citan también infiernos ocasionales). Véase también *samsara*.

iniciación. Transmisión recibida de un maestro tántrico que permite a un discípulo participar en las prácticas de una deidad meditativa en concreto. También es denominada *empoderamiento* y se puede dar como un empoderamiento completo (*wang*) o como un permiso para practicar (*jenang*).

ira. Pensamiento perturbador que exagera las cualidades negativas de un objeto y desea dañarlo; es uno de los seis engaños raíz.

joya que concede deseos. También llamada *joya que cumple deseos*. Joya que proporciona a su poseedor todo lo que desea.

Kadam. Orden del budismo tibetano fundada en el siglo XI por Atisha, Dromtönpa y sus seguidores, los geshés kadampa; precursora de la escuela Geluk, cuyos miembros son a veces llamados los *Nuevos Kadampas*. Véase también *Atisha*; *Dromtönpa*.

kaka. Jerga para excremento.

karma (*lé*). Acción; funcionamiento de causa y efecto en relación con la mente, por el que las acciones positivas (virtuosas) producen felicidad y las acciones negativas (no virtuosas) producen sufrimiento.

lama (*guru*). Guía o maestro espiritual que muestra a un discípulo el camino hacia la liberación y la iluminación.

Lama Atisha. Véase *Atisha Dipamkara Shrijnana*.

lama de linaje. Maestro espiritual que se encuentra en la línea de transmisión directa de enseñanzas *guru*-discípulo, desde el Buda hasta los maestros de la actualidad.

Lama Tsongkhapa. Véase *Tsongkhapa, lama Jé Losang Drakpa.*

lamrim. Camino gradual. Presentación de las enseñanzas del Buda Shakyamuni en una forma adecuada para la formación paso a paso de un discípulo. El *lamrim* fue formulado por primera vez por el gran maestro indio Atisha cuando llegó al Tíbet en 1042. Véase también *Atisha*; tres aspectos principales del camino.

Lamrim Chenmo. Véase *El gran tratado de los estadios en el camino hacia la iluminación.*

Langri Thangpa (1054-1123). Dorjé Sengé. Autor del famoso *Ocho estrofas para transformar el pensamiento.*

laxitud. Véase *embotamiento.*

letargo o neblina (*styana*; *mukpa*). Mente nublada que provoca somnolencia, apatía e incapacidad para concentrarse en el objeto de meditación. El letargo, que es una mente más burda que el embotamiento, es un estado mental aflictivo que se da tanto en la gente común como en los meditadores. Véase también *pensamiento de apego-dispersión*; *embotamiento*; *pensamiento disperso.*

liberación (*nirvana* o *moksha*). Estado de completa liberación respecto del *samsara*; objetivo de un practicante que busca escapar del sufrimiento.

liberación individual. Liberación alcanzada por el oyente (*shravaka*) o el realizador solitario (*pratyekabuddha*) dentro de la tradición Hinayana, por comparación con la iluminación alcanzada por un practicante de la tradición Mahayana.

lojong. Véase *transformación del pensamiento.*

Mahayana. Literalmente, «gran vehículo». Una de las dos divisiones generales del budismo. La motivación de los practicantes del Mahayana para seguir el camino del *dharma* es principalmente su intenso deseo de que todos los seres sintientes se liberen del *samsara* y alcancen la iluminación plena de la budeidad para lograrlo. El Mahayana tiene dos divisiones, Paramitayana (Sutrayana) y Vajrayana (también conocida como Tantrayana o Mantrayana).

Maitreya (*Jampa*). Después del Buda Shakyamuni, siguiente (quinto) de los mil budas de este afortunado eón en descender para hacer girar la rueda del *dharma*. En la actualidad reside en la tierra pura de Tushita (*Ganden*). Receptor del linaje del método de las enseñanzas del Buda Shakyamuni que, en una transmisión mística, pasó a Asanga.

mala (*trengwa*). Rosario de cuentas para contar mantras.

mandala (*kyilkhor*). Diagrama circular que simboliza el universo entero. Morada de una deidad meditativa.

Manjushri (*Jampalyang*). Buda (o *bodhisattva*) de la sabiduría. Receptor del linaje de sabiduría de las enseñanzas del Buda Shakyamuni, que transmitió a Nagarjuna.

mantra (*ngak*). Literalmente, «protección de la mente». Los mantras son sílabas sánscritas que suelen recitarse junto con la práctica de una deidad meditativa en concreto; encarnan las cualidades de la deidad con la que están asociados.

maras. Véase *cuatro maras*.

Marpa Chökyi Lodrö (1012-1096). También conocido como Marpa Lotsawa; fundador de la tradición Kagyü del budismo tibetano. Fue un renombrado maestro tántrico y traductor, discípulo de Naropa y *guru* de Milarepa.

meditación (*gom*). Familiarización de la mente con un objeto virtuoso. Existen dos tipos: focalizada (*jok gom*), también llamada *estabilizadora o de fijación*; y la meditación analítica o de discernimiento (*ché gom*).

meditación analítica (*ché gom*). De los dos tipos principales de meditación, esta es una en la que se examina el tema, a diferencia de la meditación de fijación o focalizada (*jok gom*), en la que la mente permanece fija en un solo objeto. Véase también *meditación de fijación*.

meditación de comprobación. Véase *meditación analítica*.

meditación de fijación (*jok gom*). También llamada *meditación estabilizadora* o *focalizada*. Meditación que mantiene la mente concentrada en un objeto, en comparación con el otro tipo principal de meditación, la meditación analítica. Véase también *meditación analítica*.

meditación de revisión. Meditación que repasa los puntos generales de un tema del *lamrim* o del *lamrim* en general, en lugar de entrar en detalles.

meditación directa. Véase *meditación de revisión.*

meditación en nueve puntos sobre la muerte. Meditación importante en el budismo tibetano para desarrollar una apreciación de la impermanencia y la fragilidad de la existencia humana. Los nueve puntos se contemplan como tres raíces, cada una de las cuales tiene una conclusión. Estas son que la muerte es segura, y en conclusión debemos practicar el *dharma*; que el momento de la muerte es incierto, y en conclusión debemos practicar el *dharma* ahora; y que nada puede ayudar en el momento de la muerte salvo el *dharma*, y en conclusión debemos practicar el *dharma* con pureza.

mente (*chitta*; *sem*). Sinónimo de conciencia y sensibilidad. Se define como aquello que es «claro e intencional»; entidad sin forma que tiene la capacidad de percibir objetos. La mente se divide en seis conciencias principales y cincuenta y un factores mentales.

mérito (*punya*; *sönam*). Huellas positivas que dejan en la mente las acciones virtuosas, o *dharma*. Causa principal de la felicidad.

mérito de la sabiduría (*jnanasambhara*; *yeshé kyitsok*). Mérito acumulado al desarrollar el lado del camino de la sabiduría a través de la meditación sobre la vacuidad, con el fin de alcanzar la mente sagrada del buda, el *dharmakaya.*

mérito de la virtud (*punyasambhara*; *sönam kyitsok*). Mérito acumulado al desarrollar el lado del método del camino mediante la práctica de la paciencia, la ética, la compasión, etcétera, con el fin de alcanzar el cuerpo sagrado del buda, el *rupakaya.*

método. Todos los aspectos del camino hacia la iluminación distintos de aquellos relacionados con la vacuidad, principalmente asociados con el desarrollo de la bondad amorosa, la compasión y la *bodhichitta.*

migtsema. Oración breve de cuatro, cinco o nueve versos en la que se alaba al lama Tsongkhapa como Avalokiteshvara, Vajrapani y Manjushri. El nombre es una reducción del primer verso. Suele recitarse al comienzo o al final de las enseñanzas o sesiones de oración de la tradición Geluk.

Milarepa (1040-1123). El gran yogui del Tíbet que alcanzó la iluminación bajo la tutela de su *guru* Marpa, contemporáneo de Atisha. Fue uno de los fundadores de la escuela Kagyü.

mindfulness (*smrti; drenpa*). En el budismo tibetano, factor mental que mantiene la mente en el objeto de meditación; factor clave junto con la conciencia del desarrollo del *shamatha*. En un contexto más amplio, la meditación con mindfulness es una práctica, budista o secular, que permanece consciente de una experiencia amplia, como la sensación del cuerpo o la respiración. Véase también *conciencia*.

monasterio de Kopan. Monasterio cercano a Boudhanath, en el valle de Katmandú, Nepal, fundado por el lama Yeshe y el lama Zopa Rinpoche.

Monte Meru. Centro del universo en la cosmología budista.

mudra (*chakgya*). Literalmente, «sello o señal»; gesto simbólico de la mano, dotado de un poder similar al de un mantra.

nadis. Canales de energía que fluyen por el cuerpo. Véase también *canal*; *chakra*.

naturaleza búdica. Naturaleza clara y luminosa de la mente que poseen todos los seres sintientes; potencial de todos los seres sintientes para llegar a la iluminación eliminando las dos ofuscaciones que conducen a la liberación y a la omnisciencia.

nirvana (*nyang dé*). Liberación; estado de completa libertad respecto del *samsara*; meta del practicante del camino de la liberación individual. Se utiliza «nirvana inferior» para referirse a este estado de autoliberación, mientras que «nirvana superior» se refiere al logro supremo de la plena iluminación de la budeidad. El «nirvana natural» es la naturaleza fundamentalmente pura de la realidad, donde todas las cosas y los acontecimientos carecen de realidad inherente o independiente.

noble camino óctuple (*aryastangamarga*; *paklam yenlak gyé*). Los ocho componentes del camino hacia el cese del sufrimiento enseñados por el Buda. Se trata del punto de vista correcto, el pensamiento correcto, la palabra correcta, la acción correcta, el medio de vida correcto, el esfuerzo correcto, el mindfulness correcto y la concentración correcta.

no virtud. Karma negativo; aquello que produce sufrimiento.

nueve etapas del shamatha. Las nueve etapas que atraviesa la mente antes de alcanzar el *shamatha*. Se trata de la atención orientada (*chittasthapana*), la atención continua (*samathapana*), la atención repetida (*avas-*

thapana), la atención cercana (*upasthapana*), la doma (*damana*), la quietud (*shamana*), la quietud completa (*vyupashamana*), la atención focalizada (*ekotikarana*) y la atención serena (*samadhana*). Véase también *cuatro atenciones*; *seis poderes*.

nyungné. Retiro de Mil Brazos de Chenrezig, de dos días de duración, que implica ayuno, postraciones y silencio.

objeto de refutación (*gakcha*). También conocido como *objeto de negación*; objeto que a una conciencia errónea no analizadora le parece verdadero o inherentemente existente, y por lo tanto el objeto que debe ser refutado o negado en el análisis último sobre la vacuidad.

ocho antídotos contra los cinco obstáculos. Se trata de antídotos específicos contra los cinco obstáculos para alcanzar el *shamatha*. Son la confianza o fe, la determinación, la perseverancia, la flexibilidad o tranquilidad (todos los cuales se oponen a la pereza); el mindfulness (que se opone a olvidar el objeto); la conciencia o introspección (que se opone al embotamiento y la dispersión); la aplicación del antídoto adecuado (que se opone a cualquiera de los anteriores); y la ecuanimidad (que se opone a la aplicación excesiva de un antídoto). Véase también *cinco obstáculos*.

ocho dharmas mundanos. Preocupaciones mundanas que generalmente motivan las acciones de los seres ordinarios: ser feliz cuando se reciben regalos e infeliz cuando no se reciben; querer ser feliz y no querer ser infeliz; desear elogios y no desear críticas; desear una buena reputación y no desear una mala reputación.

Ocho estrofas para transformar el pensamiento. Breve texto esencial para entrenar la mente compuesto por Geshé Langri Thangpa.

ocho libertades. Los ocho estados de los que está libre un renacimiento humano perfecto: nacer como ser infernal, fantasma hambriento, animal, dios de larga vida o bárbaro, o en una era oscura en la que no haya descendido ningún buda, tener puntos de vista erróneos y haber nacido con facultades mentales o físicas defectuosas. Véase también *diez riquezas*.

ocho preceptos Mahayana. Votos de un día para abstenerse de matar, robar, mentir, mantener relaciones sexuales, tomar sustancias estupefacientes, sentarse en asientos o camas altos, comer a horas inadecuadas, y cantar, bailar y llevar perfumes y joyas.

ofuscación. Véase *engaño*.

ofuscaciones de los pensamientos perturbadores (*kleshavarana*; *nyöndrip*). También conocidas como *ofuscaciones burdas*, son las ofuscaciones más burdas de los dos tipos de ofuscaciones, las que bloquean la liberación. Véase también *ofuscaciones del conocimiento*.

Ofuscaciones del conocimiento (*jneyavarana*; *shedrip*). Unas de las dos ofuscaciones; estas son las más sutiles que bloquean la iluminación; también conocidas como *ofuscaciones sutiles*, *ofuscaciones a la iluminación* y *ofuscaciones cognitivas*. Véase también *ofuscaciones del pensamiento perturbador*.

ofuscamientos sutiles. Véase *ofuscamientos del conocimiento*.

Pabongka Dechen Nyingpo (1871-1941). Lama influyente de la orden Geluk, *guru* raíz de los tutores sénior y júnior de Su Santidad el dalái lama. Impartió las enseñanzas recopiladas en *La liberación en la palma de tu mano*.

Panchen lamas. Son encarnaciones del Buda Amitabha. Pertenecen al linaje Geluk y originarios del monasterio de Tashi Lhunpo, en Shigatse, son los máximos líderes espirituales del Tíbet, junto con los dalái lamas.

Panchen Losang Chökyi Gyaltsen (1570-1662). Primer panchen lama, que compuso la *Guru Puja* y *Camino a la dicha que conduce a la omnisciencia*, un famoso texto *lamrim*; tutor del Quinto dalái lama.

Paramitayana. Literalmente, «Vehículo de la perfección». Vehículo del *bodhisattva*; sección de las enseñanzas de los *sutras* Mahayana; una de las dos formas del Mahayana, siendo la otra el Vajrayana. También llamado Bodhisattvayana o Sutrayana.

parinirvana. Nirvana final que alcanzó el Buda cuando falleció en Kushinagar.

pensamiento de dispersión por apego (*auddhatya*; *göpa*). También conocido como *excitación*, es un factor mental que perturba la concentración por la fuerza del apego y es uno de los tres tipos de dispersión. Con la excitación burda, el meditador pierde el objeto de meditación. Con la excitación sutil, la mente retiene el objeto de meditación, pero una parte de la mente se distrae con otro objeto. Véase también *letargo*; *pensamiento disperso*; *embotamiento*.

pensamiento disperso (*visarana*; *trowa*). Cuando la mente divaga sin querer del objeto de meditación a otro objeto. La dispersión hacia otro objeto es inducida a través de (1) la fuerza del apego; (2) la fuerza de la ira; o (3) los pensamientos virtuosos. La dispersión a través del apego es la más común, las otras dos lo son menos, pero todas suponen obstáculos para la concentración focalizada. Véase también *pensamiento disperso por apego*; *letargo*; *embotamiento*.

Perfección de la sabiduría (*prajnaparamita*). *Sutras* pertenecientes al segundo giro de la rueda del *dharma* del Buda, en el que se exponen la sabiduría de la vacuidad y el camino del *bodhisattva*.

postraciones. Mostrar respeto a la deidad *guru* con el cuerpo, la palabra y la mente; uno de los preliminares tántricos.

práctica de las siete ramas. Las siete ramas son: postrarse, hacer ofrendas, confesarse, regocijarse, pedir hacer girar la rueda del *dharma*, pedir a los maestros que permanezcan en el mundo y dedicar.

práctica de ofrenda de fuego a Dorjé Khandro (*jinsek*). También denominada *puja de fuego*, es una práctica en la que se echan semillas de sésamo negro, que representan tus engaños u obstáculos, a un fuego que se visualiza como la boca de Dorjé Khandro, mientras se recitan mantras. Esta práctica suele realizarse al final de un retiro para purificar cualquier negatividad creada durante él.

prácticas preliminares (*purvaka*; *ngöndro*). Prácticas que preparan la mente para un retiro de meditación exitoso eliminando obstáculos y acumulando mérito. Estas prácticas se encuentran en todas las escuelas del budismo tibetano y suelen realizarse cien mil veces cada una; las cuatro prácticas principales son la recitación de la fórmula del refugio, las ofrendas de mandalas, las postraciones y la recitación del mantra de Vajrasattva. La tradición Geluk añade cinco más: el guru yoga, las ofrendas de cuencos de agua, la meditación purificadora Damtsig Dorjé, la realización de *tsatsas* y la ofrenda de fuego Dorjé Khandro. El término también se utiliza para referirse a las prácticas que se realizan a diario antes de la sesión principal de meditación, como la limpieza de la habitación, la preparación del altar, la meditación de la respiración y las oraciones preliminares.

Prajnaparamita. Véase *Perfección de la sabiduría*.

protector (*dharmapala*; *chökyong*). Ser, mundano o iluminado, que protege al budismo y a sus practicantes.

puja (*chöpa*). Literalmente, «ofrenda»; ceremonia religiosa. El término suele utilizarse para describir una ceremonia de ofrenda como la Ofrenda al Maestro Espiritual (*Guru Puja*).

purificación (*sansargi; jangwa*). Eliminación de las huellas negativas de la mente dejadas por acciones no virtuosas pasadas que de otro modo madurarían en sufrimiento. Los métodos más eficaces de purificación emplean los cuatro poderes oponentes: los poderes del objeto, el arrepentimiento, la resolución y el remedio.

realización (*tokpa*). Mente válida que posee una comprensión estable y correcta de un tema del *dharma*, como la vacuidad, que produce un cambio profundo en el continuo de la persona. Experiencia sin esfuerzo resultante del estudio y la meditación apoyados por la devoción al *guru* y madurada por las prácticas de purificación y acumulación de méritos.

refugio (*sharana*; *kyap*). Puerta al camino del *dharma*. Al haberte refugiado del corazón, te conviertes en ser interior o budista. Existen tres niveles de refugio —Hinayana, Mahayana y Varayana— y dos o tres causas necesarias para refugiarse: miedo a los sufrimientos del *samsara* en general y a los reinos inferiores en particular; fe en que el Buda, el *dharma* y la *sangha* tengan las cualidades y el poder de llevarte a la felicidad, la liberación y la iluminación; y (para el refugio Mahayana) compasión por todos los seres sintientes.

reino de la forma (*rupadhatu*; *sukkyi kham*). Segundo de los tres reinos del *samsara*, con diecisiete clases de dioses. Véase también *reino del deseo*; *reino sin forma*.

reino del deseo. Uno de los tres reinos del *samsara*, que comprende los seres infernales (*naraka*), los fantasmas hambrientos (*preta*), animales (*tiryanch*), humanos (*manushya*), semidioses (*asuras*) y las seis clases inferiores de dioses (*devas* o *suras*). Los seres de este reino están preocupados por el deseo de objetos de los seis sentidos. Véase también *reino de la forma*, *reino sin forma*.

reinos inferiores. Los tres reinos de la existencia cíclica o *samsara* con mayor sufrimiento: el ser infernal (*naraka*), el fantasma hambriento (*preta*) y los reinos animales (*tiryanch*). Véase también *samsara*.

reino sin forma (*arupadhatu*; *sukmé kyi kham*). El más elevado de los tres reinos del *samsara*, con cuatro clases de dioses implicados en meditaciones sin forma: el cielo ilimitado, la conciencia ilimitada, la nada y ni la existencia ni la inexistencia (también llamada *punta del samsara*). Véase también *reino del deseo*; *reino de la forma*.

renacimiento humano perfecto. Estado humano excepcional, caracterizado por ocho libertades y diez riquezas, que es la condición ideal para practicar el *dharma* y alcanzar la iluminación. Las ocho libertades son: estar libre de nacer como un ser infernal, un fantasma hambriento, un animal, un dios de larga vida o un bárbaro; o en una era oscura en la que no haya descendido ningún buda; tener puntos de vista erróneos; y nacer con problemas mentales o físicos que te impidan comprender el *dharma*. Las diez riquezas son: haber nacido como un ser humano, en un país del *dharma* y con facultades mentales y físicas perfectas; no haber incurrido en ninguno de los cinco pesados karmas negativos sin interrupción; tener fe en las enseñanzas del Buda; estar vivo cuando haya descendido un buda, se hayan revelado las enseñanzas, las enseñanzas completas aún existan y todavía haya seguidores de las enseñanzas; y tener las condiciones necesarias para practicar el *dharma*, como la bondad de los demás.

renuncia (*nihsarana*; *ngéjung*). Estado mental de no sentir la más mínima atracción por los placeres samsáricos ni siquiera por un segundo y de tener un fuerte deseo de liberación. Primero de los tres aspectos principales del camino hacia la iluminación. Véase también *bodhichitta*; *vacuidad*.

Rinpoche. Literalmente, «el precioso». Epíteto para un lama encarnado, es decir, que ha renacido intencionadamente en forma humana para beneficiar a los seres sintientes en el camino hacia la iluminación.

rupakaya (*zukku*). Forma corporal de un ser plenamente iluminado; resultado de la acumulación completa y perfecta de mérito. Tiene dos aspectos: *sambhogakaya* (*longku*, cuerpo de disfrute), en el que la mente iluminada aparece para beneficiar a los *bodhisattva* altamente realizados; y *nirmanakaya* (*tulku*, cuerpo de emanación), en el que la mente iluminada aparece para beneficiar a los seres ordinarios. Véase también *dharmakaya*.

sabiduría (*prajna*; *sherab*). Diferentes niveles de comprensión de la naturaleza de la realidad. Existen, por ejemplo, las tres sabidurías de la escucha, de la contemplación y de la meditación. Por último, existe la sabiduría de la comprensión de la vacuidad, que libera a los seres de la existencia cíclica y acaba llevándolos a la iluminación. La acumulación completa y perfecta de sabiduría da como resultado el *dharmakaya*.

sadhana (*drupthap*). Método de consecución; instrucciones paso a paso para practicar las meditaciones relacionadas con una deidad meditativa concreta.

samadhi (*ting ngé dzin*). Mente virtuosa centrada en un objeto en concreto; mente en absorción meditativa.

samaya (*damtsik*). Promesas y compromisos que hace un discípulo en una iniciación, como mantener los votos tántricos de por vida o realizar determinadas prácticas relacionadas con la deidad, como recitar a diario la *sadhana* o la práctica del *tsok* dos veces al mes.

samsara (*khorwa*). Existencia cíclica; los seis reinos de existencia condicionada, tres inferiores —ser infernal (*naraka*), fantasma hambriento (*preta*) y animal (*tiryanch*)— y tres superiores —humano (*manushya*), semidiós (*asura*) y dios (*deva* o *sura*)—. Ciclo inmemorial y recurrente de muerte y renacimiento bajo el control del karma y los engaños, cargado de sufrimiento. También se refiere a los agregados contaminados de un ser sintiente.

sangha (*gendun*). Comunidad espiritual; tercero de los Tres Raros Sublimes. En tibetano, *gendun* significa literalmente «con intención (*dun*) de virtud (*gen*)».

seis engaños raíz (*mulaklesha*; *tsawat nyönmong*). Apego, ira, ignorancia, orgullo, duda afligida y visión afligida.

seis perfecciones (*satparamita*; *paröl tu chinpa druk*). Prácticas de un *bodhisattva*. Sobre la base de la *bodhichitta*, un *bodhisattva* practica las seis perfecciones: caridad o generosidad, moralidad, paciencia, perseverancia o esfuerzo gozoso, concentración y sabiduría.

seis poderes. Poderes que se desarrollan mientras se progresa hacia el *shamatha*. Se trata del poder del estudio, utilizado en la primera etapa del *shamatha*; el poder de la memoria, utilizado en la segunda etapa; el poder del mindfulness, utilizado en las etapas tercera y cuarta; el poder de la conciencia, utilizado en las etapas quinta y sexta; el poder del esfuerzo, utilizado en las etapas séptima y octava; y el poder de la familiaridad, utilizado en la novena etapa. Véase también *cuatro atenciones*; *nueve etapas del shamatha*.

seis tipos de sufrimiento. Nada es definitivo en el *samsara*, nada da satisfacción en el *samsara*, tienes que abandonar este cuerpo samsárico una y otra vez, tienes que renacer una y otra vez, en el *samsara* viajas eternamente entre lo alto y lo bajo, y debes experimentar el dolor y la muerte en solitario.

ser capaz (*inferior*, *medio* y *superior*). Véase *camino gradual de los tres seres capaces*.

ser capaz inferior. Primero de los tres niveles de práctica o rangos, el ser capaz inferior tiene como meta una existencia futura mejor. Véase también *camino gradual de los tres seres capaces*; *ser capaz superior*; *ser capaz medio*.

ser capaz medio. Segundo de los tres niveles de práctica o rangos, el ser capaz medio tiene como meta la liberación respecto del sufrimiento. Véase también *camino gradual de los tres seres capaces*; *ser capaz superior*; *ser capaz inferior*.

ser capaz superior. El más alto de los tres niveles de práctica o rangos, tiene como meta la iluminación plena. Véase también *camino gradual de los tres seres capaces*; *ser capaz inferior*; *ser capaz medio*.

ser sintiente. Ser no iluminado; cualquier ser cuya mente no está del todo libre de aspectos burdos y ofuscaciones sutiles.

seres transmigratorios. Seres sintientes que pasan de un reino a otro, renaciendo dentro de la existencia cíclica.

shamatha (*shiné*). Calma duradera; concentración focalizada; estado de concentración en el que la mente es capaz de mantenerse centrada en un objeto de meditación de manera estable, sin esfuerzo y durante el tiempo que se desee. En su desarrollo hay nueve etapas. Véase también *nueve etapas del shamatha*.

Shantideva (685-763). Filósofo y *bodhisattva* budista indio que escribió el texto Mahayana por excelencia, *Guía para el modo de vida del bodhisattva* (*Bodhicaryavatara*).

shiné. Véase *shamatha*.

siete puntos de causa y efecto. Una de las dos técnicas del budismo Mahayana para desarrollar la *bodhichitta*. Existen seis causas: reconocer que todos los seres han sido tu madre, recordar la bondad de esos seres, decidir devolver esa bondad, la bondad amorosa, la gran compasión y la actitud especial. Estas conducen al único resultado: la *bodhichitta*. La otra técnica es igualar e intercambiarse uno mismo con los demás.;

sutra (*do*). Discurso de Buda reconocido como texto canónico.

Sutra del corazón (*de la sabiduría*) (*Prajnaparamitahridayasutra*; *Sherab kyi pharöl tu chinpai nyingpö do*). El más corto y recitado de los *sutras* prajnaparamita, literalmente, «perfección de la sabiduría», comprende las enseñanzas del Buda Shakyamuni, en las que se describen la sabiduría de la vacuidad y el camino del *bodhisattva*.

tantra (*gyü*). También llamado Vajrayana o Mantrayana, división del Mahayana que se basa en transformar la visión impura en visión pura mediante prácticas de deidad en las que, en los tantras superiores, uno se visualiza a sí mismo como la deidad. A menudo se lo denomina *vehículo resultante* porque se visualiza el resultado ahora, en contraposición al Sutrayana, que es el vehículo causal. Texto de las escrituras, así como las enseñanzas y las prácticas que contiene.

tantra del yoga supremo (*anuttara yoga tantra*). Cuarta y suprema división de la práctica tántrica, a veces llamada *tantra del yoga maha-anuttara*. Consiste en las etapas de generación y culminación. Esta práctica permite alcanzar la iluminación plena en el transcurso de una vida. Véase también *kriya tantra*.

tantra kriya (*ja gyü*). Tantra de la acción: primera de las cuatro clases de tantra, hace hincapié en las actividades externas, como oraciones, mudras, etcétera. Véase también *tantra del yoga supremo*.

Tara (*Drölma*). Deidad meditativa femenina que encarna la actividad iluminada de todos los budas; a menudo se hace referencia a ella como la madre de los budas del pasado, el presente y el futuro. «Alabanzas a las veintiuna Taras» es la oración más popular tanto entre los tibetanos laicos como entre los ordenados.

thangka. Representaciones de deidades pintadas o con aplicaciones, normalmente colocadas en un marco de brocado de colores.

Thokmé Sangpo (1295-1371). También conocido como *Gyalse Ngulchu Thogme*. Gran maestro de las tradiciones Nyingma y Sakya, autor de *Treinta y siete prácticas de los bodhisattvas* y de un famoso comentario sobre la *Guía para el modo de vida del bodhisattva*, de Shantideva.

tierra pura (*buddhakshetra*; *dakshing*). La tierra pura de un buda es un lugar donde no hay sufrimiento. En algunas tierras puras, no en todas, tras nacer, el practicante recibe enseñanzas directamente del buda de esa tierra pura, lo que le permite hacer realidad el resto del camino y convertirse en iluminado.

tomar y dar (*tonglen*). Práctica de meditación que consiste en generar *bodhichitta* asumiendo el sufrimiento de los demás y dándoles nuestra felicidad.

tonglen. Véase *tomar y dar*.

transformación del pensamiento (*lojong*). También conocida como *entrenamiento mental*. Poderoso enfoque para el desarrollo de la *bodhichitta*, en el que se entrena la mente para utilizar todas las situaciones, tanto las felices como las tristes, como medio para destruir el egoísmo y la avaricia.

Treinta y cinco Budas. También llamados los *Treinta y cinco Budas de la confesión*, se trata de un grupo de budas visualizados en una práctica de confesión y purificación de karmas negativos realizada mientras recitan el *Sutra de los tres montones* y realizan postraciones.

Treinta y siete prácticas de los bodhisattvas. Conjunto de prácticas que abarca todos los aspectos del camino del *bodhisattva* hacia la iluminación, basado en un texto de Thokmé Sangpo.

tres aspectos principales del camino. Tres divisiones principales del *lamrim*: renuncia, *bodhichitta* y visión correcta (de la vacuidad).

tres entrenamientos superiores. La ética, la concentración y la sabiduría.

tres kayas. *Dharmakaya* (cuerpo de la verdad, *chöku*), *sambhogakaya* (cuerpo del disfrute, *longku*) y *nirmanakaya* (cuerpo de la emanación, *tulku*). Modo general en que se describe la emanación de un buda tras la iluminación; el *dharmakaya* es el resultado del lado de la sabiduría de la práctica, mientras que el *rupakaya* (cuerpo de forma, *zukku*) —del cual son aspectos *sambhogakaya* y *nirmanakaya*— es el resultado del lado del método.

Tres Raros Sublimes (*Triratna*; *Könchok Sum*). También llamados *Tres joyas* o *Triple gema*; objetos del refugio budista: el Buda, el *dharma* y la *sangha*. El lama Zopa Rinpoche prefiere los «Tres Raros Sublimes» como traducción más directa de *Könchok Sum*.

tres reinos. Reinos del deseo, la forma y sin forma.

tres tipos de sufrimiento. El sufrimiento del sufrimiento, el sufrimiento del cambio y el sufrimiento compuesto generalizado.

tres venenos. El apego, la ira y la ignorancia.

tsatsa. Impresión de la imagen de un buda hecha en arcilla o yeso a partir de un molde tallado.

tsok. Literalmente, «reunión»: reunión de objetos de ofrenda y reunión de discípulos para realizar la ofrenda.

Tsongkhapa, lama Jé (1357-1419). Fundador de la tradición Geluk del budismo tibetano y revitalizador de muchos linajes de *sutra* y tantra, así como de la tradición monástica del Tíbet.

unión de la luz clara y el cuerpo ilusorio. Fase final de la etapa de culminación del tantra del yoga supremo, en la que el practicante es capaz de unir la mente de luz clara llamada *luz clara del significado* (una realización directa de la vacuidad) con el *cuerpo ilusorio puro*, la experiencia de los vientos entrando en la gota indestructible en el canal central.

vacuidad (*shunyata*; *tongpanyi*). Ausencia o carencia de existencia verdadera. En última instancia, todo fenómeno está vacío de existencia verdadera, por sí solo o de forma independiente.

vajra (*dorjé*). Literalmente, «adamantino»; instrumento de cuatro o cinco puntas utilizado en la práctica tántrica.

Vajrasattva (*Dorjé Sempa*). Deidad meditativa masculina que simboliza la pureza inherente de todos los budas. Importante práctica de purificación tántrica para eliminar los obstáculos creados por el karma negativo y la ruptura de los votos.

Vajrayana (*Dorjé Thekpa*). Otro nombre para el tantra; vehículo adamantino; segundo de los dos caminos del Mahayana. También se denomina Tantrayana o Mantrayana. Se trata del vehículo más rápido del budismo, ya que permite a ciertos practicantes alcanzar la iluminación en una sola vida.

virtud. Karma positivo; aquello que produce felicidad.

visión errónea. Cualquier entendimiento erróneo o engañoso que conduzca al sufrimiento. En el budismo hay varias formas de definir los puntos de vista erróneos. La más común es la herejía (*mithyadrishti*; *mithyadrishti*; *lokta*), pero también pueden ser los cinco puntos de vista afligidos entre los factores mentales malsanos: el punto de vista de los agregados transitorios, los puntos de vista extremos, los puntos de vista de superioridad de creencia, los puntos de vista de superioridad de moral y de disciplina y los puntos de vista erróneos o equivocados, o solo esta última.

votos. Preceptos tomados sobre la base del refugio en todos los niveles de la práctica budista. Los votos *pratimoksha* (de liberación individual) son los principales votos en la tradición Hinayana y son realizados por monjes, monjas y laicos; son la base de todos los demás votos. Los votos boshisattva y tántricos se toman en la tradición Mahayana, estos últimos junto con una iniciación tántrica.

votos del bodhisattva. Votos que se hacen al entrar en el camino del *bodhisattva*.

votos tántricos. Votos realizados por los practicantes tántricos.

yama. Guardián del reino del infierno.

Yama. Señor de la Muerte, visto en la Rueda de la vida.

Yeshe, lama (1935-1984). Nacido y educado en el Tíbet, huyó a la India, donde conoció a su principal discípulo, el lama Zopa Rinpoche. Empezaron a enseñar a los occidentales en el monasterio de Kopan en 1969 y en 1975 crearon la Fundación para la preservación de la tradición Mahayana (FPMT).

yidam. Véase *deidad*.

yogui. Meditador masculino altamente realizado.

Zong Rinpoche (1905-1984). Poderoso lama Gelugpa famoso por su aspecto iracundo, que poseía un conocimiento impecable de los rituales, el arte y la ciencia del budismo tibetano.

BIBLIOGRAFÍA

Sutras

Sutra Arya Sanghata (*Arya Sanghatasutradharmaparyaya*; *Phakpa sunggi do chökyi namdrang*). Disponible en varias lenguas en <https://fpmt.org/education/prayers-and-practice-materials/sutras/#Sanghata-sutra>. Consultado el 24/03/2023.

Dhammapada. Extraído de FPMT, 2021a, 79. Disponible íntegramente en Cleary, 1995.

Sutra del cortador del diamante (*Arya Vajracchedikanamaprajnaparamita Mahayanasutra*; *Phakpa sherabpa röltu chinpa dorjé chöpa sheja thegpa chenpö do*). Extraído de FPMT, 2021a, 79. Disponible como *Sutra del cortador del vajra* en varias lenguas en <https://fpmt.org/education/prayers-and-practice-materials/sutras/#vajra-cutter-sutra>. Consultado el 08/09/2023.

Great Nirvana Sutra (*Mahaparinirvanasutra*; *Yongsunya ngenla depa chenpö do*). Extractos en inglés disponibles en <www.nirvanasutra.net>. Consultado el 01/06/2023.

Sutra del corazón de la sabiduría (*Prajnaparamitahridayasutra*; *Sherab kyi pharöl tu chinpai nyingpö do*). Disponible en varias lenguas en <https://fpmt.org/education/prayers-and-practice-materials/sutras/#heart-sutra>. Consultado el 24/03/2023.

Perfection of Wisdom in Eight Thousand Lines (*Ashtasahasrika Prajna-*

paramitasutra; *Sherab kyi pharöl tu chinpa trigyé tongpa*). Disponible en Conze, 1995.

Obras originales en indio y tibetano

Aryadeva, *Four Hundred Stanzas* (*Chatuhshataka shastranamakarika*; *Tenchö shi gyapa shejawai tsik leur jepa*). Extraído de Pabongkha, 2006, 623. También disponible en Sonam, 2008.

Atisha, *Lamp for the Path to Enlightenment* (*Bodhipathapradipam*; *Jangchup lamgyi drönma*). Disponible en Sonam, 1997a.

—, *Bodhisattva's Jewel Garland* (*Bodhisattvamanyavali*; *Jangchup sempai norbü trengwa*). Disponible en Lhakdor, 2020.

Chekawa Yeshé Dorjé, *Seven-Point Mind Training* (*Lojong dön dunma*). Disponible en Jinpa, 2006.

Dharmarakshita, *The Wheel of Sharp Weapons* (*Thekpa chenpö dodé gyen*). Disponible en Ngawang Dhargyey, 2002.

Kamalashila, *Stages of Meditation* (*Bhavanakrama*; *Gom Rim*). Disponible en dalái lama, 2019.

Maitreya, *The Adornment of Mahayana Sutras* (*Mahayanasutralamkara*; *Thekpa chenpö dodé gyen*). Disponible en Jamspal, *et al.*, 2004.

Maitreya, *Ornament of Clear Realizations* (*Abhisamayalamkara*; *Ngönpar tokpä gyen*). Disponible en Stcherbatsky y Obermiller, 1992.

Shantideva, *A Guide to the bodhisattva's Way of Life* (*Bodhisattvacharyavatara*; *Jangchup sempai jöpala jukpa*). Disponible como Gómez, pendiente de publicación; Batchelor, 1979-2011; Wallace, 1997; Padmakara Translation Group, 2006.

Thokmé Sangpo, *The Thirty-Seven Practices of the bodhisattva* (*Gyalsé laklen sodunma*). Disponible en Sonam, 1997b.

Tsongkhapa, Jé, *Foundation of All Good Qualities* (*Yönten shyir gyurma*). Disponible en FPMT, 2021a, 111-115, y en FPMT, 2020a.

—, *The Great Treatise on the Stages of the Path to Enlightenment* (*Lamrim Chenmo*). Disponible en Comité de traducción de Lamrim Chenmo, 2000-2004. En castellano: *El gran tratado de los estadios*

en el camino hacia la iluminación, Ediciones Dharma, Alicante, 2019.
—, *Golden Garland of Eloquence* (*Golden Garland of Eloquence Lekshé sertreng*). Disponible en Sparham, 2010.
—, *A Hymn of Experience* (*Lamrim nyamgur*). Disponible en FPMT, 2021a, 124-131.
—, *El tratado del Lam Rim Medio: Etapas del sendero a la iluminación* (*Lamrim dringwa*), Ediciones Amara, Ciutadella de Menorca, 2021.
—, *Los tres aspectos principales del camino*, Ediciones Mahayana, Alicante, 2009.

Textos originales en inglés

Batchelor, Stephen, *Guide to the bodhisattva's Way of Life*, Library of Tibetan Works and Archives, Dharamsala, India, 1979-2011.
Chöden Rinpoche, *Mastering Meditation: Instructions on Calm Abiding and Mahāmudrā*, Wisdom Publications, Boston, 2020. Traducido por Tenzin Gache.
Cleary, Thomas, *Dhammapada: Buda*, Editorial Debate, Barcelona, 1999.
Conze, Edward, *Perfection of Wisdom in Eight Thousand Lines and Its Verse Summary*, Four Seasons Foundation, San Francisco, 1995.
Dalái lama, S. A. el, *Stages of Meditation: The Buddhist Classic on Training the Mind*, Boulder, CO: Shambhala Publications, 2019. Traducido por el Venerable Geshé Lobsang Jordhen, Losang Choephel Ganchenpa y Jeremy Russell.
Fundación para la preservación de la tradición Mahayana, *The Sadhana of Samayavajra: Damtsig Dorje Depa*, OR: FPMT, Portland, 1999.
—, *Práctica de las postraciones a los 35 Budas de la Confesión*, Ediciones Mahayana, Madrid, 2009.
—, *The Foundation of All Good Qualities*, OR: FPMT, Portland, 2020a.
—, *FPMT Retreat Prayer Book*, OR: FPMT, Portland, 2020b.
—, *FPMT Essential Prayer Book*, OR: FPMT, Portland, 2021a.

—, *A Method of Practicing Ganden Lhagyma According to the Instructions of Lama Zopa Rinpoche*, OR: FPMT, Portland, 2021b.

Gómez, Luis O., traducción pendiente de publicación, *Guide to the bodhisattva's Way of Life*, Wisdom Publications, Boston.

Gyältsen, Losang Chökyi, y Lhundrub, Jamphäl, *Lama Chöpa Jorchö*, OR: FPMT, Portland, 2016.

Gyatso, Su Santidad Tenzin, *Stages of Meditation: The Buddhist Classic on Training the Mind*, Shambala Publications, Boston, 2019.

Gyatso, Su Santidad Tenzin, y Chodron, Bhikshuni Thubten, *Following in the Buddha's Footsteps*, Wisdom Publications, Boston, 2019.

Jamspal, Lozang, Robert Thurman y el American Institute of Buddhist Studies, *The Universal Vehicle Discourse Literature: Mahayanasutralankara*, American Institute of Buddhist Studies, Nueva York, 2004.

Jinpa, Thubten, *Mind Training: The Great Collection*, Wisdom Publications, Boston, 2006.

—, *The Book of Kadam: The Core Texts*, Wisdom Publications, Boston, 2008.

Comité de traducción de Lamrim Chenmo. *The Great Treatise on the Stages of the Path to Enlightenment* (*Lamrim Chenmo*), Snow Lion Publications, Ithaca, Nueva York, 2000-2004.

Lhakdor, Geshé, *Atisha's bodhisattva Garland of Gems*, The Foundation for Universal Responsibility of HH the Dalai Lama, Dharamsala, 2020: <http://furhhdl.org/wp-content/uploads/2020/09/Text-for-ET eaching-. pdf. Accessed 06/01/2023>.

McDonald, Kathleen, *How to Meditate: A Practical Guide*, Wisdom Publications, Boston, 2005.

Ngawang Dhargyey, Geshé, *La rueda de las armas afiladas*, Ediciones Dharma, Alicante, 1988.

Padmakara Translation Group, *The Way of the bodhisattva*, Shambhala Publications, Ithaca, Nueva York, 2006.

Paltrul Rinpoche, *Las palabras de mi maestro perfecto*, Editorial Kairós, Barcelona, 2014. Grupo de traducción Padmakara.

Pabongka Rinpoche, *La liberación en la palma de tu mano* (*Namdröl lakchang*), Ediciones Dharma, Alicante, 2001. Traducción de Mercedes Pérez Albert.

Quarcoo, Philip, *The Middle-Length Treatise on the Stages of the Path to Enlightenment*, Wisdom Publications, Boston, 2021.

Rabten, Geshé, *The Essential Nectar: Meditations on the Buddhist Path*, Wisdom Publications, Boston, 2014.

Sonam, Ruth, *Una luz en el camino de Atisha*, Editorial Novelda, Alicante, 1999. Traducción de Mercedes Pérez Albert y Ángeles de la Torre. Con un comentario de Geshé Sonam Rinchen.

—, *The Thirty-Seven Practices of bodhisattvas: An Oral Teaching by Geshé Rinchen Sonam*, Snow Lion Publications, Ithaca, Nueva York, 1997b.

—, *Aryadeva's Four Hundred Stanzas on the Middle Way*, Snow Lion Publications, Ithaca, Nueva York, 2008. Comentario de Geshé Sonam Rinchen.

Sparham, Gareth, trad., *Golden Garland of Eloquence*, Asian Humanities Press, Singapur, 2010.

Sopa, Geshé Lhundub, *Steps on the Path to Enlightenment*, 5 vols., Wisdom Publications, Boston, 2004-2017.

Stcherbatsky, T., y E. Obermiller, *Abhisamayalankara Prajnaparamita Upadesa Sastra: The Work of bodhisattva Maitreya*, Sri Satguru, Nueva Delhi, 1992.

Tsering, Geshé Tashi, *Las cuatro nobles verdades de buda*, Ediciones Amara, Ciutadella de Menorca, 2012.

Tsöndrü, Yeshé, *Esencia del néctar*, Ganden Mountain Press, 2011. También publicado en Rabten, 2014.

Wallace, Alan y Vesna, *Guide to the bodhisattva's Way of Life*, Snow Lion Publications, Ithaca, Nueva York, 1997.

Zopa, Lama Thubten, Ven. Jampa Zangpo, y Ven. Thubten Donyo, *Burning Offering to Dorjé Khadro*, OR: FPMT, Portland, 2010.

Zopa, Lama Thubten, *Transformar problemas en felicidad*, Ediciones Dharma, Alicante, 2021.

—, *Ultimate Healing: The Power of Compassion*, Wisdom Publications, Boston, 2001b.

—, *The Yoga of Offering Food*, Lama Yeshe Wisdom Archive, Boston, 2003.

—, *El corazón del camino*. Ver al Buda en el maestro, Ediciones Dharma, Alicante, 2013. Traducción de Mercedes Pérez Albert.

—, *Consejos esenciales para el retiro*, Editorial Mahayana, Alicante, 2015. Traducción de Luis Antonio Fernández Portillo, Nerea Basurto Arana y Teresa Vega de Seoane.

—, *Bodhisattva Attitude: How to Dedicate Your Life to Others*, Lama Yeshe Wisdom Archive, Boston, 2012a.

—, *Cómo practicar el dharma*, Editorial Mahayana, Alicante, 2016. Traducción de Mercedes Pérez Albert.

—, *The Preliminary Practice of Dorjé Khadro*, OR: FPMT, Portland, 2012c.

—, *El renacimiento humano perfecto. Libertades y dones en el camino a la iluminación*, Ediciones Dharma, Alicante, 2013.

—, *Wish-Fulfilling Golden Sun*, Lama Yeshe Wisdom Archive, Boston, 2016. Disponible como descarga en <https://www.lamayeshe.com/sites/default/files/wishfulfilling_golden_sun_c5.pdf>.

—, *Abiding in the Retreat: A Nyung Nä Commentary*, Lama Yeshe Wisdom Archive, Boston, 2017.

—, *Bodhichitta. La práctica para una vida significativa*, Ediciones Dharma, Alicante, 2022.

—, *A Short Vajrasattva Meditation: Purification with the Four Opponent Powers*, OR: FPMT, Portland, 2020a.

—, *Patience: A Guide to Shantideva's Sixth Chapter*, Wisdom Publications, Boston, 2020b.

—, *Las seis perfecciones*, Ediciones Dharma, Alicante, 2023.

—, *The Power of Mantra: Vital Practices for Transformation*, Wisdom Publications, Boston, 2022.

Zopa, lama Thubten, *Eight Verses of Thought Transformation*, OR: FPMT, Portland, 2019. En castellano, disponible en <https://thubtenchodron.org/es/2010/04/mind-training-chant/>.

—, *The Three Principal Aspects of the Path*, OR: FPMT, Portland, 2021.

SOBRE EL AUTOR

El lama Zopa Rinpoche (1945-2023) es uno de los maestros del budismo tibetano de mayor renombre internacional. Trabajó y enseñó incesantemente en casi todos los continentes durante cincuenta años. Fue director espiritual y cofundador de la Fundación para la preservación de la tradición Mahayana (FPMT), una red internacional de proyectos budistas que incluye monasterios en seis países y centros de meditación en más de treinta; clínicas de salud y nutrición y clínicas especializadas en el tratamiento de la lepra y la polio; así como hospicios, escuelas, actividades editoriales y proyectos de divulgación en prisiones de todo el mundo. El lama Zopa Rinpoche es autor de numerosos libros, entre ellos *Patience*, *Las seis perfecciones*, *Bodhichitta*, *Las cuatro nobles verdades*, *Transformar problemas en felicidad*, *Consejos esenciales para el momento de la muerte*, *Curación definitiva*, *La puerta de la satisfacción*, *Cómo ser feliz*, *El miedo saludable*, *La energía de la sabiduría* y *Dear Lama Zopa*.

ÍNDICE ONOMÁSTICO Y DE MATERIAS

Este libro se terminó de imprimir en los talleres de
Huertas Industrias Gráficas en junio de 2025.

El poder transformador de la meditación ha sido
posible gracias al trabajo de su autor, Lama Zopa Rinpoche,
así como de la traductora Librada Piñero, la correctora
Teresa Serra, el diseñador José Ruiz-Zarco, el equipo
de Realización Planeta, la maquetista Toni Clapés,
la directora editorial Marcela Serras, la editora ejecutiva
Rocío Carmona, la editora Ana Marhuenda,
y el equipo comercial, de comunicación
y marketing de Diana.